U0694305

文博旅游学 微课版

WENBO LÜYOUXUE

◎ 主　编　雷若欣　张方军

◎ 副主编　朱定秀　张安东　吴　萍　王　高

重庆大学出版社

—— 内容提要 ——

　　本教材依托安徽省省级重大线上教学改革研究项目"线上'共生式'课堂的建构路径与实施效果评价研究"、安徽省省级精品线下开放课程"文博旅游学"等项目,以物质文化遗产和非物质文化遗产旅游资源为基(土壤),以博物馆外部空间到内部空间的延伸为线(树干),以博物馆管理内容为枝(枝节),大体采用了树形图的编写结构。每一章除主要内容以外,附以案例和知识拓展阅读,并以二维码形式导入了微课视频和各种教学资源,有助于提升学生知识的广度和深度。同时,教材搜集编入了国内外旅游学界的一些新理论,有助于学生更好地掌握学科相关的前沿理论,力求让学生做到学以致用、知行合一。

图书在版编目(CIP)数据

文博旅游学 / 雷若欣,张方军主编. -- 重庆:重庆大学出版社,2020.10
ISBN 978-7-5689-2458-0

Ⅰ.①文… Ⅱ.①雷… ②张… Ⅲ.①旅游学—高等学校—教材 Ⅳ.①F590

中国版本图书馆 CIP 数据核字 (2020) 第183804号

文博旅游学

主　编　雷若欣　张方军
特邀编辑:李　娅
责任编辑:尚东亮　　版式设计:尚东亮
责任校对:刘志刚　　责任印制:张　策

*

重庆大学出版社出版发行
出版人:饶帮华
社址:重庆市沙坪坝区大学城西路 21 号
邮编:401331
电话:(023) 88617190　88617185 (中小学)
传真:(023) 88617186　88617166
网址:http://www.cqup.com.cn
邮箱:fxk@cqup.com.cn (营销中心)
全国新华书店经销
重庆市升光电力印务有限公司印刷

*

开本:787mm×1092mm　1/16　印张:14.5　字数:320 千
2020 年 10 月第 1 版　2020 年 10 月第 1 次印刷
印数:1—3 000
ISBN 978-7-5689-2458-0　定价:58.00 元

前言

源浚者流长，根深者叶茂。作为拥有丰富文化资源的特殊场地，文化遗产地和博物馆一直备受旅游者的瞩目。在新时代，文化产业与旅游产业的深度融合成了满足消费者需求、推动旅游产业转型、实现文化传承与发展的重要手段。将文化遗产地和博物馆中潜在的优势资源转化为旅游产品，吸引国内外游客前来参观学习，不仅有助于文博旅游业和国家文化产业的发展，而且还可以彰显我国厚重的历史底蕴，提升我国国民文化自信。

文博旅游学等文化旅游类课程是旅游管理类及通识人才培养体系的重要组成部分，但目前我国高等学校文博方面的教材多注重文物的挖掘与整理、博物馆的陈列与展览等内容，更适合博物馆学、考古学和历史学专业的学生学习，而针对旅游管理、会展经济与管理、酒店管理专业的文博旅游类教材还不多见。因此，以国家文旅融合的方针为指导，充分利用学科交叉思想将历史、考古、设计、文化传播与旅游学科相结合，系统地完成一本针对旅游管理类专业学生的教材便在我脑海中应运而生。经过5年的课程建设，多次调研与论证以及校内外教授专家的指导，终成拙作。

本书是依托安徽省省级重大线上教学改革研究项目"线上'共生式'课堂的建构路径与实施效果评价研究"（2020zdxsjg235）、安徽省省级精品线下开放课程"文博旅游学"（2018kfk029）、巢湖学院校本教材"文博旅游学"（ch19xbjc07）、校级应用型课程"酒店设计"（ch18yygc06）、安徽省哲学社科规划青年基金项目"环境演变与江淮舟居文化空间变迁研究"（AHSKQ2016D67）、安徽省社科普及规划项目"安徽历史文化名镇研究"（GZ18005）、旅游管理重点学科招标项目"安徽省旅游特色小镇的差异化效应与协同发展策略"（XWZ-201808）、巢湖学院旅游管理重点建设学科（kj16zdjsxk01）、安徽省省级质量工程项目"基于OBE的旅游管理专业核心课程教学模式改革与研究"（2017jyxm0438）、安徽省省级一流品牌专业（2018ylzy011）等项目进行研究的阶段性成果。

本书以物质文化遗产和非物质文化遗产旅游资源为基（土壤），以博物馆外部空间到内部空间的延伸为线（树干），以博物馆管理内容为枝（枝节），大体采用了树形图的编写结构。每一章除主要内容以外，附以案例和知识拓展阅读，并以二维码形式导入了微课视频和各种教学资源，有助于提升学生知识的广度和深度。同时，教材搜集编入了国内外旅游学界的一些新理论，有助于学生更好地掌握学科相关的前沿理论，力求让学生做到学以致用，知行合一。

本书教学参考时数为 32 课时。在使用过程中，要注意根据学生的需求进行调整，激发学生的学习兴趣。希望《文博旅游学》的出版，能为学生在熟悉文博旅游资源及未来开发文博旅游产品中所遇到的问题解疑释惑，能为未来的文博旅游管理者深入了解文博资源、管理文博资源，更好地保护和改善文博资源陈列、布局与开发提供依据，也希望本书能为文博展览设计与策划者等人士提供些许借鉴和帮助。本书有配套教案、教学大纲、课件、微课视频等教学资源，可扫描书中二维码获取。

在本书的编写过程中，朱定秀、张安东、吴萍教授对全书的章节设计给予了指导；雷若欣老师负责全书的撰写工作；张方军老师对第 2 章、第 3 章、第 6 章和第 9 章的内容进行了补充（约 3 万字）。在本书的编写过程中，北京交通大学雷丙寅教授、渡江战役纪念馆王高主任也给予了大力支持。另外，吴杨凡、王瑶、杨赵银、王虹、汪成伟、余成龙、黄文定等同学参与了资料的收集、分析与整理工作。在此，对以上人员表示衷心的感谢。

在编写过程中，本书汲取和摘录了部分历史学、考古学、博物馆学、旅游学专家学者的观点，没有你们的前期研究与成果，本书也难以完成。本书图片来自网络和作者现场拍摄。在此，对图片提供者及网络图片作者表示感谢。由于作者水平有限，书中难免有不当之处，还请专家及读者们提出宝贵意见和建议。

编　者

二〇二〇年五月于合肥半汤

教学大纲

课件

目录

导　论

【章前引言】

　　文化遗产是不可再生的珍贵文化资源，是中华民族生生不息发展壮大的见证。保护继承好文化遗产，是历史和民族赋予我们的神圣使命。传承中华文化，绝不是简单复古，也不是盲目排外，而是古为今用、洋为中用，辩证取舍、推陈出新，摒弃消极因素，继承积极思想，"以古人之规矩，开自己之生面"，实现中华文化的创造性转化和创新性发展。文博旅游是利用遗留的遗产资源和博物馆资源，充分展示地域文化的一种新兴的旅游方式和旅游产品模式。本章节主要介绍文博旅游的概念、研究方法和研究内容。

【内容结构】

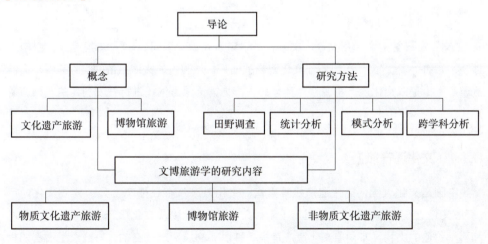

【学习目标】

理论学习目标

1.掌握文化遗产旅游和博物馆旅游的概念。

2.掌握文博旅游的研究内容。

实践应用技术目标

1.掌握田野调查的步骤与方法。

2.掌握旅游统计数据的来源渠道。

中国旅游研究院（文化和旅游部数据中心）与电信旅游大数据联合实验室的数据显示，2019 年上半年，广东、河南、广西、湖南、江苏、河北、山东、浙江、四川、北京等地出游人数较多，陕西、广东、吉林、江苏、河北、湖南、浙江、四川、安徽、北京等地的接待人数较多。旅游客流总体呈现由南北部向中西部迁移的特征，吉林、陕西、安徽、江西、云南、贵州、海南、福建、辽宁、重庆等地的游客净流入量较高。其中，博物馆、历史文化型景区、红色旅游型景区及文化艺术场馆节假日消费平均增幅超过 20%。四成以上的游客体验过人文旅游景点、历史文化街区，其中体验过博物馆、美术馆、文化馆、科技馆的游客比例达 25% ~ 30%，对文化消费场馆、活动内容丰富性、服务质量等方面的评价达到 82.8、86.6、85.5 分。文化消费拉动作用显著，75% 左右免费文化场馆的人均购物、餐饮、交通消费集中在"50 ~ 200 元"，26% 的游客文化消费占旅游总消费的 30% 以上。由此可见，文化遗产旅游和文化场馆旅游已成为未来旅游业界的发展新趋势。

0.1　文博旅游的定义与本质

"文"在日常生活中指文学、文字，可引申为知识、学问。"博"本意是大，引申指通晓、知道得多。"文博"可看作文化博物的缩写。从国内外文博旅游的实际来看，文博旅游实际上是以文化遗产资源，尤其是文物博物馆资源为依托进行开发利用的一种旅游形式。

0.1.1　文化遗产旅游

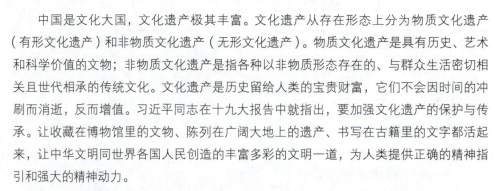

文化遗产旅游

中国是文化大国，文化遗产极其丰富。文化遗产从存在形态上分为物质文化遗产（有形文化遗产）和非物质文化遗产（无形文化遗产）。物质文化遗产是具有历史、艺术和科学价值的文物；非物质文化遗产是指各种以非物质形态存在的、与群众生活密切相关且世代相承的传统文化。文化遗产是历史留给人类的宝贵财富，它们不会因时间的冲刷而消逝，反而增值。习近平同志在十九大报告中就指出，要加强文化遗产的保护与传承。让收藏在博物馆里的文物、陈列在广阔大地上的遗产、书写在古籍里的文字都活起来，让中华文明同世界各国人民创造的丰富多彩的文明一道，为人类提供正确的精神指引和强大的精神动力。

随着中国特色社会主义进入新时代，如何让文化遗产保护利用成果更好地满足"人民日益增长的美好生活需要"，成为与人民群众互动的文化纽带和人们日益关注的重要问题。探索文化遗产的活化路径，"让文化遗产活起来"，是更好地发挥文化遗产的社会及文化价值的重要一环。文旅融合，恰恰为新时代文化遗产的活化提供了可行性路径。

文化遗产旅游就是以众多人类物质文明和精神文明的遗存作为主体旅游吸引物的旅游形式，它既可以真实地再现当地过去或现在人们的生存状态及其故事，又可以满足旅游者探究旅游目的地历史和生活模式的愿望。因此，文化遗产旅游就是以文化遗产为吸引物来发展旅游的一种特色旅游形式。

0.1.2　文物与博物馆旅游

文物是指人类在社会活动中遗留下来的具有历史、艺术、科学价值的遗物和遗迹。它是人类宝贵的历史文化遗产。文物是指具体的物质遗存，它的基本特征是：第一，必须是由人类创造的，或者是与人类活动有关的；第二，必须是已经成为历史的过去，不可能再重新创造的。目前，各个国家对文物的称谓并不一致，其所指含义和范围也不尽相同，因而迄今尚未形成一个对文物共同确认的统一定义。文物包括不可移动文物和可移动文物，其本质与物质文化遗产的范畴类似。2017 年 12 月 1 日，《公共服务领域英文译写规范》正式实施，规定文物标准英文名为 Cultural Relic。

文物依照其特点、历史文化背景、规模大小有很多分类。目前，主要有时代分类法、区域分类法、存在形态分类法、质地分类法、功用分类法、属性（性质）分类法、来源和价值分类法等。但为了成文方便，本书采取动态和静态分类法来对文物进行区分。

根据《第三次全国文物普查文化遗产分类与评定标准》，不可移动文物包括：古建筑、石窟寺、石刻、古遗址、古墓葬、近代现代重要建筑、纪念地等，基本上都属于文物史迹。这些史迹一般体量大，不能或不宜于整体移动。这些与重大历史事件、革命运动或者著名人物有关的文物资源以及具有重要纪念意义、教育意义或者史料价值的近代现代重要史迹与代表性建筑等文物遗迹成了旅游产品开发、吸引游客参观的重要吸引物。

可移动文物主要是指馆藏文物和流散文物，包括石器、陶器、铜器、铁器、金银器、玉器、瓷器、漆器、工艺品、书画、古文献等。根据体量的大小和珍贵程度，文物分别收藏于文物库房、文物柜或文物囊匣内。可以根据保管、研究和陈列的需要随意移动，变换地点，以便更好地发挥作用。

目前，我国有 5 000 多座博物馆，它们是我国历史、文化的浓缩，成为吸引游客，特别是吸引异质文化游客的高品位旅游资源。随着《国家宝藏》等博物馆类电视节目的热播，博物馆成为旅行者偏爱的旅游目的地。如今，全国已形成了一大批诸如故宫等具有国际知名度和影响力的博物馆旅游目的地，有特色、有影响、有效益的文博旅游景区和产品越来越多。文博旅游产品渐成体系，"丝绸之路起点城市"等特色文博旅游产品不断涌现。文物景区标准化建设、文化创意旅游产品研发和博物馆建设进展明显，文博旅游发展环境更加优化。

总的来看，博物馆旅游可看作以博物馆及其衍生物为旅游吸引物，利用一定的资金、技术将博物馆潜在的资源优势转化为现实的旅游产品优势，吸引游客以观光、游览、休闲、参与活动、修学、研究、提高自身修养等为目的的各种旅游活动的综合。这一过程，不仅是指在博物馆内的参观游览，也包括对博物馆纪念品的消费、餐饮、交通、住宿等一系列活动。

课堂讨论 ·············· ○

在文旅融合大背景下，如何更好地促进文博资源与旅游业的融合？

0.2 文博旅游学的研究方法

0.2.1 田野调查

在文化人类学、社会学和环境科学中，田野调查是被广为使用的一种实证性研究方法。

从本质上来看，田野调查发掘是考古学研究的第一个步骤。考古学研究的对象是古代人类遗留下来的实物资料，因此，进行考古研究必须以科学的方法进行田野调查发掘，收集资料。这种调查发掘，被称为田野考古学，属于考古学的一个分支。田野调查发掘对研究文博旅游发展和社会文化变迁、环境演变、传统文化复兴或衰变、经济发展、社会结构变革、政治与宗教特征、艺术生活等方面的关系有很大帮助。

在进行调查时，首先要查阅文献，利用地图和地名学的研究成果，探求历代古迹古物的线索，以获得调查前的启示。根据查阅文献所获得的线索，现场调查时，要特别注意观察周围的地形地貌和地面上的遗物，同时还要充分利用地面上的断崖裂壁、沟渠等断面（图0-1），寻找显露出的遗迹遗物，以便判断遗址的时代和发掘的价值。就调查中可能发现的遗迹遗物来说，在山间可能有旧石器时代的洞穴和打制石器等，在河旁陆地可能有新石器时代的居住遗址和磨制石器以及陶器等遗物，在湖滨、海边，则可

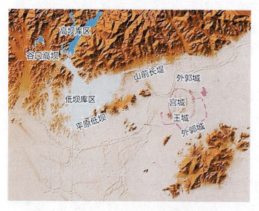

图0-1 良渚古城及外围水利系统结构图
（浙江省文物考古研究所）

能有新石器时代的贝丘遗址。至于历代的城址、石刻、碑刻等，在实地调查中也往往可以获得一些重要线索。

在调查中，要注意做好文字、绘图、照相的记录和采集遗物标本，以便进一步分析研究，确定发掘的价值，必要时还要进行钻探，以查明地下埋藏的文物情况。

知识链接 ·······················○

贝丘遗址

贝丘（Shell Mound），古代人类居住遗址的一种，以包含大量古代人类剩余抛弃的贝壳为特征。日本称为贝冢。它大都属于新石器时代，有的则延续到青铜时代或稍晚。

贝丘遗址多位于海洋、湖泊和河流的沿岸，在世界各地有广泛的分布。在贝丘的文化层中夹杂着贝壳、各种食物的残渣以及石器、陶器等文化遗物，还往往能发现房基、窖穴和墓葬等遗迹。由于贝壳中含有钙质，骨角器等往往能保存完好。根据贝丘的地理位置和贝壳种类的变化，可以了解古代海岸线和海水温差的变迁，对于复原当时自然条件和生活环境也有很大帮助。

中国沿海发现贝丘遗址最多的地方，当推辽东半岛、长山群岛、山东半岛及庙岛群岛。此外，在河北、江苏、福建、台湾、广东和广西的沿海地带也有分布。在内陆的河流和湖泊沿岸还发现有淡水性贝丘遗址，前者以广西南宁邕江沿岸的贝丘遗址为代表，后者则以云南滇池东岸的贝丘遗址为代表。

0.2.2 统计分析

统计分析方法是借助统计工具、运用统计资料，对旅游现象进行研究的一种常见的旅游研究方法。旅游统计工作的各个阶段都有一些专门的方法。在旅游统计调查阶段主要有统计报表制度、重点调查、典型调查、抽样调查、普查等方法；在旅游统计整理阶段，包括统计分布、统计分组、分配数列、统计表、统计图的制作技术等；在旅游统计分析阶段，方法更是多种多样，主要有综合指标法、动态数列法、指数法、抽样法、相关分析法等。这些具体方法既包括一些数理统计方法，也包括一些社会经济统计方法。旅游统计资料是旅游活动最客观、最现实的反映，它对于旅游活动规律性的研究，具有重要的作用。

知识链接 ·······················○

旅游数据来源渠道

①统计数据库；
②中华人民共和国文化和旅游部；
③中国旅游研究院；
④国家统计局；
⑤各省市统计局统计年鉴。

0.2.3　模式分析

模式分析方法能够找出复杂问题的一般规律，找出问题的一般性、本质性的东西。模式分析是一种趋于定式化思维的研究方法，试图用单纯的文字叙述、图像描述、数学公式等形成重构、解释和预测复杂的现象。比如中国旅游研究院院长、文化和旅游部数据中心主任戴斌等人将世界目的地旅游发展指数设计为 4 个二级指数、11 个维度（图0-2）、44 个测量指标。

其中，目的地旅游发展规模指数（TVI），旨在从供给和需求两个方面来衡量旅游业的总体规模，包含旅游接待规模和泛旅游产业规模两个方面的细分指标。目的地旅游发展结构指数（TSI），旨在反映旅游经济结构的合理性水平，涉及旅游市场和旅游产业两个方面的指标。目的地旅游发展质量指数（TQI），旨在衡量目的地旅游发展的质量水平，从游客评价、旅游产业效率和旅游经济贡献 3 个方面来衡量。目的地旅游发展环境指数（TEI）旨在衡量目的地旅游发展综合环境的优越性。旅游发展环境由对旅游发展具有广泛影响的自然、政策、经济、社会文化等几个亚环境组成。通过统计计算，研究者可以根据产业结构、发展质量和发展环境的演变规律形成预判，为旅游目的地的可持续发展提供科学依据。

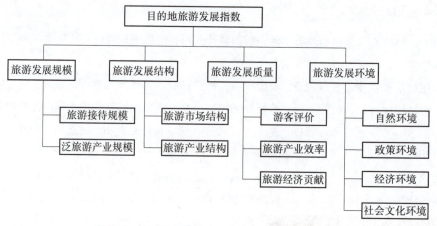

图 0-2　全球目的地国家和地区旅游发展指数框架

0.2.4　跨学科研究

跨学科研究是近年来科学方法讨论的热点之一。跨学科的目的主要在于通过超越以往分门别类的研究方式，实现对问题的整合性研究。目前国际上比较有前景的新兴学科大多具有跨学科性质。就其深刻性而言，跨学科研究本身也体现了当代科学探索的一种新范式。

跨学科研究根据视角的不同可概要地分为方法交叉、理论借鉴、问题拉动、文化交融4个大的层次。其中，方法交叉有方法比较、移植、辐射、聚合等，这些通常发生在各学科之间，其中每一方面和环节都包含着非常丰富细致的内容。理论借鉴主要指知识层次的互动，通常表现为新兴学科向已经成熟学科的求借和靠近，或成熟学科向新兴学科的渗透与扩张。问题拉动是以较大的问题为中心所展开的多元综合过程，有纯粹为研究客观现象而实现的多领域综合，也有探讨重大理论问题而实现的多学科综合，更有为解决重大现实疑难而实现的各个方面的综合。文化交融是不同学科所依托的文化背景之间的相互渗透与融合，这种融合并不是一个单独的过程，因为学科间的任何互动都有文化的因素参与，但真正的文化交融又是一个更深更广的过程，是跨学科研究的终极目标。就文博旅游学而言，就涉及考古学、历史学、旅游学、统计学、政治学、经济学等学科的研究方法，在方法交叉、理论借鉴、问题拉动、文化交融上都有所体现。

教学案例 ⸺⸺⸺⸺⸺○

云泽芳韵土布展

　　2016年7月6日，云泽芳韵土布展在华东师范大学闵行校区图书馆二楼展厅开幕。此次展览作品包括张凤云老师的"山东鲁锦"系列和杨美芳老师的"上海土布"系列。该展览通过展示来自不同地域、生长环境各异、人生经历不同的两个普通家庭主妇的纺织技艺和纺织作品，表现了纺织在女性生命中的重要意义和普通女性的民俗生活（图0-3）。云泽芳韵土布展将博物馆学、民俗学、社会学、人类学知识融为一体，是跨学科研究与展示的典型案例。

图0-3　云泽芳韵土布展（温小兴/摄）

0.3　文博旅游学的内容体系

　　文博旅游学课程按照以培养学生人文素质和实际操作能力为中心的教学模式要求，将相关内容按照理论知识和实训操作两个方向进行了编排，大致按照基础能力模块、应用能力模块和创新能力模块进行了设计（图0-4）。

理论知识	实训操作

基础能力	1. 文化遗产旅游 2. 博物馆旅游 3. 博物馆展陈理论 4. 博物馆旅游产品设计理论 5. 博物馆旅游产品生命周期理论 6. 博物馆旅游营销理论 7. 博物馆旅游危机管理理论	1. 全国红色旅游纪念地的空间分布与特征调研报告 2. 全国博物馆旅游资源的空间分布与特征调研报告 3. 地区性博物馆旅游资源市场分析 4. 博物馆旅游要素整合模式运营资料的搜集与整理 5. 博物馆旅游 GM-TCD模式案例的解析 6. 对比分析新旧营销手段的优缺点 7. 整理博物馆旅游危机案例集
应用能力	1. 博物馆展览陈列大纲撰写要求 2. 博物馆辅助展品制作方法 3. 博物馆旅游商品设计方法 4. 博物馆旅游 4 种新型营销模式 5. 博物馆文物资源讲解 6. 博物馆旅游危机处理	1. 按博物馆展陈大纲撰写要求,撰写一份主题展陈大纲 2. 制作四类博物馆展陈中需要的辅助展品 3. 以"故宫猫"为例,观摩学习故宫博物院文创产品设计理念与营销方法 4. 任选一家博物馆或一件文物,进行讲解 5. 遴选博物馆危机案例,发动学生讨论解决方案
创新能力	1. 地方性文化遗产旅游资源的开发 2. 建筑文化遗产资源的利用 3. 博物馆主题展览活动策划 4. 博物馆文创旅游商品设计 5. 博物馆旅游新型营销手段的运用	1. 利用校内水上景观资源,策划"曲水流觞"节庆活动 2. 以船屋建筑资源为对象,进行"船屋"婚礼策划 3. 以百年老店为对象,进行展板设计与讲解 4. 尝试利用地方博物馆文物 资源为主要元素,设计一份博物馆旅游纪念品 5. 利用短视频平台和小程序,组织学生进行营销活动比赛和攻关打擂赛

图 0-4　文博旅游资源开发与管理的研究内容

课后练习与思考题

1.简述田野挖掘调查的步骤与方法。

2.简述文化遗产旅游和博物馆旅游的概念。

第**1**章
物质文化遗产资源与旅游

【章前引言】

　　中国是文化大国，也是文明古国，文化遗产极其丰富。文化遗产是历史的留存，是人们经验和智慧的结晶，是前人留给我们的宝贵财富，它们不因时间的冲刷而消逝，反而增值，因此文化遗产是最具核心竞争力的旅游资源。本章主要介绍物质文化遗产旅游资源类型及其开发与保护的策略。

【内容结构】

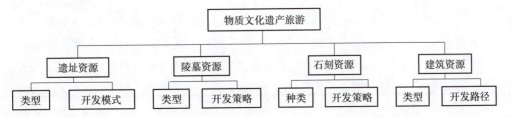

教学资源

【学习目标】

理论学习目标

1.了解物质文化遗产旅游的四种类型。

2.掌握物质文化遗产开发与保护的策略。

实践应用技术目标

1.查阅本地区有关的石刻资源资料，提供石刻资源开发利用的思路与方法。

2.实地调研本地区民居建筑现状，从中找出传承与变异的元素。

物质文化遗产（Material cultural heritage），又称"有形文化遗产"，即传统意义上的"文化遗产"。根据《保护世界文化和自然遗产公约》（简称《世界遗产公约》）的规定，文化遗产包括历史文物、历史建筑、人类文化遗址等。它们是历史的留存，是人们经验和智慧的结晶，是前人留给后人的宝贵财富。在合理地开发下，文化遗产旅游不但具有一般旅游活动的经济功能，而且还具有保护遗产资源可持续利用的作用。如今，随着旅游产业的纵深化发展和旅游活动高品位化趋势的加强，文化遗产旅游已经成为人们旅游消费的一个重要组成部分。

1.1　遗址资源

1.1.1　遗址的概念

按照《国际古遗址理事会章程》的规定，遗址指的是从历史、审美、人种学或人类学角度看，具有突出普遍价值的人类工程或自然与人联合工程以及考古地址等地方，该地方具有特殊价值，是人类与自然的共同产物，是人类文化传承的一种方式，具有不可再生性和不可移动性。很多史前遗址、远古遗址多深埋地表以下，如宝鸡北首岭遗址（距今 7 100±140 年）、西安半坡遗址（距今 6 000 多年）、三星堆遗址、金沙遗址、凌家滩遗址，如今，因为农业生产、建筑工地施工、探险等活动而大白于天下。2017 年 12 月 1 日，《公共服务领域英文译写规范》正式实施，规定遗址标准英文名为Ruins。

1.1.2　遗址的类型

根据国家标准《旅游资源分类、调查与评价》（GB/T 18972—2003/2017）中的分类和遗址遗存形式，遗址类资源主要包括以下几种：

1）史前遗址

人类的史前遗址（表 1-1）一般为先民的重要居住活动场所，能够代表当时建筑及社会发展的水平。它们往往以聚落形式出现，空间分布较为集中。一些遗址虽上部结构已毁，但基址部分保存较好。

表1-1　部分史前遗址一览表

部分史前遗址	安徽部分史前遗址
裴李岗文化遗址	凌家滩遗址
半坡文化遗址	尉迟寺遗址
河姆渡文化遗址	寿县史前遗址
大汶口文化遗址	人字洞遗址
成都平原史前城址	陈山遗址
楠木洲史前遗址	水阳江遗址
海门口史前遗址	银山遗址
晋江流域史前遗址	龙潭洞遗址

2）古代遗址

人类进入文明社会以后，历史年代久远的遗存被称为"古代遗址"。一直以来，令人叹为观止并且充满神秘色彩的古代遗迹都是考古学家和全世界游客最为着迷的所在。在漫长的岁月变迁中，由于战乱、灾祸以及一些不为人知的因素，这些建筑奇迹并没有被完整地保存下来，而是为后人留下一个又一个废墟。如世界12处最迷人的遗址——秘鲁的马丘比丘遗址、伊拉克的巴比伦古城遗址、墨西哥的帕伦克遗址、泰国的大城府遗址、意大利的古罗马圆形大剧场、危地马拉的蒂卡尔废墟、墨西哥的奇琴伊察遗址、希腊的帕特农神庙、巴拉圭的特立尼达耶稣会城遗址、洪都拉斯的科潘遗址、叙利亚的帕尔米拉古城遗址、菲律宾的塔利莎城遗址。这些历史文化遗产是世界遗产的杰出代表，它们为旅游业的发展提供了宝贵的资源。

课堂讨论 ·············○

当你看到玛雅古城帕伦克遗址中的"宇宙飞船"时，有何感想？

3）历史时期城市以及大型建筑遗址

此类遗址一般都占据较大的面积，遗迹、遗物较为丰富，部分遗址没有建筑覆压，环境条件较好，具有较高艺术观赏性。这些城市或建筑曾在历史上有过重要的地位，能够代表当时建筑及社会发展的水平。虽然上部建筑可能已毁，但往往还有城墙、建筑基址露出地表。从整体情况来看，这类遗址现状保存较好。

12处最迷人的古代遗址 -1

12处最迷人的古代遗址 -2

12处最迷人的古代遗址 -3

新石器时代中国最大的城市遗址——石峁遗址

1976 年，中国陕西省新石器时代石城的遗址——石峁遗址（图 1-1）首次被发现。据了解，这是目前发现的中国新石器时代中规模最大的城市遗址。石峁城址是以"皇城台"为中心套合着内城和外城。"皇城台"是大型宫殿及高等级建筑基址的核心分布区，8 万平方米的台顶分布着成组的宫殿、池苑等建筑。其周边堑山砌筑着坚固雄厚的护坡石墙，自下而上斜收趋势明显，在垂直达 70 米的方向上具有层阶结构，犹如巍峨的阶梯式金字塔，并被巨大的内外墙保护着。研究人员推断，从公元前 2300 年到公元前 1800 年，这座城市蓬勃发展，占地约 4 平方千米，是一个富裕而重要的城市。

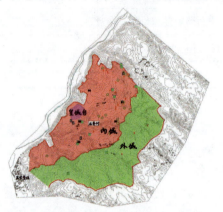

图 1-1　石峁遗址

4）古代大型（军事、交通、仓储）工程遗址

工程遗址在空间分布上多呈线形，绵延距离可达数百千米，规模巨大，能够代表某一历史时期该工程发展水平的最大成就。从旅游资源的分类来看，军事遗址包括军事工程类遗址和战场遗址两大类。军事工程遗址主要指的是因军事目的而专门修筑的工程建筑物或工程设施的遗址，包括军用码头、船坞、港口、要塞、炮台、筑城、阵地和训练基地等，诸如万里长城、钓鱼城、圩堡等。

交通遗迹指那些已经消失或废置的交通建筑和设施，包括古桥、古道、渡口、老码头、凉亭、老车站等，涉及公路、铁路、水运等领域。诸如秦朝的驰道、亭溪岭古道、徽杭古道等属于交通遗迹行列。

仓储工程遗址指的是提供仓储功能的建筑和设施，例如澂（chéng）邑漕仓遗址、孙家南头仓储遗址、大同市北魏太官仓储遗址、河南隋代回洛仓与黎阳仓粮食仓储遗址、江苏太仓元代瓷器仓储遗址、宁波永丰库遗址、厦门鼓浪屿和记洋行仓库遗址等。

5）古代大型手工业遗址

古代大型手工业遗址的各遗址点以集群状态聚合在一定地域范围内，比工程遗址规模小，但是分布范围比较广，能够体现当时手工业的发展水平。一般来说，经过科学的考古发掘都能得到很好的保护和利用。2018年8月，在国家文物局已评定公布的36处国家考古遗址公园中以手工业作坊遗址为基本内容的考古遗址公园有5处，包括景德镇御窑厂遗址、长沙铜官窑遗址、浙江大窑龙泉窑遗址、浙江上林湖越窑遗址和江西吉州窑国家考古遗址公园。当然，全国还散落着很多其他手工业遗址，例如丰镐制骨手工业遗址、湖北鄂州瓦窑咀遗址、内蒙古和林格尔县制盐手工业遗址、山东临淄齐故城秦汉铸镜作坊遗址、凤翔秦雍城豆腐村战国制陶作坊遗址等。

6）纪念地

历史年代较近的遗存多属于具有特殊文化意义的纪念地。按照中共中央办公厅、国务院办公厅印发的《2016—2020年全国红色旅游发展规划纲要》，全国将着力培育12个重点红色旅游区，重点打造302个"红色旅游经典景区"，将这302个红色旅游经典景区（点）按照国家统计局东、中、西地带划分标准进行汇总（表1-2）。

表1-2 全国重点红色旅游经典景区（点）分布汇总表

单位：个

	重点红色景区(点)数	小计
东部地区	北京15；天津6；河北14；辽宁12；上海7；江苏11；浙江10；福建9；山东13；广东13；海南8；广西5	123
中部地区	山西9；吉林8；黑龙江12；安徽8；江西11；河南14；内蒙古8；湖北14；湖南14	98
西部地区	重庆4；四川9；贵州8；云南9；西藏5；陕西13；甘肃10；青海5；宁夏4；新疆12	79

从表中可以看出，我国红色旅游资源分布比较广泛，东部、中部、西部都很丰富。在红色旅游资源的8个主类、31个亚类中，有一类资源就属于遗址类红色旅游资源（表1-3）。

表1-3 部分知名纪念地一览表

部分知名纪念地	安徽部分知名纪念地
天安门广场	金寨革命烈士陵园
中国人民抗日战争纪念馆	皖西烈士陵园
卢沟桥	芜湖王稼祥纪念园
李大钊烈士陵园	渡江战役纪念馆
周恩来邓颖超纪念馆	云岭新四军军部旧址纪念馆

这些资源具有丰富的文化内涵，是我国革命精神的象征，能对旅游者产生较大的吸引力，满足游客的旅游体验，可以被旅游业利用并产生一定的社会和经济效益。

1.1.3　遗址旅游资源的开发

1）遗址类资源开发的原则

（1）依法保护原则

历史遗址类旅游资源的利用应该坚持"保护为主，利用为辅"的原则，任何不利于保护而损害遗址的利用措施都是不允许的。在开发过程中，应全面熟知并贯彻国内外有关遗产保护、遗址保护的法律法规条文。《考古遗产保护与管理宪章》第二条规定："……土地利用必须加以控制并合理开发，以便对考古遗产的破坏减小到最低限度。"《中华人民共和国文物保护法》《中华人民共和国文物保护法实施条例》等文物保护法规，同样实行"保护为主、抢救第一、加强管理、合理利用"的文物保护方针。切实做好遗址的保护工作，完善各项保护措施，才能保证旅游资源的持续利用。

2020年5月11日，习近平同志赴云冈石窟考察时强调，历史文化遗产是不可再生、不可替代的宝贵资源，要始终把保护放在第一位。发展旅游要以保护为前提，不能过度商业化，让旅游成为人们感悟中华文化、增强文化自信的过程。要深入挖掘云冈石窟蕴含的各民族交往交流交融的历史内涵，增强中华民族共同体意识。

（2）科学开发原则

在遗址类旅游资源开发过程中，需要坚持"统筹兼顾，科学发展"的原则。在开发过程中，需要坚持资源导向观、市场导向观和科学发展观。实行遗址区保护与旅游开发相结合、全面保护与局部开发相结合、遗址开发管理措施与旅游景观建设技术措施相结合、近期开发与远期开发相结合，形成以游客体验为主导、以差异化发展为目标的规划和开发理念。

（3）环境"再见"原则

一百多年以前，朱启钤先生在主持北京旧城改造时，率先提出古建筑"修旧如旧"的原则。至今，这一原则依然被视为文物保护修缮的圭臬。在遗址旅游资源开发中，同样遵循这一原则，需要将遗址现场保护、历史环境修复、生态环境建设融为一体，尽可能保证遗址旅游地的原真性及完整性。在旅游开发过程中，要按遗址类资源的类型及特点打造协调的自然和人文景观，最大限度地展示遗址类旅游资源所蕴藏着的人文价值，为历史遗址类旅游资源的有效和合理利用创造良好的条件。

（4）因地制宜原则

遗址类旅游资源类型各异，既有史前遗址、古代遗址、手工业遗址、军事商贸遗址，又有水利工程及近代革命遗址等。从目前的开发利用情况来看，遗址资源的地理空间分布、开发阶段、保护现状、开发条件、与周边地区资源的协调程度都有所不同，需要坚持"因地制宜"的开发原则。开发过程中，就需要从遗址资源的空间分布、保护现状、开发条件等具体情况出发，因地制宜地制订旅游开发的计划与模式：既要考虑到遗址旅游地的生态承载能力，又要注意实行差异化开发策略；既要统筹规划，坚持全域旅游开发理念，又要走特色开发之路，为游客提供独具特色的旅游产品。

（5）体验开发原则

体验旅游是旅游业的发展方向之一。人与环境相互依存、相互作用的关系，是体验设计需要考虑的前提。在体验旅游项目开发中，需要根据不同人群、性别、心理、年龄、区域、文化等层面体现场景环境在旅游过程中的感知性、理解性、参与性，这是体验旅游设计的关键所在。同时，创设让旅游者以主人翁意识积极主动地参与的场景，营造出新鲜感、亲切感和满足感的情景，这是体验旅游设计的价值所在。因此，对遗址类旅游资源的开发不应只停留在建博物馆、导游解说的层次上，而应通过发掘遗址文化内涵，使游客融入遗址，增加游客参与的程度，提升资源的吸引力。

2）遗址类旅游资源开发的模式

目前，国内关于遗址保护开发利用的模式，主要有四种：

（1）遗址公园

"考古遗址公园"是 2009 年"大遗址保护·良渚论坛"正式提出的大遗址保护与利用的一种模式。《国家考古遗址公园管理办法（试行）》（2009）将其定义为"以重要考古遗址及其背景环境为主体，具有科研、教育、游憩等功能，在考古遗址保护和展示方面具有全国性示范意义的特定公共空间"。将整个遗址区建成遗址公园，是目前国内最普遍的一种方式。这种模式不仅使遗址得到了较好保护，也通过公园的建设改善了当地环境，为居民提供了一个休闲娱乐的场所。我国现阶段的遗址公园有三种不同类型：第一类是在公园内保留部分遗址，使之成为公园景观的一部分，如西湖公园的雷峰塔、成都望江公园的崇丽阁等；第二类是遗址本身可以成为公园，如圆明园遗址公园；第三类是考古型的遗址公园，它强调的是对文物遗存有所展示，并强调文物的真实性展示，如大明宫遗址公园、曲江池遗址公园。

（2）遗址博物馆

遗址博物馆是指在自然或人为活动形成的遗存原址上建立的博物馆，包括具有博物馆功能的纪念馆和文物保护单位。

中华民族的文明史源远流长，无论地上或地下都保存着大量的遗址、遗迹和遗物。通过展示遗址本身的形成和变迁，遗址博物馆可以为公众了解过去提供可能，成为连接过去与现在的重要环节。如 1958 年，新中国又建立了第一座在考古发掘原址上的史前遗址博物馆——西安半坡博物馆。在短短的几十年中，我国遗址博物馆经历了一个迅猛的发展过程，并因为其自身的文化特性及外在表现成为重要的参观游览地。

西安半坡博物馆

　　半坡遗址位于陕西省西安市东郊浐河东岸、半坡村北。半坡遗址于1953年春被发现，1958年正式对外开放。西安半坡博物馆（图1-2）是国家一级博物馆、中国第一座史前遗址博物馆、首批全国重点文物保护单位，首批"百个爱国主义教育示范基地""西安旅游十大景点"之一，"中国最值得外国人去的50个地方"之一。

图1-2　西安半坡遗址（贾艳菲/摄）

　　西安半坡遗址揭示了距今6 000多年前的一处典型的新石器时代仰韶文化母系氏族聚落的社会组织、生产生活、经济形态、婚姻状况、风俗习惯、文化艺术等丰富的文化内涵。2017年12月，西安半坡博物馆入选教育部第一批"全国中小学生研学实践教育基地"名单。

（3）遗址历史文化农业园区

　　中国有许多遗址面积大，遗址区内居民众多，国家目前难以像发达国家那样，拨出大量资金，清空区内人口，对遗址资源实施保护。因此在遗址区建设历史文化农业园区是一种比较现实的做法。例如汉长安城面积巨大，居民5万多人，主要以农业经营为主，为了有效保护遗址，在遗址区内发展了都市农业，建设了观光农业园区、市民休闲体验农业园区、现代高科技农业园区等。再如"南有秦岭山，北有五陵塬"之称的五陵塬都市农业长廊，西起汉成帝延陵、东至汉景帝阳陵，东西长约25千米、南北宽2～3千米，总规划面积约10万亩，主要依托帝陵遗址保护，发展花卉苗木、名优果蔬、休闲体验、旅游观光等现代都市农业。五陵塬都市农业长廊有农业园区5个，完成投资20亿元，实现年产值9亿元，可为农民提供3 000个就业岗位。

（4）旅游景区

　　许多遗址地处风景名胜区之中，在风景区开发的过程中，将遗址作为旅游景区的一个景点，在严格保护的前提下，对其进行展示性开发。自20世纪70年代后期开始，中国部分公园就注意到要与遗址资源结合。1982年11月，国务院公布了《全国第一批重点风景名胜区名单》，八达岭—十三陵风景名胜区、天水麦积山风景名胜区、井冈山风景名胜区名列其中，标志着遗址与旅游景区的正式结合。如今，越来越多的遗址资源成了旅游景区的重要旅游节点，为旅游景点赋予了深厚的文化内涵。

1.2　陵墓资源

墓葬，是考古学对坟墓的称呼。坟墓，民间又称为坟，或称为墓。其实，严格来说，坟和墓是对墓葬不同部分的称谓。坟，原意是水边的高地，后引申为高处，但凡高出地面的小山包或土堆均可称为"坟"。由此再次引申，堆筑在墓圹之上、起到标识作用的土堆（考古学上称"封土"）也称为"坟"。后来，坟字的原意在语言生活中越来越淡薄，成为专指荒郊野外埋葬死者的场所。墓，是埋葬死者的地下空间，即墓圹、墓穴。所谓筑土为坟、穴地为墓，地下的圹穴与地上的坟冢（封土），共同构成了完整的"坟墓"，即"墓葬"。

1.2.1　古代的墓、葬、坟、茔

"葬"指处理死者遗体的方式；"墓"指埋棺木之处。

考古证明：距今18 000年前的旧石器时代晚期，我国已经开始按一定方式埋葬死者。直到西周初年还没有明显的坟丘，"文武之兆，……，与地齐平"，西周王陵"不封不树"。周朝以前，君王的坟墓也都称"墓"。大约从战国中期以后，帝王的坟墓逐渐开始称为"陵"。《史记·赵世家》记载："赵肃侯十五年经营寿陵。"《史记·秦始皇本纪》记载："秦惠文王葬公陵，悼武王葬永陵，孝文王葬寿陵。"

1）陵

"陵"的本意是大土山。帝王为了显示王权至高无上的地位，便将坟墓建成一座山陵的样式，故皇帝的坟墓得名陵墓。比如说著名的秦始皇陵占地面积就达到56.25平方千米。唐代皇陵更是"因山为陵"，气势恢宏。有诗句描写乾陵"千山头角口，万木爪牙深"。帝王陵墓，实际上包括陵墓及其附属建筑，合称为陵寝，不仅占地广阔，而且还有相当的高度。

2）冢

冢在《说文解字》里的意思是"高坟"，也就是高大的坟墓。从这个字的结构来说，上面一个"冖"意思为房屋或者覆盖，意思就是将死者覆盖于墓中，下面一个"豖"（chù）。在等级观念强烈的社会，一般人的坟墓是不能称为"冢"的，只有诸侯、贵族等有身份人的坟墓才能称为"冢"。

3）墓

《礼记·檀弓》注："墓，谓兆域，今之封茔也。"

从字形上来看"墓"字上面一个"莫"，下面一个"土"。"莫"字的意思就是日隐没于草丛之中，所以这个墓的意思就是在黄昏时刻下葬，入土为安。又因为"墓"含有与太阳一起隐没的意思，因此墓葬不垒坟头。正所谓"墓而不坟"，就是埋葬逝者后不作标志。这应该也是上古时期人们下葬的一种习俗或者说方式，人死之后埋进墓中，然后用土封住，盖平，没有高起的坟丘，这就是所谓的"平地为墓"。

4）坟

《礼记·檀弓》注："土之高者谓之坟。"

从礼记的注解来看，高出地面的土包称为坟。这其实是古人在先人下葬的地方做的一个标记，以表示对先人的纪念。另外从"坟"字的繁体字来看意思为"土从贲"，意为冲天而起的坟墓，也有一说是表示逝世之人有冤屈，表达自己的冤屈之意。据说武王灭商后，曾经命人给比干的墓添土筑坟头，以表达他的冤屈之意。

1.2.2　陵墓的结构

1）地面部分：封土、陵园、祭祀建筑

（1）坟墓封土

第一种是战国至秦代的垒土为陵型。

垒土为陵是早期帝王陵墓封土的一种，称为方上，就是在帝王的墓穴之上用土夯筑，使它成为一个上小下大的方锥体，就像倒扣着的一个斗，因为它的上部是方形平顶，没有尖部，所以叫"方上"，也称"覆斗"。如陕西临潼的秦始皇陵（图1-3），是迄今为止封土最大的一座垒土陵墓，现高51米，底边周长1 700余米，看上去像一座小山。

图1-3　秦始皇陵全貌

汉代帝王陵墓的封土也都是方上形式，现在在陕西西安附近还可以看到许多这样的方上帝王坟头。汉代封土的等级不仅表现在封土的高低大小上，同时还表现在封土的形状上。皇帝的陵墓封土为正方形或长方形覆斗式，高级贵族和大官僚的封土多呈正方形，

封土以方形为贵。

第二种是汉唐时期的依山为陵型。

依山为陵指的是直接在山体上开凿墓室或是陵墓依山而建。在依山为陵的帝陵中，汉文帝的霸陵当属第一个。但大规模的依山为陵的陵墓形成于唐代。其中，海拔1188米的九嵕（zōng）山昭陵（唐太宗李世民，图1-4）和海拔1048米的梁山乾陵（唐高宗李治及女皇武则天）最为雄伟。

图1-4 昭陵

第三种是五代至明清时代的宝城宝顶形。

宝城宝顶是中国古代帝王陵墓的一种封土形制，是在地宫上方，用砖砌成圆形（或椭圆形）围墙，内填黄土，夯实，顶部做成穹隆状。圆形围墙称宝城，穹隆顶称宝顶（图1-5）。明清两朝多用这种形制，不过清朝的宝城宝顶多为椭圆形。

图1-5 宝城宝顶

（2）陵园布局与祭祀建筑

"陵"是帝王的坟墓，"寝"是帝王"灵魂"的起居场所，"庙"是祭祀和朝拜的地方，三位一体共同形成了陵寝。陵园，属墓地的一种安葬形式类型。中国历代帝王和臣民的陵墓规模和形式绝不相同，帝王陵墓规模宏伟，坚固耐久，构筑精美，所选的地理位置和环境也是景色幽雅，风景别致。

先秦时期，初期的陵园，有的利用天然沟崖作为屏障，有的则在陵的四周挖掘壕沟或夯筑围墙。陵园一侧有门，园内除陵丘外，没有其他附属建筑，祭祀主要在宗庙进行。至殷商时，王室已有自己的陵墓区，墓前有台基式建筑，可能属于"寝"的性质，另外还有祭祀祖先的庙坛建筑。这说明作为陵寝组成要素的"陵""寝""庙"，在殷商时就开始孕育了。但是真正意义上的"陵寝"出现在战国中期，河北平山县的中山王墓出土的《兆域图》显示，陵园布局为长方形，四周有内外两道墙，王陵位于陵园中部，在坟丘顶以及外两侧和后翼分别建五座享堂，也就是寝。

秦汉时期，秦始皇统一六国，进一步完善了陵寝制度。陵园布局继承秦国陵寝制度的同时，还吸收了其他六国的陵寝做法。陵园总体上是模仿都城宫殿规划布局，充分体现皇权的至高无上。陵园坐西朝东，内外两重墙垣，高大的方上形封土位于内城中部。封土北是寝殿和便殿。

西汉继承了秦代的陵寝制度并有所发展。陵园都坐西朝东，平面为方形，只有一道园墙。陵墓居于陵园中央。陪葬墓区在陵园以东、司马神道两侧。东汉开始，陵园不建围墙，并且陵寝改为坐北朝南，不在陵内设庙，而是在陵墓前建"石殿"，专供定时朝拜和祭祀用。同时在陵墓前建神道，神道两旁列有成对的石像、石马。东汉开创的陵墓前建祭殿和神道两侧置石像的做法，为后代历朝陵寝沿用并发展。

唐宋时期，唐代陵寝规模不仅超过前代，而且布局更加周密。陵园布局模仿长安城规制，均坐北朝南，分三重城垣。整个陵园从前到后分为三部分：第一部分为陵墓和祭祀性建筑，北为封土，前为献殿（又称上宫），是朝拜、祭祀的地方。供"灵魂"起居的寝殿和宫人、官吏居住的下宫在陵园外。第二部分为阙和神道，神道两侧有石人和石马等石刻。第三部分为陵园前方两侧的陪葬墓。整个陵园布局以南门为正门，以南北为中轴线，东西对称，体现了面南而立、面北而朝的设计思想。

北宋帝王陵墓恢复方上形封土，陵园布局基本沿用唐代的制度。但与历代截然不同的是陵园都面山背水。因为北宋时期风水堪舆思想盛行，"赵"姓在五音属角缺水，"吉方则要山高水来"，所以陵址要选在"东南地穹，西北地重"的地方，一改历代帝陵居高临下、倚山面河、置陵于高阜的制度，而是置陵台于地势最低处，面山背水，诸陵均面向嵩山的主峰少室。南宋诸帝死后希望能归葬中原，所以陵墓就没有陵台和石刻群，称其为攒宫。到了元代，沿用蒙古族潜埋的葬俗，不起坟冢，葬后乱马踏平，不布设陵园。

明清时期，明清陵园布局受到当时宫殿建筑的影响，虽然继承唐宋形制，但废弃了上、下宫分离的格局，将各类建筑集结在南北向的一条中轴线上（图1-6）。陵园由方形改为长方形平面。陵墓和献殿用墙分隔。前部由碑亭、神厨、神库组成一进院落，以献殿为主体组成二进院落，并取消了下宫建筑，废止了前面各朝宫人居留、侍奉的旧制，以突出陵寝朝拜和祭祀的功能。陵园的后部为陵墓，封土为宝城宝顶形。整个陵园充分体现了前朝后寝的宫殿建筑模式。

图1-6　明十三陵陵园布局

随着时代的发展，现代的陵园建设要求向着景观化、艺术化、立体化、个性化、产业化的方向迈进。当然，必须遵循土地节约、生态环境保护的原则。

2）地下部分：地宫、墓室、葬具

（1）地宫

地宫是石雕刻和石结构相结合的典型建筑，是陵寝建筑的重要组成部分，为安放死者棺椁的地方。一般常见于帝王陵寝或贵族的坟墓。还有一种地宫存在于古代寺庙修建的塔内，一般会存放一些高僧的舍利和法器等物。比较具有代表性的有法门寺地宫、秦皇地宫、乾隆地宫、慈禧地宫等。如打开了佛教和盛唐王朝宝藏的宝鸡法门寺地宫（图1-7）是世界上迄今为止发现的年代最久远、规模最大、等级最高的佛塔地宫，面积31.48平方米。

图1-7　法门寺地宫

（2）墓室

第一种是竖穴墓和横穴墓。

墓穴也叫墓圹，按照挖掘的方式可以分为竖穴墓与横穴墓。竖穴墓是从地面一直往下挖掘而成的土坑，横穴墓是先挖掘到一定的深度然后再横向掏挖而成的土质洞室。

第二种是砖石墓。

战国时期，出现了空心砖砌筑的墓室。至西汉晚期，砖石墓葬方式比较盛行，其中以券顶砖室墓最为常见。墓室内的汉画像砖和画像石上的雕刻与彩绘以表现墓主生前生活为主，充分反映了当时的社会生活方式。

第三种是庭院式墓。

唐代统治阶级更加追求"墓如真宅"，地下墓穴成轴线延伸，依次为斜坡墓道、过洞和天井、前后甬道和前后墓室及小龛。多重过洞、天井的布局，犹如现实生活中的多进庭院。前后墓室则表现前为堂、后为室的思想，也反映死者的等级地位。该类墓葬在墓道、天井等处，均有大量的彩绘壁画。

第四种是仿木结构墓。

宋代在继承前朝砖石墓以及庭院式墓的基础上，开始朝仿木结构墓室（图1-8）发展，利用砖石材料，在墓室的四壁、顶部，仿木构建筑形式，做出倚柱、阑额、斗拱、柱头枋、藻井等构件，门窗逼真，斗拱齐全，雕梁画栋，纹饰彩绘，把宋代《营造法式》思想表现得淋漓尽致。

图1-8　山西榆次区东赵乡下峪村仿木结构墓（史俊杰、崔晓东／摄）

知识链接 ·················· ○

《营造法式》

《营造法式》是中国现存时代最早、内容最丰富的建筑学著作。北宋绍圣四年（1097）将作少监李诫奉令编修，元符三年（1100）编撰完成，崇宁二年（1103）刊印颁行。本书内容除行政管理上"关防工料"的要求外，侧重于建筑设计、施工规范，还配有图样，是了解中国古代建筑学、研究古代建筑的重要典籍。

（3）葬具

葬具指装盛逝者遗体遗骨（骨灰）或衣冠的器具。对于逝者，中国各民族大多将遗体遗骨盛放在一定器具内进行安置，也有将衣物或贴身物品盛放在一定器具内形成衣冠冢的情况。不同历史时期、不同民族、不同地区所使用的葬具，呈现出不同时代、民族和地方的特色。

就葬具的质料而言，从古至今，大约有木、石、陶瓷、金属、合成材料等。木质葬具历史悠久且十分普及。其形状一般为长方形，也有独木状、船状的。木棺在先秦时期已经出现,《礼记·檀弓》上记载:"有虞氏瓦棺,夏后氏堲周,殷人棺椁。"棺椁实际上是内棺外椁,棺是直接盛尸体的,椁是包在棺外的大棺材。有的椁是用石片垒成的,古人多是棺椁并用,后世有钱人也是棺椁并用,贫穷人家只能用棺,甚至连棺都买不起。棺椁的装饰、棺材的用料有许多讲究。装饰一般用漆画上各种不同的图案,如福、禄、寿三星等,棺头中心画一圆寿字,围绕着五只蝙蝠,谓之"五福捧寿",棺的两侧画"八仙庆寿"或"二十四孝图",棺尾画莲花荷叶,谓之"脚踩莲花"。棺木的用料,最一般的是榆木、柳木,稍好些的是松木、柏木,再好的是杉木、樟木。如1972年发掘的湖南省长沙市马王堆一号汉墓(图1-9),长6.72米,宽4.88米,高2.8米。棺椁用巨大的木板制成,置于墓底正中。椁室上下四周塞满木炭和白膏泥,上面层层填土夯实。出土时置于墓坑底部的3根方形枕木上,有两层盖板和两层底板。椁室由4个边箱与正中的棺室组成,形状像个"井"字,古代文献称为井椁。边箱总面积6.8平方米,总体积9.7立方米,藏有各类文物1 000余件。正中的棺室放置了四层套棺,从外到里依次为黑漆素棺、黑地彩绘棺、朱地彩绘棺与锦饰内棺。这具巨大的外椁共用木板70块,约合成材52立方米,最大的木板重达1.5吨。在结构上没用一根金属嵌钉,全用扣接、套榫与栓钉结合而成,是目前出土最大最完整的汉代井字形棺椁实物。

图1-9 马王堆汉墓的边箱与棺椁

趣味历史知识················○

四大盗墓派别的真与伪

(1)摸金派

源自三国时期曹操设置的摸金校尉。汉代陈琳的《为袁绍檄豫州文》记载:"操又特置发丘中郎将,摸金校尉,所过隳(huī)突,无骸不露。"为了扩充军备,曹操组织专人负责挖掘坟墓,搜罗财物。

和其他门派喜欢团体行动不同,摸金派大都是单打独斗,除非困难极大,才会组建五人以下的盗墓团队。摸金派有几项规矩:其一,鸡叫之后就不再摸金;其二,进入墓室后在东南角点一支蜡烛,蜡烛熄灭,就意味着"鬼吹灯",一旦蜡烛熄灭,必须立即撤退;其三,秉持做事留有余地的原则,进入坟墓只能拿走一两件东西;其四,正宗门徒会佩戴摸金符。

但据正史《南宋》卷二·宋本纪中记载:

帝(南朝宋废帝刘子业)少好读书,颇识古事,粗有文采,自造《孝武帝诔(lěi)》及杂篇章,往往有辞采。以魏武有发丘中郎将、摸金校尉,乃置此二官,以建安王休仁、山阳王林祐领之，其余事迹，分见诸列传。这是正史中唯一明确提到帝王设置盗墓官职的记载。

（2）发丘派

东汉末年，董卓拥兵自重，自凉州至洛阳，所过之处"先帝山陵悉行发之"；及至曹操揽权，竟公然在军中设立"发丘中郎将""摸金校尉"，明目张胆地盗掘陵墓。

（3）搬山派

搬山派的历史很早，或许比摸金派还要早。搬山是历史上盗墓的一个流派，古代一些王陵都有大土堆封陵，或者以山为陵。搬山盗墓就是移去一部分封土露出神道，然后进行盗墓活动。搬山派和摸金派、发丘派最大的不同，就是以强力取胜，往往以开喇叭的方式进行盗墓，打通墓葬使其通风，从而降低进入坟墓后的风险。但是，这种做法会对墓葬有极大的破坏。因此，这种方式为其他几个门派所不齿。

（4）卸岭派

卸岭力士始于汉代乱世，鼎盛于唐宋，没落于明清，至民国时期，终于销声匿迹。卸岭之术在于器械，流传了近两千年，引出了许多冠绝古今的奇事。

值得注意的是，正史对搬山派和卸岭派并未有明确记载。

1.2.3　古代陵墓旅游资源的开发

1）古代陵墓旅游的吸引因素

（1）规模宏大的双重建筑

古代墓葬，由地上、地下两重建筑组成，相对古代地面建筑具有一定的独特性。特别是历代帝陵，地面陵寝和地下玄宫的布局都是模仿当时的宫廷建筑所建，金碧辉煌、宏大雄伟，充分反映了当时的建筑风格，体现了属于那个时代独特的建筑艺术和历史特征。

（2）丰富多样的墓葬文物

随着时代的推移，古代墓葬的随葬品由简单到多样，由最初的陶器、骨器、木器、石器到后来的金银器、玉器、青铜器、漆器、丝织品以及各种瓷器，质地齐全、数量众多、品种丰富。随着历史的演变，地面文物损坏十分严重，但墓葬文物相对保存较好，成为历史文物的主要来源。墓葬文物的历史悠久性、数量巨大性、保存完整性和文化丰富性，不仅为考古提供了翔实的资料，而且也是旅游者了解古代社会生活、科学技术、文化艺术等的重要途径。

（3）优越秀美的自然环境

在传统风水说的影响下，古人对"阴宅"的选择甚至胜于阳宅的选择，多选择风景秀丽、山水俱佳、林木森茂的"风水宝地"。后人为追记先祖、供奉祭祀、荫福子孙，对墓葬之地精心营育，使墓地环境更加幽静雅致，气候宜人。因此，墓葬旅游在欣赏古文化的同时，还可接受大自然的熏陶，有助于怡情养性。如唐高宗李治和武则天的乾陵，山势突起、巍峨耸立、登高望远，关中平原景色美不胜收。

（4）墓主的名人效应

用于旅游的著名墓葬，墓主多为历史名人，与社会历史的演变密切相关，或是影响历史进程的关键人物。他们或是为民请命的清官廉吏，或是反抗外敌的民族英雄，或是颇有造诣的文人学士。墓主的名人效应，既可引发旅游者的仰慕之情，满足其缅怀之念，也可通过墓葬旅游了解历史脉络，体会民族精神。

（5）综合多样的文化价值

古代墓葬不仅可吸引旅游者参观游览以满足其对历史的好奇心，而且对历史研究具有重要意义。对民俗学者而言，可以通过墓中随葬品以及墓室内部构造布局了解当时人们的日常生活。对历史学家而言，可以通过地下的文物验证古籍所载是否符合事实。

2）墓葬旅游资源的开发原则

（1）择优开发的原则

中国传统墓葬以土葬为主，全国保存的古代墓葬数量众多，如陕西省仅历代帝王陵墓就有79座，相当一批墓葬被列为各级文物保护单位。择优开发是墓葬资源旅游开发的首要原则，即以一定的省区为单位，全面审视墓葬资源的遗存状况，将墓葬特色突出、墓主知名度较高、地面建筑保存完整、文物遗存丰富、墓葬环境优美的墓葬，列为旅游开发的对象，建设成为具有较强吸引力和竞争力的旅游景区。

（2）文化展示的原则

墓葬旅游资源的开发应从文化入手，依托墓葬遗存，发展文化旅游，丰富文化展示内容。不同时代的墓葬，可以折射出那个时代社会文化的各个方面，如人生理念、建筑水平、饮食服饰、生产生活、各类用具、艺术表现形式、社会关系及等级地位等诸多方面的内容，为后人了解那个时代提供了可能性。

教学案例 ·························○

战国铜餐具

1991年冬，山东省文物考古研究所在临淄区永流乡张家庄村东发掘了一座战国时期的大型墓葬，虽然墓葬椁室被盗，但位于墓室内的陪葬坑保存完好。该墓葬出土了一批青铜礼器和生活用具，设计精巧，制作精致，表现出战国时期齐国手工业的发达兴盛，尤其一组战国铜餐具格外引人注目。这组铜餐具分别由耳杯、小碟、盘、盒、碗等组成，外加罍形的餐具外壳，共达60件（图1-10）。这批铜餐具制作精良而且保存完好，有的甚至还没有生锈，保存着青铜本来的面貌。由于长埋地下，青铜器与土壤中的各种化学物质接触，会生成各式各样的晶状锈，灿若星河，璀璨夺目。这套餐具应是主人出行时使用的，所用餐具均放置在一个铜罍形器中，不仅方便实用，而且便于携带。

图1-10　战国铜餐具

（3）活动设计的原则

墓葬型景区的旅游活动，应突破传统的导游讲解、游客游览、文物观赏、以线串点、"走马观花"式的模式，对景区的游客活动方式进行精心设计，使用虚拟现实等技术，充分调动游客的各种感受器官的作用，增强游客的参与性。

（4）适当修复的原则

由于相当一部分墓葬旅游资源破坏较为严重，地面建筑荡然无存，环境氛围已与墓葬文化不相协调，因此，在有利于文化保护的前提下，可对部分陵墓进行适当修复，包括建筑的修复、环境的复原等，但必须"修旧如旧"，不能破坏文物资源。修复必须有可靠的历史依据，切不可随意进行，出现时代错位、文化错位的问题，违背发展旅游的初衷。

1.2.4　国内外著名的陵墓旅游资源

1）国内著名的陵墓旅游资源

（1）秦始皇陵及兵马俑坑

秦始皇陵是中国历史上第一个皇帝嬴政（公元前259—公元前210）的陵墓，位于中国北部陕西省临潼区城东5千米处的骊山北麓。秦始皇陵于公元前246年至公元前208年历时39年建成，是中国历史上第一个规模庞大、设计完善的帝王陵寝。

兵马俑坑是秦始皇陵的陪葬坑，位于秦陵陵园东侧1.5千米处。目前已发现4座，坐西向东呈品字形排列，并出土仿真人真马大小的陶制兵马俑8 000件。陶俑神情生动，形象准确轩昂；陶马造型逼真，刻画精致自然。兵马俑是秦国强大军队的缩影，布局排列如同军阵，气势凛然。兵马俑陪葬坑均为土木混合结构的地穴式坑道建筑，像是一组模拟军事队列、旨在拱卫地下皇城的"御林军"。从各坑的形制结构及其兵马俑装备情况判断，一号坑象征由步兵和战车组成的主体部队，二号坑为步兵、骑兵和车兵穿插组成的混合部队，三号坑则是统领一号坑和二号坑的军事指挥所。

秦始皇陵是世界上规模最大、结构最奇特、内涵最丰富的帝王陵墓之一。秦始皇陵兵马俑是可以同埃及金字塔和古希腊雕塑相媲美的世界人类文化的宝贵财富。它们充分表现了2 000多年前中国人民巧夺天工的艺术才能，是中华民族的骄傲和宝贵财富。

（2）汉茂陵

茂陵，位于陕西省咸阳市兴平市，西汉第五位皇帝——汉武帝刘彻（公元前156—公元前87）的陵墓。它是汉代帝王陵墓中规模最大、修造时间最长、陪葬品最丰富的一座，为汉陵之冠，被称为"中国的金字塔"。

茂陵高46.5米，顶端东西长39.25米，南北宽40.60米。底面东边243米，西边长238米，南边长239米，北边长234米。据《关中记》载："汉诸陵皆高12丈，方120步，惟茂陵高14丈，方140步。"上述记载与今天测量的数字基本相符。茂陵总占地面积计约为 56 878.25 平方米，封土体积 848 592.92 立方米。陵园四周呈方形，平顶，上小下大，形如覆斗，显得庄严稳重。

茂陵形制，是汉兴厚葬的典型。茂陵的梓宫，是五棺二椁，五层棺木放在墓穴后部椁室正中的棺床上。墓室后半部是一椁室，它有两层，内层以扁平立木叠成"门"形，南面是缺口；外层是黄肠题凑。其五棺所用木料，是楸、檫和楠木，三种木料，质地坚细，均耐潮湿，防腐朽性强。

1961 年 3 月 4 日，茂陵被国务院公布为第一批全国重点文物保护单位。2014 年 8 月，包括茂陵在内的 29 座汉唐帝陵被列入申报世界文化遗产项目。

（3）唐乾陵

乾陵，位于陕西省咸阳市乾县县城北部的梁山上，为唐高宗李治与武则天的合葬墓，占地面积 4 000 公顷。

乾陵于唐光宅元年（684 年）建成，神龙二年（706 年）加盖，采用"依山为陵"的建造方式，陵区仿京师长安城建制。除主墓外，乾陵还有十七个小型陪葬墓，葬有其他皇室成员与功臣。

乾陵是唐十八陵中主墓保存最完好的一个，也是唐陵中唯一一座没有被盗的陵墓。1961 年 3 月 4 日，乾陵被国务院公布为第一批全国重点文物保护单位。

（4）成吉思汗陵旅游景区

成吉思汗陵旅游景区，是世界上唯一以成吉思汗文化为主题的大型文化旅游景区、全国重点文物保护单位、国家文化产业示范基地、国家 AAAAA 级旅游景区、内蒙古龙头旅游景区。成吉思汗陵旅游景区，位于鄂尔多斯市伊金霍洛旗，是成吉思汗灵魂长眠之地。成吉思汗陵旅游景区的两大核心区域是成吉思汗文化旅游区、成吉思汗陵园祭祀区，自南而北呈轴线坐落于美丽的巴音昌呼格草原。在成吉思汗陵旅游景区内，每年春夏秋冬有四次成吉思汗大祭。每年 7 月 18 日举办盛大的成吉思汗旅游文化周节庆活动，已然成为成吉思汗文化的旅游胜地。

（5）明十三陵景区

国家级风景名胜区——明十三陵，位于北京以北 50 千米的昌平区境内天寿山南麓，是明朝（1368—1644）十三位皇帝的陵寝建筑群，具有规模宏大、体系完备和保存较为完整的特点。十三陵按辈分或营建时间的先后排序，依次是：长、献、景、裕、茂、泰、康、永、昭、定、庆、德、思。按地理位置，从东往西再往南，依次是德、永、景、长、献、庆裕、茂、泰、康、定、昭、思。从西往北再往东，依次是思、昭、定、康、泰、茂、裕、庆、献、长、景、永、德。辖区内自然景观幽美，文物古迹荟萃。

（6）黄帝陵风景名胜区

黄帝陵风景名胜区位于陕西省延安市的黄陵县，地处东经 180°，北纬 35° 34′，是连接关中与陕北的交通要道，南距西安市 165 千米，北距延安 120 千米，共有古柏树83 000 余株，海拔为 1 021 米。2002 年，黄帝陵风景名胜区被国务院审定为第四批国家重点风景名胜区，2007 年被国家旅游局授予 5A 级景区称号。黄帝陵风景名胜区是以黄帝陵、庙为核心，以历史文化传承与黄土高原自然环境为依托，人文与自然交辉、意境天成的圣地类国家级风景名胜区，是我国最重要的祖陵祭祀和中华历史文化圣地，是中华文明的精神标识。

（7）明孝陵

明孝陵坐落在南京钟山南麓独龙阜玩珠峰下，是明朝开国皇帝朱元璋与皇后马氏的陵寝，始建于公元 1381 年，1398 年朱元璋安葬于此，到 1413 年建成"大明孝陵神功圣德碑"，历经 32 年之久。明孝陵景区以明孝陵陵宫区为主，包括大金门、四方城、神道等附属设施，以及周边的下马坊、梅花谷、梅花山、明东陵、紫霞湖等景区。1961 年 3 月，明孝陵被列为全国第一批重点文物保护单位。2003 年 7 月 3 日，经联合国教科文组织世界遗产委员会第 27 届会议审议通过，明孝陵作为明清皇家陵寝扩展项目列入《世界遗产名录》。2006 年 12 月，被列为首批国家 5A 级旅游景区。

（8）清东陵景区

清东陵景区位于河北省唐山市遵化市西北 30 千米处，西距北京市区 125 千米，占地 80 平方千米。

清东陵于 1661 年（顺治十八年）开始修建，历时 247 年，陆续建成 217 座宫殿牌楼，组成大小 15 座陵园。陵区南北长 12.5 千米、宽 20 千米，埋葬着 5 位皇帝、15 位皇后、136 位妃嫔、3 位阿哥、2 位格格共 161 人，是中国现存规模最宏大、体系最完整、布局最得体的帝王陵墓建筑群。1961 年，清东陵被列入第一批全国重点文物保护单位，2000 年 11 月被列入《世界遗产名录》。2001 年 1 月被国家旅游局评为全国首批 4A 级旅游景区，2015 年 10 月被国家旅游局评为国家 5A 级旅游景区。

（9）西夏王陵风景名胜区

西夏王陵风景名胜区是第二批国家重点风景名胜区，位于宁夏回族自治区银川平原西部。西夏王陵风景名胜区是西夏文物古迹的代表，也是研究西夏文化历史的宝贵资源。景区由滚钟口、西夏王陵、拜寺口和三关古长城四景区组成，主要景观有裕陵、嘉陵、泰陵、安陵、献陵、显陵、寿陵、庄陵、康陵、西夏博物馆、拜寺口双塔等。1983 年，被定为自治区级风景名胜区。

（10）唐昭陵

昭陵是唐太宗李世民与文德皇后长孙氏的合葬陵墓，位于陕西省咸阳市礼泉县烟霞镇九嵕山上，是国家 3A 级旅游景区。

从唐贞观十年（636 年）文德皇后长孙氏首葬，到唐玄宗开元二十九年（741 年），昭陵建设持续了 107 年之久，周长 60 千米，占地面积 200 平方千米，共有 180 余座陪葬墓，是关中唐十八陵之一，也是中国历代帝王陵园中规模最大、陪葬墓最多的一座，是唐代具有代表性的一座帝王陵墓，被誉为"天下名陵"。昭陵是初唐走向盛唐的实物见证，是了解、研究唐代乃至中国君主专制社会政治、经济、文化难得的文物宝库。

2）国外著名陵墓资源

（1）埃及金字塔

"金字塔"是我国对古埃及方锥形法老陵墓的称呼。埃及金字塔分布在尼罗河西岸，从开罗附近的吉萨至上埃及的希拉康坡里斯一带，有近100座。其中最具有代表性的是胡夫金字塔，又称大金字塔，是世界七大奇迹之一，约建于公元前27世纪。它由230万块石材砌成。在大金字塔周围分布着其他王室成员金字塔，构成胡夫金字塔群。其中有著名的斯芬克斯像，即狮身人面像，它用一整块巨石雕塑而成，再加上匍匐在前的两条前腿，总共长73.5米，象征人的智慧和狮子勇猛力量的结合。

（2）印度泰姬陵

泰姬陵位于印度首都新德里以东195千米的古都阿格拉城的西边，亚穆纳河南岸。泰姬陵是莫卧儿帝国第5代皇帝沙吉汗为其爱妃泰姬·玛哈尔所修的陵墓，号称世界七大奇迹之一。泰姬陵园呈长方形，周围红沙石围墙。整个陵墓用白色大理石修筑，其底层是高7米、长95米的正方形坛座，寝宫居中，高74米，下为八角形，上为穹顶，内分5间，中央宫室内大理石围栏中置放大理石棺。坛座四角有4座高40米的白色大理石3层圆形尖塔，在塔顶可以俯瞰全城。整个陵墓呈现典型的伊斯兰教建筑风格。

（3）非洲马里Dogon墓

马里Dogon墓是西非地区最让人震惊的奇观，曾经在这片大地上，古老的Dogon部落生息繁衍，而最有名的就是这些墓穴。它们被镶嵌在高高的悬崖峭壁之上，很难接近。

（4）意大利非天主教墓地

罗马的公墓很多，安葬的都是占意大利人口绝大多数的天主教徒。唯有一座例外，安葬的皆为非天主教徒，其中极少数来自意大利，绝大多数来自以欧美为主的其他国家。这些外国人大多是文化、艺术、科学、宗教界人士，在意大利长期定居或临时公干期间逝世，然后就地安葬。这座公墓因此被称为"非天主教徒的灵魂安息地"，也被称为"外国文化名人身后汇聚罗马的国际沙龙"。宗教与国际这两个特点，使这座公墓在罗马最为引人注目。

（5）美国好莱坞永生公墓

好莱坞永生公墓（图1-11）位于加利福尼亚州，建立于1899年，是洛杉矶最古老的墓地之一，躺在这里的全部是美国娱乐界的重要人物或是知名人物。好莱坞永生公墓不同于一般的坟墓，是世界上最具有里程碑意义的公墓，这里埋葬有好莱坞早期创始人，是世界上名人最多的坟墓。

好莱坞永生公墓是好莱坞第一座公墓，占地面积62英亩，已经被列入国家历史遗迹名录，埋葬于此的名人有梅尔·布兰科、约翰尼·雷蒙、西席尔·地密尔、珍曼丝菲、鲁道夫·瓦伦蒂诺、道格拉斯·费尔班克斯以及数不胜数的好莱坞明星。修建整齐的草地和庄严的纪念碑都见证了无数好莱坞宠儿的最后时刻，是名副其实的"星光大道"，他们长眠于此，默默地注视着好莱坞的发展。

好莱坞永生公墓还是一个非常具有生机和活力的地方，经常会举办社区活动，包括音乐会和夏季电影节等。

图 1-11　美国好莱坞永生墓园

（6）意大利罗马地下墓穴

古罗马时期，严禁将死人埋葬在城内，所以多数罗马人被火葬。而早期的基督教徒则在罗马城外的地下建起一条条通道和洞穴。这种地下墓穴让人叹为观止。今天洞里虽然没有了尸体，但还保留着当时的基督教壁画和祭坛。

（7）法国拉雪兹神父公墓

拉雪兹神父公墓（图 1-12）是世界上最著名的墓地之一，修建于 1804 年，坐落在巴黎东部，被称为"活人城中的死人城"。它是许多名人的安息所。英国作家王尔德、波兰钢琴家肖邦、美国舞蹈家邓肯、法国最伟大的喜剧作家莫里哀和法国小说家巴尔扎克均埋葬于此。

图 1-12　法国拉雪兹神父公墓

（8）墨西哥巴加尔墓地

在墨西哥南部的恰帕斯的山骊上，完好地保留着玛雅文化的遗迹。帕伦克城内最著名的遗迹莫过于巴加尔墓地（图 1-13）。巴加尔是 7 世纪的一位皇帝，他在公元 615—683 年统治这里。在巴加尔统治时期，他在帕伦克兴建了很多广场和建筑，包括最高的"碑铭神庙"。这些建筑的共同特色是精致的灰泥浅浮雕。

图1-13 墨西哥巴加尔墓地

（9）美国哈特斯戴尔宠物公墓

1996年，哈特斯戴尔宠物公墓在热心宠物者捐资下专门立碑，成为"美国第一座宠物公墓，也是美国第一个宠物埋葬场"。迄今，这里已有7万多个墓碑，埋葬的多是在战争中为国捐躯的战狗和名人的狗。

（10）埃及死亡之城

这是世界上最奇特的墓地，因为住在墓地里的不仅有死人也有活着的人。按照埃及的传统习俗，在埋葬死者时，会在陵墓旁修建几套房间以供亲属哀悼之用。当开罗等城市的住房问题严重时，许多家庭不得不搬到城外的墓地中居住，从而形成了"埃及死亡之城"。

1.3　石刻资源

石刻泛指镌刻有文字、图案的碑碣等石制品或摩崖石壁。在书法领域，也有把镌刻后，原来无意作为书法流传的称为"石刻"，一般不表书写者的姓名。三国六朝以前，这种现象比较多；而有意作为书法流传的称为"刻石"，隋唐以后比较多，而且通常标刻书写者的姓名。石刻是造型艺术中的一个重要门类，在中国有着悠久的历史。石刻属于雕塑艺术，是运用雕刻的技法在石质材料上创造出具有实在体积的各类艺术品。中国古代石刻种类繁多，古代艺术家和匠师们广泛地运用圆雕、浮雕、透雕、减地平雕、线刻等各种技法创造出众多风格各异、生动多姿的石刻艺术品。

知识链接 ·········○

减地平雕

减地平雕又称减地平面阳刻、减地平铲、平凸刻或平面浅浮雕，主要是在打磨光平的石面上，用阴线刻画好图面后，图像轮廓线以外减地，使图像部分凸起。其中，因减地方式和对物像细部表现形式的不同，又细分为凿纹减地平面线刻、铲地平面线刻、深剔地平面线刻和剔地平面线刻四种。

1.3.1　石刻资源的种类

1）陵墓石刻

自商周起，中国逐渐形成了一套等级分明的陵寝制度，陵墓石刻则随着陵寝制度和丧葬习俗的发展而得到了发展。陵墓石刻大致分为地下和地上石刻两类。

地下石刻为墓室内实用性和装饰性石刻，如汉代的画像砖（图 1-14）即作为墓室构件嵌置于墓门及四壁上面，刻有内容丰富的各种图画。棺、椁等葬具除了本身具有艺术性的造型外，还刻有各种图案装饰。这些画像砖及各种刻饰多采用减地平雕及线刻的手法，镌刻精美，有着鲜明的时代特色及装饰效果。

图 1-14　汉代画像砖

知识链接　⋯⋯⋯⋯⋯⋯ ○

汉代画像砖

汉代画像砖是一种表面有模印、彩绘或雕刻图像的建筑用砖，它形制多样、图案精彩、主题丰富，深刻反映了汉代的社会风情和审美风格，是中国美术发展史上的一座里程碑。

画像砖始于战国盛于两汉，三国两晋南北朝时期继续流行，隋唐之后逐渐衰落。汉代画像砖是两汉时期主要装饰在古建筑物上的一种模制、模印、雕刻和彩绘的画像砖，分布于今天的河南、四川、江苏、陕西、山东等省。这些砖上绘有阙楼桥梁、车骑仪仗、舞乐百戏、祥瑞异兽、神话典故、奇葩异卉等，内容珍奇，画技古朴，成为研究我国汉代特别是东汉时期政治、经济、文化、民俗的宝贵文物。若干年来，画像砖一直为学界、艺界、藏界所珍视，许多硕儒名士收罗品题，殊为雅事，汉代画像拓片也成为一纸难求的"宝物"。

中国画像砖曾和日本浮世绘一道进入欧洲，对 20 世纪初的现代派绘画产生了深刻的影响。汉代画像砖是中国汉代最珍贵的图像资料图库之一，存世量大，艺术价值高，蕴藏着很多古老而新鲜的元素，具有巨大的视觉艺术开发和拓展应用价值。

地上石刻主要是陵园、墓葬前的仪卫性和纪念性石刻。仪卫性石刻是在陵墓前神道两侧按一定的规制置放的石人、石兽等，起着保卫及仪仗作用。纪念性石刻则是为了纪念某个事件而专门雕刻的，如唐太宗昭陵墓前雕刻的"昭陵六骏"等。这些石刻体量硕大、造型生动、威严肃穆。

昭陵六骏

　　昭陵六骏是指陕西礼泉县唐太宗李世民陵墓昭陵北面祭坛东西两侧的六块骏马青石浮雕石刻。每块石刻宽约2米、高约1.7米。昭陵六骏造型优美，雕刻线条流畅，刀工精细、圆润，是珍贵的古代石刻艺术珍品。

　　六骏（图1-15）是李世民在唐朝建立前先后骑过的战马，分别名为"拳毛䯄（guā）""什（shí）伐赤""白蹄乌""特勒骠（biāo）""青骓（zhuī）""飒（sà）露紫"。为纪念这六匹战马，李世民令工艺家阎立德和画家阎立本，用浮雕刻绘了六匹战马列置于陵前。

图1-15　昭陵六骏

2）宗教石刻

　　宗教石刻是指石窟寺、寺庙及民间供养的各种宗教造像及与之相关的雕刻，以佛教石刻为主。佛教自东汉传入中国后，其传播形式除了经典文字外，"以像设教"的艺术形式更易于被人们接受、膜拜。南北朝以后，造像之风盛行。北朝时期，多为造像及造像碑，以开龛造像、浮雕为主；隋唐的寺庙造像多为单体圆雕。这些造像种类较多，雕刻精美，时代特色鲜明，反映了佛教造像由外来形式向中国风格的演变过程。

　　中国拥有四大佛教石刻，分别为莫高窟（敦煌）、云冈石窟（大同）、龙门石窟（洛阳）、麦积山石窟（天水）四大石窟。

　　莫高窟又名"千佛洞"，位于敦煌市东南25千米处，大泉沟河床西岸，鸣沙山东麓的断崖上，是中国四大石窟艺术宝库之一。前秦苻坚建元二年（公元366年），"有沙门乐尊者行至此处，见鸣沙山上金光万道，状有千佛，于是萌发开凿之心，后历建不断，遂成佛门圣地"。

　　云冈石窟位于山西省大同市，有窟龛252个，造像51 000余尊，代表了公元5世纪至6世纪时中国杰出的佛教石窟艺术。其中的昙曜五窟，布局设计严谨统一，是中国佛教艺术第一个巅峰时期的经典杰作。

龙门地区的石窟和佛龛展现了中国北魏晚期至唐代（公元493—907），最具规模和最为优秀的造型艺术。这些翔实描述佛教中宗教题材的艺术作品，代表了中国石刻艺术的最高峰。

麦积山石窟地处甘肃省天水市东南方50千米的麦积山乡南侧西秦岭山脉的一座孤峰上，因其形似麦垛而得名。麦积山石窟始创于十六国后秦（公元384—417），尔后屡有修葺扩建，至公元6世纪末的隋朝时基本建成，并完整保留至今。

知识链接 ·····················○

樊锦诗与敦煌莫高窟

图1-16　樊锦诗自传

樊锦诗，现任敦煌研究院名誉院长，1963年自北京大学毕业后在敦煌研究所坚持工作40余年，被誉为"敦煌女儿"。2018年，党中央、国务院授予樊锦诗同志改革先锋称号；2019年，国家授予樊锦诗"文物保护杰出贡献者"荣誉称号；2020，樊锦诗被评为"感动中国2019年度人物"。

樊锦诗视敦煌石窟的安危如生命，她坚持改革创新，带领团队致力世界文化遗产保护传承，构建"数字敦煌"，筹建莫高窟游客服务中心，让游客在未进入洞窟之前，先通过影视画面、虚拟漫游、文物展示等，全面了解敦煌莫高窟的人文风貌、历史背景、洞窟构成等，然后再由专业导游带入洞窟做进一步的实地参观。这样做不仅让游客在较短的时间内了解到更多、更详细的文化信息，而且极大地缓解了游客过分集中给莫高窟保护带来的巨大压力，开创了敦煌莫高窟开放管理新模式，使敦煌艺术走出莫高窟，游客可以"窟外看窟"，有效地缓解了文物保护与旅游开放的矛盾。

3）其他石刻

中国古代石刻除上述陵墓石刻和宗教石刻外还有很多实用性石刻，如宫殿、门阙、牌坊桥梁寺庙等各种建筑构件及石灯、石函、石镇、碑首、拴马桩等一些实用性石刻。古代匠师们充分发挥聪明才智，将实用性和艺术性巧妙地结合起来，创造了很多精美的雕刻作品。其中，不乏石刻艺术中的珍品。

（1）石灯

石灯，是古代先祖们最早使用的灯具。在古代，天然石灯基本不需要外观整形，仅仅拥有照明的使用功能即可。人造石灯，例如我国古代先民依存在窑洞壁上的"孔灯"和"竹签灯"，只是灯的雏形，它还不具备灯的要素。

史书中记载，灯具始见于传说中的黄帝时期。西周时期，帝王、诸侯还处于使用炬和大烛等原始灯具的状态，《周礼》也记载了专司取火照明的官职。据金雪英的《灯之艺》来看，中国成型灯具的出现，最迟应在春秋时期。

汉及魏、晋、南北朝时期，因为佛教传播的影响，石灯比较流行。石灯主要产于

"石窟艺术之乡"甘肃的东部、南部和宁夏固原、海原、隆德、彭阳等地。在石灯（图1-17）中，既有猴灯、狮灯、羊灯等动物俑灯，也有造型多样的人俑灯和几何体灯、花卉纹灯等。它们或象征着某种权力，或代表吉祥和祥瑞，或谐音"登侯"。

图1-17　明代北方窑怪兽灯

随着时代的变迁，工艺的进步，灯具从单一的石灯开始向青铜灯、玉灯、陶瓷灯、铜烛灯、景泰蓝灌顶灯、青花盒式灯等造型别致的灯具演变。

知识链接 ·············· ◯

长信宫灯

1968年，震惊中外的河北满城西汉中山靖王刘胜及夫人窦绾墓出土金缕玉衣、长信宫灯等文物成为人们耳熟能详的精品文物。尤其是长信宫灯，其精美的构造与工艺至今仍被人称道。

长信宫灯为青铜制造，通体鎏金，造型是一位跪地执灯的年轻宫女双手执灯，神态恬静优雅，高48厘米，重15.85千克。此宫灯因曾置放于窦太后的长信宫内而得名，现藏于河北省博物馆。宫女左手执灯，右手及衣袖笼在灯上，很自然地形成灯罩，可以自由开合。点上灯后，还可以随意调节灯的亮度和照射角度，有些类似于今日的调光灯。燃烧产生的灰尘可以通过宫女的右臂沉积于宫女体内，不会大量飘散到周围环境中，其环保理念体现了古代中国人民的智慧。考古学和冶金史的研究专家一致认为，此灯设计之精巧，制作工艺水平之高，在汉代宫灯中首屈一指。1993年长信宫灯被鉴定为国宝级文物，被誉为"中华第一灯"。

（2）石函

石函是在发掘虎丘云岩寺塔时，掀开第二层面盖，从暗棺的底部，发现的六块石板组合而成的长方形石函。

（3）石镇

镇，压物之器，源于春秋战国时期。早期的镇器为压席角、帷帐之用，以石、铜材质居多，常见的多为小石狮、拴娃石、压布石等造型，考古学称之为"席镇"。后来有纸镇、席镇、墓镇之分。

（4）碑首

狭义地说，碑是一种刻石形式，状如竖石，可分为碑首、碑身、碑座。碑的最上部称为碑首。一般为圆形，上刻瑞兽、螭（chī）龙（传说中一种没有角的龙）等。汉及以前，碑比较简单，碑首与碑身多连为一体，碑首有方、圆及尖首，有简单的纹饰，或为瑞兽，或为四神等等。魏晋时期碑首纹饰演变为螭龙，上有圭形平面，称为碑额，一般刻有碑的名称。

（5）拴马桩

拴马桩石雕（图1-18）是我国北方独有的民间石刻艺术品，在陕西省渭北高原上的澄城县分布尤为密集，其数量和品种可称得上在全国"独一无二"。它原本是过去乡绅大户等殷实富裕之家拴系骡马的雕刻实用条石，以坚固耐磨的整块青石雕凿而成，一般通体高2～3米，宽厚相当，22～30厘米不等，常栽立在农家民居建筑大门的两侧，不仅成为居民宅院建筑的有机构成，而且和门前的石狮一样，既有装点建筑炫耀富有的作用，同时还被赋予了避邪镇宅的意义，人们称它为"庄户人家的华表"。

图1-18 拴马桩

石桩分四部分：桩头是石雕的主要部位，桩颈（台座）承托桩头，一般为上圆下方，其上浮雕莲瓣、鹿、马、鸟、兔、云、水、博古等图案；桩身，少数刻串枝纹、卷水、云水纹；桩根则埋入地下。桩头圆雕，有表现人物，人与兽和多人物组合形象，也有表现神话故事人物如寿星、刘海、仙翁等。动物形象则有狮、猴、鹰、象、牛、马等。较精彩的是人骑狮，多在石狮子前肢或人臂腕间镂凿穿系缰绳的孔眼，石狮子突出其扭转身躯的动态，骑者则表现为俯身前冲，或驼背蜷伏的动态，颇为生动。人物五官及衣饰刻画细致，所持物件如烟斗、如意、琵琶、月琴都很逼真。拴马桩石雕在整体上能综合运用圆雕、浮雕、线刻手法，具有浓厚的地方特色。

1.3.2 石刻旅游资源的开发

1）打造石刻文化旅游综合体

文化旅游综合体以文化为核心，依托旅游资源，综合商业、展览、会议等相关业态功能的集约型、复合型、互相作用的街区群体。除了拥有城市综合体的特点，文化旅游综合体也有其自身独特之处。其一，更注重城市文脉和文化内涵，倾向满足精神层面的需求；其二，更重视社会公共空间，在有限空间内提供舒适体验；其三，兼顾区域商业中心的职能，活动对象覆盖本地居民和外地游客。在打造石刻文化旅游综合体过程中，一定要坚持三个原则：

第一，重视文化力量。石刻文化是文化旅游综合体的核心，在规划设计之初，必须做好精准的石刻文化定位。第二，明确功能构成。石刻文化旅游综合体的功能业态不能单一。在优化考虑旅游功能下，协同发展商业、餐饮、居住等其他功能。第三，打造宜人公共空间。石刻文化旅游综合体是以石刻旅游功能为主，因此在规划设计时至少应打造一个公共空间，但必须贴合石刻文化主题。

2）建设石刻文化主题博物馆

着手打造石刻主题博物馆或主题公园等文化地标，通过石雕技艺大赛、非遗进校园等常态化赛事，遴选优秀文化艺术作品进行集中展示，也要将石刻文化、民俗文化等融入城市建设中，通过城市景观、市政设施、公园绿地等展现出来，让广大群众在生活中随处可见、可闻、可感知、可体验石刻文化。

知识链接 ⋯⋯⋯⋯⋯⋯

宗教石刻的集大成者——泉州宗教石刻

福建省泉州市保存有宋、元时期各种宗教石刻文物。宋、元时期泉州是中国对外交通贸易的重要海港枢纽。曾有大量外国人士留居或来往于此，他们信奉伊斯兰教、景教（古基督教聂斯脱利教派）、印度婆罗门教、佛教、摩尼教等，并在泉州设寺，拥有大量教徒，并遗留下重要遗物，其中包括教徒的墓碑、墓顶石、石墓雕饰、宗教建筑石雕以及造像等。

图1-19　泉州海外交通史博物馆伊斯兰文化陈列馆（翁奇羽/摄）

"求知去吧，哪怕远在中国"（图1-19），此话是穆罕默德对四个弟子说的。这句伊斯兰圣训被展示在泉州海外交通史博物馆伊斯兰文化陈列馆内。

哈奴曼（图1-20）是印度史诗《罗摩衍那》的神猴。罗摩是大神毗湿奴化身，他的妻子非常美丽，被楞伽城十头魔王罗波那用计劫走。罗摩在寻妻途中助猴王须羯哩婆夺得王位。猴王派手下大将哈努曼随罗摩去寻妻。哈奴曼勇敢机敏，能腾云驾雾，火烧楞伽宫，盗仙草，终于帮助罗摩征服了强敌，救出悉多。这刻画在印度教寺庙门柱上的哈努曼形象就表现了他盗仙草的故事。

图1-20　哈奴曼（翁奇羽/摄）

3）孵化石刻文创产品

要注重将优秀传统文化用现代手法表现出来，把石刻文化经典用诗歌、美术、舞台等形式进行宣扬，扩大其表现形式。如源自大足笛女的"弓笛"，是音域达 4 个 8 度的罕见乐器之一，目前正在力争引进到大足实现"生产—培训—展演—销售"的新型文化产业链条。

1.4　建筑资源

我国古建筑被喻为"凝固的音乐""石头的史书"，以其特有的魅力吸引着旅游者。中国传统建筑以木构架体系为代表，通过梁架结构和装饰美化，使结构功能和艺术形象统一起来，形成优美的空间造型，尤其是亭、台、塔、坊、廊等，几乎是以独立的审美特征而形成的建筑式样，更加具有审美价值和艺术魅力，在我国旅游资源中占有十分重要的地位。中国传统建筑大体可以分为 10 种类型，即宫廷府邸建筑、防御守卫建筑、纪念性和点缀性建筑、陵墓建筑、园囿建筑、祭祀性建筑、桥梁及水利建筑、民居建筑、宗教建筑、娱乐性建筑等。

1.4.1　建筑群

中国有多个具有突出、普遍价值的单立或连接的建筑群，如避暑山庄（河北省承德市），曲阜三孔（山东曲阜）、故宫（北京）、岱庙（山东泰安），四大古建筑群均已列入世界文化遗产名录，同时也是世界著名的旅游胜地。

1）避暑山庄

承德避暑山庄又名"承德离宫"或"热河行宫"，位于河北省承德市中心北部，武烈河西岸一带狭长的谷地上，是清代皇帝夏天避暑和处理政务的场所。

避暑山庄始建于 1703 年，历经清康熙、雍正、乾隆三朝，耗时 89 年建成。避暑山庄以朴素淡雅的山村野趣为格调，取自然山水之本色，吸收江南塞北之风光，成为中国现存占地最大的古代帝王宫苑。避暑山庄分宫殿区、湖泊区、平原区、山峦区四大部分，整个山庄东南多水，西北多山，是中国自然地貌的缩影，是中国园林史上一个辉煌的里程碑，是中国古典园林艺术的杰作，是中国古典园林最好的范例之一。

2）曲阜三孔

山东济宁曲阜的孔府、孔庙、孔林，统称曲阜"三孔"，是中国历代纪念孔子，推崇儒学的表征，以丰厚的文化积淀、悠久历史、宏大规模、丰富文物珍藏，以及科学艺术价值而著称。

孔庙于公元前478年开始建设，经过不断扩建，至今成为一处占地14公顷的古建筑群，包括三殿、一阁、一坛、三祠、两庑、两堂、两斋、十七亭与五十四门坊，气势宏伟、巨碑林立，堪称宫殿之城。

孔府，建于宋代，是孔子嫡系子孙居住之地，西与孔庙毗邻，占地约16公顷，共有九进院落，有厅、堂、楼、轩463间，旧称"衍圣公府"。

孔林，亦称"至圣林"，是孔子及其家族的专用墓地，也是世界上延续时间最长的家族墓地，林墙周长7千米，内有古树2万多株，是一处古老的人造园林。

3）北京故宫

北京故宫是中国明清两代的皇家宫殿，旧称紫禁城，位于北京中轴线的中心，是中国古代宫廷建筑之精华。北京故宫以三大殿为中心，占地面积72万平方米，建筑面积约15万平方米，有大小宫殿七十多座，房屋九千余间，是世界上现存规模最大、保存最为完整的木质结构古建筑之一。

北京故宫于明成祖永乐四年（1406年）开始建设，以南京故宫为蓝本营建，到永乐十八年（1420年）建成。它是一座长方形城池，南北长961米，东西宽753米，四面围有高10米的城墙，城外有宽52米的护城河。紫禁城内的建筑分为外朝和内廷两部分。外朝的中心为太和殿、中和殿、保和殿，统称三大殿，是国家举行大典礼的地方。内廷的中心是乾清宫、交泰殿、坤宁宫，统称后三宫，是皇帝和皇后居住的正宫。

北京故宫被誉为世界五大宫之首（法国凡尔赛宫、英国白金汉宫、美国白宫、俄罗斯克里姆林宫），是国家5A级旅游景区，1961年被列为第一批全国重点文物保护单位，1987年被列为世界文化遗产。

知识链接 ………………○

何为五脊六兽、屋脊小兽？

"五脊六兽"是中国古代官式建筑如宫殿、衙署、庙宇等大型屋宇的外部装饰件的总称。

所谓"五脊"，是指屋宇的一条正脊四条垂脊，正脊两端的兽叫"鸱吻"，又叫"吞兽"，传说它是龙生九子之一。

所谓"六兽"，主要是安放在四个垂脊上的仙人、龙、凤、狮子、天马等。

图1-21 屋脊小兽

其实，中国很多古建的檐角屋脊上常常排列着一些数目不等的小动物作为装饰。中国木构建筑，最怕遭遇雷击，这些小兽是人们防雷的希望。当然，它们也有建筑功能。屋脊的坡度，会使脊瓦下滑，交梁上需要铁钉固定。为了保护铁钉免受雨雪侵蚀，角兽就用来当作铁钉的帽子，并起到装饰作用。屋脊上小兽的排列有着严格的规定，按照建筑等级的高低排列的数量也不同。屋脊兽是中国古代传统建筑中放置在房屋、宫殿等房脊上的雕塑作品。中国古建筑上的跑兽最多有十个，分布在房屋两端的垂脊上，由下至上的顺序依次是：龙、凤、狮子、天马、海马、狻猊、狎鱼、獬豸、斗牛、行什（图1-21）。根据建筑规模和等级不同而数目有所不同，多为一、三、五、七、九等单数，最多故宫太和殿在最后增加了一个行什。数目越多，表示级别越高。拿故宫来说，太和殿用了十个，天下无二；皇帝居住和处理日常政务的乾清宫，地位仅次于太和殿，用九个；中和殿是用七个；坤宁宫原是皇后的寝宫，用七个；妃嫔居住的东西六宫，用五个；某些配殿，用三个甚至一个。

4）岱庙与天坛

古建筑中的祭祀建筑主要可分为两大类：祭祀祖先的宗庙性质的建筑，以及祭祀自然神，包括天、地、日、月、山川等的建筑。这些祭祀建筑都是皇帝向天下显示其对祖先的尊重，显示其皇权合理性的场所，所以在古代，祭祀建筑是仅次于宫殿的重要建筑，历朝历代都在这上面花费了大量精力和物力。

（1）岱庙

岱庙位于山东省泰安市泰山南麓，俗称"东岳庙"。始建于汉代，是历代帝王举行封禅大典和祭拜泰山神的地方。坛庙建筑是汉族祭祀天地日月山川、祖先社稷的建筑，体现了汉族作为农业民族文化的特点。坛庙建筑的布局与构建同宫殿建筑一致，建筑体制略有简化。

岱庙创建于汉代，至唐时已殿阁辉煌。在宋真宗大举封禅时，又大加拓建。岱庙南北长405.7米，东西宽236.7米，呈长方形，总面积96 000平方米，其建筑风格采用帝王宫城的式样，周环1 500余米，庙内各类古建筑有150余间。

主体建筑——天贶殿，建于北宋，采用中国古代建筑最高规格营造，为中国古代三大宫殿式建筑之一。殿内大型壁画——泰山神启跸回銮图，是我国现存道教壁画的上乘之作，具有极高的历史和艺术价值。岱庙碑碣林立，现存自秦汉以来的历代碑碣石刻211通，素有"岱庙碑林"之称。岱庙内古木参天，有古树名木200余株，其中"汉柏""唐槐"最为著名。岱庙堪称泰山历史文化的缩影，具有重要的历史、艺术、科学价值。

（2）天坛

天坛，是明清两朝皇帝每年祭天和祈祷五谷丰收的地方，也是世界上最大的祭天建筑群。天坛始建于1420年，后来不断修建扩大规模，直至清乾隆年间才最终建成。天坛是世界上最大的祭天建筑群，是圜丘、祈谷两坛的总称。天坛有垣墙两重，分为内坛、外坛两部分，坛墙南方北圆，象征天圆地方。天坛主要建筑分布在内坛的南北中轴线上，圜丘坛在南，祈谷坛在北，中间有墙相隔。连接两坛的轴线，是一条长360米、宽28米、高2.5米的砖石台，称为"神道"，又称"海墁大道"，也叫"丹陛桥"。它寓意上天庭要经过漫长的道路。内坛西墙内有斋宫，是祀前皇帝斋戒的居所。外坛西墙内有神乐署、牺牲所等。坛内主要建筑有祈年殿、皇乾殿、圜丘、皇穹宇、斋宫、无梁殿、长廊、双环万寿亭等，还有回音壁、三音石、七星石等名胜古迹。祈年殿是天坛最重要的建筑物，结构宏大，富丽堂皇，一度成为北京的标志。

现在的天坛已经是北京最知名的旅游景区之一，有92座600余间古建筑，是世界上规模最大的祭天古建筑群。1998年11月，被列入《世界文化遗产名录》。世界遗产委员会评价：天坛建于公元15世纪上半叶，坐落在皇家园林当中，四周古松环抱，是保存完好的坛庙建筑群，无论是整体布局还是单一建筑上，都反映出天地之间的关系，而这一关系在中国古代宇宙观中占据着核心位置。同时，这些建筑还体现出帝王将相在这一关系中所起的独特作用。

知识链接 ○

"样式雷"烫样

"样式雷"，是对清代200多年间主持皇家建筑设计的雷姓世家的誉称。中国清代宫廷建筑匠师家族：雷发达、雷金玉、雷家玺、雷家玮、雷家瑞、雷思起、雷廷昌等。

"样式雷"祖籍江西永修，从第一代"样式雷"雷发达于康熙年间由江宁（现江苏南京）来到北京，到第七代"样式雷"雷廷昌在光绪末年逝世，雷家有七代为皇家进行宫殿、园囿、陵寝以及衙署、庙宇等设计和修建工程。因为雷家几代都是清廷样式房的掌案头目人（首席建筑设计师），即被世人尊称为"样式雷"，也有口语话"样子雷"的叫法。

直至清代末年，雷氏家族有6代后人都在样式房任掌案职务，负责过北京故宫、三海、圆明园、颐和园、静宜园、承德避暑山庄、清东陵和西陵等重要工程的设计，同行中称这个家族为"样式雷"。雷氏家族进行建筑设计方案，都按1/100或1/200比例先制作模型小样（图1-22）进呈内廷，以供审定。模型用草纸板热压制成，故名烫样。其台基、瓦顶、柱枋、门窗以及床榻桌椅、屏风纱橱等均按比例制成。雷氏家族烫样独树一帜，是了解清代建筑和设计程序的重要资料。留存于世的部分烫样存于北京故宫。

图 1-22 "样式雷"烫样

中国古代民居建筑

1.4.2 民居资源

中国疆域辽阔，不同的地理条件、气候条件以及不同的生活方式、不同的文化影响，造成了全国各地居住房屋样式及风格的不同。按区域分，中国有特色的传统民居建筑有江南民居、西南民居、西北民居、晋中民居、北方民居、客家民居。其中，特色民居建筑有四合院、吊脚楼、大屋、碉房、船屋、蒙古包等。

1）四合院

四合院又称四合房，是一种中国传统合院式建筑，其格局为一个院子四面建有房屋，通常由正房、东西厢房和倒座房组成，从四面将庭院合围在中间。早在商周时代，我们祖先的居住建筑就已采取了四合院的形式。岐山凤雏的西周建筑遗址平面呈矩形，中轴线由南至北分别为门道、前堂、后室，前堂与后室之间有廊相通，院两侧为前后相连的厢房，中间形成两组院落，是一座相当工整的四合院，这是迄今为止发现的最早的一座四合院。而北京四合院（图 1-23）则要追溯至元代。自元代正式建都北京，大规模规划建设都城时期，四合院就与北京的宫殿、衙署、街区、坊巷和胡同同时出现了。

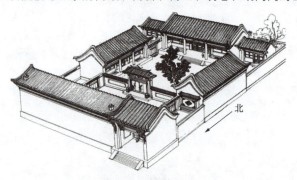

北

图 1-23 北京四合院

在四合院中，家庭成员根据地位的高低住在不同方位。家长住北房，兄长住东厢房，弟弟住西厢房，幼年的女儿可以随父母身边或住在耳房，南房安置厨房、储藏室以及仆人卧室。

2）吊脚楼

吊脚楼，也叫"吊楼"，为苗族（重庆、贵州等）、壮族、布依族、侗族、水族、土家族等族传统民居，在渝东南及桂北、湘西、鄂西、黔东南地区的吊脚楼特别多。吊脚楼多依山靠河就势而建，呈虎坐形，以"左青龙，右白虎，前朱雀，后玄武"为最佳屋场，后来讲究朝向，或坐西向东，或坐东向西。吊脚楼属于干栏式建筑，但它们是半干栏式建筑。干栏式吊脚楼在南方广大地区自古有之，它由远古时期的"巢居"演变而来。历史上这类房屋多叫"干栏"，也有叫作"麻栏""葛栏""高栏"的。它们的共同特点是高脚屋，上面住人，下面养家畜。

3）碉房

碉房（图1-24）多为石木结构，墙壁非常坚固，外墙向上逐渐收缩。内部一般为两层，也有三四层。平顶，窗户小，可防止外人从窗户入内，具有很好的防盗作用。一般来说，底层多作为储藏室或牲口圈，二层为起居室，三层为经堂或晒台。

图1-24　藏族碉房（哈敬选／摄）

4）土楼

福建土楼也称客家土楼（图1-25），是世界上独一无二的山区大型夯土民居建筑，是中国古代建筑史的一朵奇葩。土楼建筑产生于宋元时期，经过明朝早、中期的发展，到明朝末年走向成熟，并一直延续至今。目前，客家修建的土楼，多为方形土楼，规模庞大，楼层一般为三到四层，一般高20～50米。一般底层为厨房，二层为谷仓，且均不开窗。三层以上为卧室，对外开小窗。整楼的采光通风，都依靠内院的天井。

图1-25　福建土楼

5）船屋

船屋是船民在长久以来的生产生活中形成的一种建筑形式，是江淮流域以及巢湖、瓦埠湖、女山湖等江河湖泊上生活的船民栖居的场所。其特点为以船为家、以船为宅，生产生活和饮食起居几乎都在船上进行。

在建造材料方面，以往的住家船多以木料建造，但会选用不易腐烂的、浮力大的杉木，船体还会用桐油进行粉刷。在结构方面，夹板下有两层，最下一层为隔水层，隔水层上为底舱，主要用来存放生活用品、粮食和杂物。住家船在功能划分上比较简单，一般前舱作业，中舱为寝室和饭厅，后舱为厨房、厕所（图1-26）。

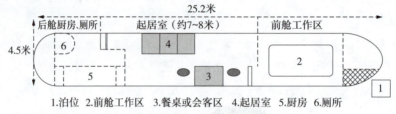

图1-26 船屋平面图

6）蒙古包

蒙古包是蒙古族牧民居住的一种房子，建造和搬迁都很方便，适用于牧业生产和游牧生活。蒙古包古代称作穹庐、"毡包"或"毡帐"。蒙古包圆形尖顶，顶上和四周以一至两层厚毡覆盖。普通蒙古包，顶高10～15尺，围墙高50尺左右，包门朝南或东南开。包内四大结构为：哈那（即蒙古包围墙支架）、天窗（蒙语"套脑"）、椽子和门。蒙古包以哈那的多少区分大小，通常分为4个、6个、8个、10个和12个哈那。蒙古包看起来外形虽小，但包内使用面积却很大，而且室内空气流通，采光条件好，冬暖夏凉，不怕风吹雨打，非常适合经常转场的放牧民族居住和使用。

1.4.3 园林资源

商周时期，中国就有以畜养禽兽供狩猎和游赏的囿和猎苑。到了秦汉时期，中国的园林有了进一步发展，出现了围绕宫殿的园林。魏晋南北朝时期，文人、画家开始参与造园，进一步发展了"秦汉典范"。到明清时期，中国园林创作达到高峰期。当时社会稳定、经济繁荣给建造大规模写意自然园林提供了有利条件。

1）皇家园林与私家园林

按不同的分类标准，中国的园林可以分为很多类型。按占有者来分，可分为皇家园林和私家园林。皇家园林里，比较有名的当属颐和园、圆明园和避暑山庄。而私家园林是供皇家的宗室外戚、王公官吏、富商大贾等休闲的园林。其特点是规模较小，所以常用假山假水，建筑小巧玲珑，表现出淡雅素净的色彩。现存的私家园林，如北京的恭王

园林资源 -1

府，苏州的拙政园、留园、沧浪亭、网师园，上海的豫园等。

知识链接 ……………………… ○

江南第一座私家园林园址今何在?

据历史记载：江南第一座私家园林是苏州顾家的辟疆园。顾辟疆是东晋时代人，官做到郡功曹、平北参军等职。相传他性情高洁，家中建有园林一座，其林泉池馆之胜，号称吴中第一。因此，当时的文人雅士们纷纷前往游览。在《晋书·王献之传》和《世说新语》等书中，记有两则有趣的故事：王子猷尝行过吴中，见一士大夫家极有好竹。主已知子猷当往，乃洒扫施设，在听事坐相待。王肩舆径造竹下，讽啸良久。主已失望，犹冀还当通。

遂直欲出门。主人大不堪，便令左右闭门不听出。王更以此赏主人，乃留坐尽欢而去。

王子敬自会稽经吴，闻顾辟疆有名园。先不识主人，径往其家。值顾方集宾友酣燕，而王游历既毕，指麾好恶，旁若无人。顾勃然不堪曰："傲主人，非礼也! 以贵骄人，非道也! 失此二者，不足齿人，伧耳!"便驱其左右出门。王独坐舆上，回转顾望，左右移时不至，然后令送著门外，怡然不屑。

王徽之（子猷）和王献之（子敬）同是一家人。这里记载的两件事，情节大同小异，都是因为急于游园，行动有点冒失。只是结果稍有不同，一个尽欢而散，一个被赶出园外，读来令人发笑。但也证明了当时的辟疆园，确为一座声名远扬的江南名园。

2）北方园林、江南园林、岭南园林

按地理位置分可分为北方园林、江南园林、岭南园林。北方园林因地域宽广，所以范围较大，建筑富丽堂皇。代表大多集中于北京、西安、洛阳、开封，其中尤以北京为代表。

南方人口较密集，所以园林地域范围小。又因河湖、园石、绿树较多，所以园林景致细腻精美。南方园林的代表大多集中于上海、苏南和浙北等地，其中尤以苏州为代表。

岭南因为其地处亚热带，终年常绿，又多河川，所以造园条件比北方、南方都好。其明显的特点是具有热带风光，建筑物也都较高且宽敞。现存的岭南类型园林有广东顺德的清晖园、东莞的可园、番禺的余荫山房等。

园林资源 -2

园林资源 -3

1.4.4　建筑旅游资源的开发

1）建筑旅游资源开发原则

建筑旅游资源在开发过程中应该坚持求真保护原则和市场导向原则。

（1）求真保护原则

朱启钤先生当年提出的"修旧如旧"的原则至今仍在发挥着重要的指导作用。古建筑是一种文化载体，它们是城市发展的记号，见证了城市的变化，是一个城市传承的记忆，代表着城市的历史和底蕴。同时向城市新居民传递着城市的历史，也向慕名而来的

游客讲述着城市的过去。古建筑作为物质文化遗产的一种，是社会不同发展阶段遗留下来的实物。一旦破坏，就很难恢复。对于城市而言就失去了自身的记忆，失去了自身发展的见证。记录历史，展示文化，将古建筑的历史信息完整呈现，是古建筑保护的真正意义和价值。因此，在古建筑的保护和开发中，应该要尊重历史、尊重文化，不能随意改变古建筑的元素，使古建筑成为变相的人造景点。除此之外，还应对古建筑进行旅游承载力评估，合理控制游客数量，坚持"保护第一"的原则。

（2）市场导向原则

建筑资源是一种特殊的旅游产品，需要经过市场的检验。旅游者的消费需求对建筑资源的开发和利用具备一定的导向作用，开发中必须考虑到当地目标市场的职业、年龄、教育水平等指标，再确定开发的方式、类型和程度。只有如此，才能真正地提供迎合市场需求的、高质量的旅游产品。

2）建筑旅游开发路径

国家发改委城市和小城镇改革发展中心副主任沈迟在《财经》杂志和秦森企业共同主办的"2018中国古建筑国际论坛"上表示："保护古建筑与发展文旅产业具有天然的关联。如果古建筑保护得好，文物古迹利用得好，通过发展旅游可以带来巨大的社会效益和经济效益。"

（1）政府监管，市场运作

古建筑群的规划、开发是个复杂、长期的系统工程，涉及的部门、人员众多，需要多方协调。因此，在开发过程中，政府应该发挥主要作用，采取PPP开发模式，引入市场力量，为古建筑群资源的开发提供动力保障。恒丰银行研究院执行院长董希淼曾建议，在古建筑保护中应引入不同的金融手段进行尝试。他表示，如今部分银行业金融机构创新产品与服务，拓宽了银行资金进入古建筑保护领域，加大了对古建筑保护的信贷支持力度。"如安徽省部分农村商业银行，通过发放土地承包经营权抵押贷款和宅基地使用权抵押贷款，支持世界文化遗产西递、宏村旅游点住户修缮古民居，开办'农家乐'，取得明显成效。"此外，当地创新推出旅游门票收入抵押贷款、旅游景点经营权质押贷款等新产品，向古村落景点和经营企业发放贷款。这些贷款发放之后，部分资金反哺到了古民居保护领域，为古村落和古民居的修缮输入了资金血液。

（2）跨界开发，延伸拓展

这主要包括依附景区型建筑、景区核心型建筑和独立型建筑三种类型。对于前两种单体建筑而言，需要坚持统筹发展的原则，使建筑与景区氛围一致、特色协调。如蒙古包、海南土家族的吊脚楼、巢湖流域的船屋等都成了许多景区旅游住宿设施的文化标志。此外，四合院、窑洞、土楼等传统建筑建造方面的知识也可以较好地融入旅游规划与设计中，如传统选址知识、"景观中轴线"建筑布局艺术、院落式的建筑规划知识等。

另外，在建筑资源开发中，应坚持所有权与经营权分离，引入专业机构运营管理；

要坚持创意开发原则，以加强游客体验为目标，将建筑文化融入有关的活动事项中，比如建筑模型制作、艺术绘画、知识竞赛等，从而加深游客对建筑的认识与了解。还可以利用古民居、祠堂、文化礼堂等建筑，建设具有体验、休闲、展陈功能的博物馆，精准定位艺术创作、休闲度假、运动健身、养生养老等小众化细分市场，进行跨界开发。

（3）历史街区，整体保护

将古建筑融入历史街区保护项目，进行整体保护和传承。古建筑除了作为群体居住空间，还能够反映当时社会聚居状态和地域居住文化，生产、生活方式。同时，它给人们一个实景体验城市历史、感受城市过去的场所。某些古建筑则仍然代表着城市的符号、街区的符号，存在于人们日常生活中。作为城市文脉传承的历史文化街区，历史文化街区古建筑以群体呈现在人们面前，成了城市文化生活的重要组成部分。合理的保护和利用它们，不仅可以让古建筑重新获得活力，也可以给人们提供一个休闲与文化娱乐的好场所。

课后练习与思考题

1. 请查阅本地区的遗址类资源有哪些。

2. 请查阅本地区的红色旅游资源，并绘制一张红色旅游资源空间分布图。

3. 请查阅本地区的石刻资源，并谈一谈如何更好地进行开发和利用石刻资源。

4. 请根据 2019 年澳大利亚大火和 2020 年初"开车"进故宫事件，谈一谈如何更好地保护物质文化遗产资源。

第**2**章
非物质文化遗产资源与旅游

【章前引言】

　　"通过文化和旅游的融合发展，文化可以更加富有活力，旅游也会更加富有魅力。"在文旅融合、全域旅游和传承发展中华优秀传统文化的背景之下，"非遗＋旅游"迎来了难得的发展机遇和更广阔的市场前景。与此同时，新的市场机遇也对这一细分领域的产品研发、路线优化和服务供给提出了更高要求。本章节主要介绍非物质文化遗产旅游资源类型及其开发与保护的策略。

【内容结构】

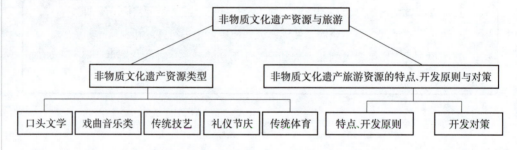

教学资源

【学习目标】

理论学习目标

1. 了解非物质文化遗产旅游的几种类型。

2. 掌握非物质文化遗产开发与保护的策略。

实践应用技术目标

1. 利用校园资源，再现曲水流觞场景。

2. 实训八礼四仪。

3. 掌握各类非物质文化遗产旅游资源的开发路径。

2.1 非物质文化遗产的类型

党的十九大报告提出，要深入挖掘中华优秀传统文化蕴含的思想观念、人文精神、道德规范，结合时代要求继承创新，让中华文化展现出永久魅力和时代风采。非物质文化遗产是千年文明古国的历史积淀，是中华民族传统文化的瑰宝，对中华民族精神的构建有着潜移默化的熏陶作用。中国的发展离不开历史的需求，而历史所遗留下来的文化还需继续传承，并赋予它们新的力量。

非物质文化遗产旅游早在20世纪六七十年代已在日本、韩国等一些国家兴起。但对"非物质文化遗产"的概念却并未有准确的界定。1997年11月，联合国教科文组织通过了建立人类口头与非物质遗产代表作的决议，"口头与非物质遗产"的概念被确认。2003年10月，联合国教科文组织通过了《保护非物质文化遗产公约》，确认了"非物质文化遗产"的概念。根据联合国教科文组织的《保护非物质文化遗产公约》定义，非物质文化遗产指被各群体、团体、个人视为其文化遗产的各种实践、表演、表现形式、知识和技能及其相关的工具、实物、工艺品和文化场所。

根据《中华人民共和国非物质文化遗产法》定义：非物质文化遗产是指各族人民世代相传并视为其文化遗产组成部分的各种传统文化表现形式，以及与传统文化表现形式相关的实物和场所。包括：①传统口头文学以及作为其载体的语言；②传统美术、书法、音乐、舞蹈、戏剧、曲艺和杂技；③传统技艺、医药和历法；④传统礼仪、节庆等民俗；⑤传统体育和游艺；⑥其他非物质文化遗产。属于非物质文化遗产组成部分的实物和场所，凡属文物的，适用《中华人民共和国文物保护法》的有关规定。

2.1.1 口头文学

口头文学是民间文学的一部分，是最早期的民间文学，是后期书本民间文学的源泉。这种文学包括散文的神话、民间传说、民间故事，韵文的歌谣、长篇叙事诗以及小戏、说唱文学、谚语、谜语等体裁的民间作品。其中，打油诗、民间歌谣、民间故事是数量最多的三类。如牛郎织女传说、孟姜女传说、梁山伯与祝英台、"陷巢州，涨庐州"的故事等。

> **教学案例** ⋯⋯⋯⋯⋯⋯⋯⋯○
>
> ### "陷巢州、涨庐州"的传说（图2-1）
>
> 在安徽巢湖一带一直流传着"陷巢州、涨庐州"的传说。传说在远古时期，巢湖这一带并非是湖，而是陆地上一个州府。姥（mǔ）山，当地人又称母山，与姥山岛相伴，另外还有两座礁岛，在碧波之间若隐若现，称作鞋山。在巢湖中心，与姥山遥遥相望的

还有一座姑山。传说，当年小白龙游历巢州被误杀而报复才水漫巢州。焦姥为救乡邻，自己被洪水吞没，化成了一座山，后人遂称之为姥山。焦姥的女儿通知乡邻，先焦姥一步奔走，跑丢了一双鞋子，终又被洪水吞没。后来，鞋子化作一对鞋山，女儿化作姑山。母女相望遥遥无期。

《陷巢州长庐州》是由刘峻先生依照巢湖相关故事、传说为素材，创作出的一部反映中华传统文化、彰显民间传统美德的长篇神话小说集，该小说集共十二章，12万余字。该小说集于2013年5月由中国文化出版社出版。

图2-1 《陷巢州长庐州》图书

　　传说当然不可信，但近年考古工作者在巢湖北岸发现了大量文物，最早为新石器时期玉石器，最迟为王莽时期的钱币和生产生活用品，时间跨度达3 000年，正好与"陷巢州"的传说故事相吻合。文物工作者还对巢湖几处水域进行了调查，发现水下文物点40多个。

2.1.2　传统艺术

1）传统美术

　　中国传统美术是以物质材料为媒介，占据一定立体或平面空间的艺术。在中国，这种古老的艺术形式，大约产生在史前时代。按类型分工笔画和写意画，按内容分人物画、山水画、花鸟画等。如收藏于北京故宫博物院的《千里江山图》（图2-2）便是青绿山水画的代表之一。《千里江山图》为北宋王希孟创作的绢本设色画，不仅代表着青绿山水发展的里程，而且集北宋以来水墨山水之大成，并将创作者的情感付诸创作之中。

图2-2　千里江山图

2）传统书法

鲁迅先生说："饰文字为观美"，为"华夏所独"。书法（图2-3）是中华民族独创的一种艺术，是中华民族的优秀传统文化之一。它不仅与中国绘画同源，相辅相成，而且也是中国哲学、东方文化与华夏民族精神气质的象征。

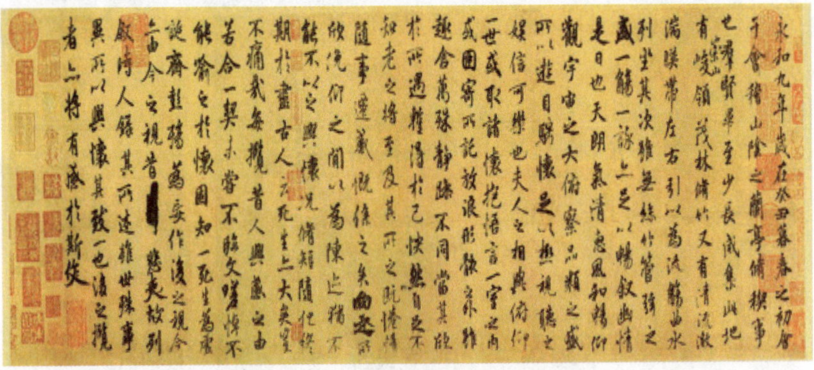

图2-3 兰亭集序（褚遂良摹本）

知识链接

曲水流觞

曲水流觞，是中国古代汉族民间的一种传统习俗，后来发展成为文人墨客诗酒唱酬的一种雅事。夏历的三月上巳日（三月初三）人们举行祓禊（fú xì，春季三月初三在水边举行祭礼，洗濯去垢，消除不祥）仪式之后，大家坐在河渠两旁，在上流放置酒杯，酒杯顺流而下，停在谁的面前，谁就取杯饮酒，意为除去灾祸不吉。这种传统历史悠久，最早可以追溯到西周初年。据南朝梁吴均《续齐谐记》："昔周公卜城洛邑，因流水以泛酒，故逸《诗》云'羽觞随流波'。""曲水流觞"主要有两大作用，一是欢庆和娱乐，二是祈福免灾。

3）传统音乐

一个国家、一个民族的思维习惯，对其审美意识的形成和发展有不可低估的作用。传统音乐绵延了几千年，包含着诸多审美品格，是一定音乐思想特殊本质的集中体现，是音乐思想意识的结晶。传统音乐包括器乐音乐、戏曲音乐、民歌和舞蹈音乐四类。如中国的民间舞蹈种类繁多，风格各异。其中最流行的有秧歌、腰鼓、跑旱船、花灯、采茶等。

知识链接

中国十大古琴

古琴，又称瑶琴、玉琴、丝桐和七弦琴，是中国的传统乐器，至少有3 500年以上的历史。

现存琴曲3 360多首，琴谱130多部，琴歌300首。主要流传范围是中华文化圈内的国家和地区，如中国、朝鲜、日本和东南亚，而欧洲、美洲也有琴人组织的琴社。古琴作为中国最早的弹拨乐器，是华夏文化中的瑰宝，是人类口头和非物质遗产代表作。

非物质文化遗产类型

1. 周朝"号钟"("号钟"是传说中周代的名琴，居古代四大名琴之首，此琴音之洪亮，犹如钟声激荡，号角长鸣，令人荡胸生云。)

2. 春秋"绕梁"(据说"绕梁"是一位名叫华元的人献给楚庄王的礼物，其制作年代不详。楚庄王自从得到"绕梁"以后，整日弹琴作乐，陶醉在琴乐之中。)

3. 汉"绿绮"(相传绿绮通体黑色，隐隐泛着幽绿，有如绿色藤蔓缠绕于古木之上，因而名为"绿绮"。)

4. 东汉"焦尾"(焦尾琴，中国古代四大名琴之一。与其他三张琴相比，"焦尾"琴名直白无华，但其身世非同寻常，皆因此琴系东汉名人蔡邕所创制。)

5. 唐朝"春雷"("春雷"为唐代名琴的名称，制琴世家雷威所作。)

6. 唐朝"九霄环佩"("九霄环佩"是古琴中的精品，为盛唐开元年间四川制琴世家雷氏第一代雷威制作。)

7. 唐朝"大圣遗音"["大圣遗音"琴产生在唐代至德元年，是李亨皇帝即位（公元756年）后所做的第一批官琴。]

8. 唐朝"独幽"(灵机式，晚唐。通长120.4厘米，琴额宽20厘米，琴肩宽21厘米，琴尾宽15厘米。琴面桐木斲，琴底梓木斲，冠角、岳山、承露由硬木所制。)

9. 唐朝"太古遗音"(太古遗音琴是中央音乐学院的一件藏品，唐初贞观年间斲制，长122厘米，额宽22厘米，尾宽14厘米，中央音乐学院藏，师旷式。)

10. 明朝"奔雷"(奔雷琴明长127.6厘米，肩宽19厘米，尾宽15.6厘米，故宫博物院藏仲尼式。黑漆，小蛇腹断纹。)

4）传统舞蹈

中华民族的舞蹈文化源远流长，上下五千年，记录中华民族舞蹈发展轨迹的文物图像和文字，连绵不绝，这在世界文化史上也是罕见的。舞蹈是人类最古老的艺术形式之一。在距今2 000余年前的战国时代，出现了两个著名舞人——旋娟与提嫫。

据《拾遗记》记载：王即位二年，广延国来献善舞者二人、一名旋娟，一名提嫫，并玉质凝肤，体轻气馥，绰约而窈窕，绝古无伦。或行无迹影，或积年不饥。昭王处以单绡华幄，饮以璚蕊之膏，饴以丹泉之粟。王登崇霞之台，乃召二人，徘徊翔舞，殆不自支。王以缨缕拂之，二人皆舞。容冶妖丽，靡于鸾翔，而歌声轻扬。乃使女伶代唱其曲，清响流韵，虽飘梁动木，未足嘉也。其舞一名《萦尘》，言其体轻与尘相乱；次曰《集羽》，言其婉转若羽毛之从风；末曰《旋怀》，言其肢体缠曼，若入怀袖也。

大意为燕昭王即位的第二年（公元前310年），广延国献来两个善舞女子，即旋娟与提嫫。她们容颜美丽，舞姿轻盈飘逸。她们表演了三个舞蹈：一、《萦尘》，舞姿如空际萦绕的轻尘；二、《集羽》，如羽毛在风中飘摇回荡；三、《旋怀》，舞态身姿极柔软，似可卷曲"入怀袖也"。文中提及她们在铺有四、五寸厚的香屑上舞蹈，竟"弥日无迹"。在香灰上跳了一整天，竟没有留下一点脚印，如果没有"轻功"功底，是绝不可能的。当然，古人的记载难免有艺术夸张的成分，但旋娟与提嫫这两个最早被记录下来的中国古代舞蹈家的技艺，是令人惊叹的。而舞姿轻盈，确是中华民族长期以来崇尚的审美特征。

5）传统戏剧

中国传统戏剧经过长期的发展演变，逐步形成了以"京剧、越剧、黄梅戏、评剧、豫剧"中国五大戏曲剧种为核心的中华戏曲百花苑。中国古典戏曲是中华民族文化的一个重要组成部分，堪称国粹。它们以富于艺术魅力的表演形式，为历代人民群众所喜闻乐见。而且，它们在世界剧坛上也占有独特的位置，与古希腊悲喜剧、印度梵剧并称为世界三大古剧。

教学案例

黄梅戏

清末，湖北省黄梅县一带的采茶调传入毗邻的安徽省怀宁县等地区，与当地民间艺术结合，并用安庆方言歌唱和念白，逐渐发展为一个新的戏曲剧种，当时称为怀腔或怀调，这就是早期的黄梅戏（图2-4）。其后黄梅戏又借鉴吸收了青阳腔和徽调的音乐、表演和剧目，开始演出"本戏"。后以安庆为中心，经过一百多年的发展，黄梅戏成为安徽主要的地方戏曲剧种和全国知名的大剧种。

图2-4　韩再芬《女驸马》扮相

6）传统曲艺

曲艺是中华民族各种"说唱艺术"的统称，它是由民间口头文学和歌唱艺术经过长期发展演变形成的一种独特的艺术形式。据不完全统计，至今活在中国民间的各族曲艺曲种约有400个。曲艺作为说唱艺术，虽有悠久的历史，却一直没有独立的艺术地位，在中华艺术发展史上，说唱艺术曾归于"宋代百戏"中，在瓦舍、勾栏（均为宋代民间演伎场地）表演。不在勾栏内演出，只在街头空地或广场上作场卖艺，称为"打野呵"（图2-5），流动演出的伎艺人则称为"路歧人"。到了近代，则归于"什样杂耍"中，大多在诸如北京的天桥、南京的夫子庙、上海的徐家汇、天津的"三不管"、开封的相国寺等民间娱乐场地进行表演。中华人民共和国建立后，给已经发展成熟的众多说唱艺术一个统一而稳定的名称，统称为"曲艺"，并进入剧场进行表演。

图2-5　宋·打野呵

7）传统杂技

戏法是中国传统杂技之一。表演者以敏捷的手法，造成观众视听上的错觉，表演各种物体、动物或水火等迅速增减隐现的变化。我国戏法历史悠久，据汉张衡《西京赋》载，远在汉代就有吞刀、吐火、画地成川等节目。戏法的道具大部分是劳动人民司空见惯的日常生活用品或生产工具，如盆、碗、碟、勺、笼、箱、柜、刀等（图2-6）。2011年5月23日，戏法经国务院批准列入第三批国家级非物质文化遗产名录。

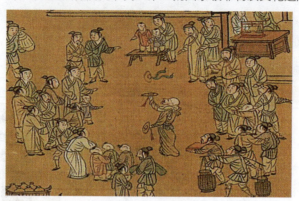

图2-6　古代杂技

知识链接

鱼龙曼延

　　鱼龙曼延亦作"鱼龙曼衍"，是中国最早的大型幻术。"鱼龙曼延"指两个相近的节目："鱼龙"是指大鱼变换成八丈巨龙（见《汉书·西域传赞》）；"曼延"是八十丈长的巨兽蜿蜒登场，突然背上出现一座巍峨险峻的神山，上面有熊虎相互搏持、猿猴追逐攀援，还有孔雀白象以及其他怪兽（见《西京赋》）。

2.1.3　传统技艺、医药和历法

1）传统技艺

　　传统技艺是指一门有着悠久文化历史背景的技术、技能，必须经过一定的深入研究学习才能掌握。传统技艺包括剪纸、陶艺、年画、皮影、中国功夫、针灸、按摩、中药、茶道，还有变脸、刺绣、泥塑、木刻、木雕、舞龙、戏曲等。

　　以年画为例。年画起源于汉朝，发展于唐宋，盛行于明清。年画正式形成于北宋时期。当时，繁荣的商业和手工业、日渐成熟的雕版印刷术、丰富的民间庆贺新年活动等为年画的发展提供了良好的社会条件。年画在清朝进入鼎盛期。康雍乾年间，安定的社会局面为年画的繁荣打下了坚实的基础；通俗小说的风行，又为大量的年画作坊提供了丰富的创作素材。清初年画的一个最主要特征就是题材多，出现了大量以历史故事、神话传说、戏曲人物、演义小说等为主要内容的作品。在表现形式上，由于受到利玛窦和郎世宁等传教士的西洋绘画风格影响，西方明暗透视技法在年画创作中得到应用，有的作品在画面上还刻印上了"仿泰西笔意"等字样，年画也因此成为清朝西风东渐的一个窗口。

在历史长河中，年画也逐步形成了不同的艺术风格和明显的地方特色，像天津杨柳青、河南开封朱仙镇、江苏苏州桃花坞、山东潍坊杨家埠、山东高密、四川绵竹、河北武强、陕西凤翔、广东佛山、山西临汾平阳（今临汾）、福建漳州、湖南邵阳滩头木版年画等都久负盛名，各有千秋。

2）传统医药

传统医药是整体保健知识、技能和实践的总和，由于其保健和治疗的作用而让社会承认和接受。传统医药的基础是理论、信仰和经验，它们来源于不同的文化并世代相传和发展。除了中医药外，传统医药还包括了民族医药和其他民间医药。中国除了有中医药外，还有藏族医药、苗族医药、傣族医药、维吾尔族医药、蒙古族医药、朝鲜族医药。1991年，国家中医药管理局和世界卫生组织联合在北京召开国际传统医药大会，会议一致决定将每年的10月22日定为世界传统医药日。

中医、阿拉伯医学和印度医学并称为世界传统医学的三大体系，其共同点是发掘自然植物对于疾病的治疗作用，运用历史上遗传下来的医药经验和技术为人类健康服务；现代社会生活节奏快，亚健康状态层出不穷，用天然药物和绿色植物来治疗疾病成为大众首选，传统医学愈发受到重视。习近平指出，传统医药是优秀传统文化的重要载体，在促进文明互鉴、维护人民健康等方面发挥着重要作用。

《"十三五"旅游业发展规划》提出："十三五"期间要"促进旅游与健康医疗融合发展。鼓励各地利用优势医疗资源和特色资源，建设一批健康医疗旅游示范基地。发展中医药健康旅游，启动中医药健康旅游示范区、示范基地和示范项目建设。发展温泉旅游，建设综合性康养旅游基地。"

3）传统历法

中国历法，是中国历史上由我国先民在经年累月的劳作中自己创制出来的各种历法。中国是世界上最早发明历法的国家之一，历法的出现对国家经济、文化的发展有深远的影响。夏历（农历）、彝历、傣历、羌历和藏历等是我国现阶段在广泛使用的几部自有历法。

知识链接

历法的由来

在很久以前，有个名叫万年的青年。有一天，他上山砍柴的时候，因为太阳晒得太热，坐在树荫下休息。突然，地上树影的移动启发了他。回家之后，他就用了几天几夜设计出一个测日影计天时的晷仪。可是，当天阴有雨或有雾的时候，就会因为没有太阳，而影响了测量。后来，山崖上的滴泉引起了他的兴趣，他又动手做了一个五层漏壶。天长日久，他发现每隔三百六十多天，天时的长短就会重复一遍。

当时的国君叫祖乙，天气的不测，也使他很苦恼。万年听说后，忍不住就带着日晷和漏壶去见国君，对祖乙讲了日月运行的道理。祖乙听后龙颜大悦，觉得很有道理。于是把万年留下，在天坛前修建日月阁，筑起日晷台和漏壶亭。祖乙对万年说："希望你能测准日月规律，推算出准确的晨夕时间，创建历法，为天下的黎民百姓造福。"

冬去春来，年复一年。后来，万年经过长期观察，精心推算，制定出了准确的太阳历。当他把太阳历呈奉给继任的国君时，已是满面银须。国君深为感动，为纪念万年的功绩，便将太阳历命名为"万年历"，封万年为日月寿星。

人类根据太阳，月球及地球运转的周期制定了年、月、日，和顺应大自然与四季的春夏秋冬的法则，从而形成了历法。中国古代的历法有阳历、阴历和阴阳合历三种。阳历也叫太阳历，阴历也叫太阴历、月亮历。阴阳合历，也就是俗称的汉历（农历）。其中，阴阳合历一直沿到今天。

历法的产生是中国古人为了掌握农务的时候（简称"农时"），长期观察天文运行的结果。中国的汉历（农历）之所以被称为阴阳合历，是因为它不仅有阳历的成分，又有阴历的成分，比纯粹的阴历或西方普遍利用的阳历实用方便。汉历（农历）是中国传统文化的代表之一，它的准确巧妙，常常被中国人视为骄傲。

2.1.4　传统礼仪和节庆

1）传统礼仪

中国古代有五礼之说，祭祀之事为吉礼，冠婚之事为喜礼，宾客之事为宾礼，军旅之事为军礼，丧葬之事为凶礼。民俗界认为礼仪包括生、冠、婚、丧4种人生礼仪。

实际上礼仪可分为政治与生活两大类。政治类包括祭天、祭地、宗庙之祭，祭先师先圣、尊师乡饮酒礼、相见礼、军礼等。生活类包括五祀、高禖之祀、傩仪、诞生礼、冠礼、饮食礼仪、馈赠礼仪等。

中国礼仪在中国文化中起着"准法律"的作用。中国礼仪渗透于人们日常生活中的点点滴滴，包括餐桌上的礼仪、待客之道、拜访致礼等。现推广"八礼四仪"。

知识链接 ·························· ○

八礼四仪

如今的"八礼四仪"中，"八礼"指"仪表之礼""仪式之礼""言谈之礼""待人之礼""行走之礼""观赏之礼""游览之礼""餐饮之礼"。"四仪"指入学仪式（7岁）、成长仪式（10岁）、青春仪式（14岁）、成人仪式（18岁），以此教育引导未成年人强化文明礼仪素养。将学生文明礼仪、日常行为表现情况纳入学生综合素质评价体系，作为评优评奖的依据之一。

2）传统节庆与节气

中国传统节日，是中华民族悠久历史文化的重要组成部分，形式多样、内容丰富。

传统节日的形成，是一个民族或国家的历史文化长期积淀凝聚的过程。中华民族的古老传统节日，涵盖了原始信仰、祭祀文化、天文历法、易理术数等人文与自然文化内容，蕴含着深邃丰厚的文化内涵。从远古先民时期发展而来的中华传统节日，不仅清晰地记录着中华民族先民丰富而多彩的社会生活文化内容，也积淀着博大精深的历史文化内涵。

中国的传统节日主要有春节（正月初一）、元宵节（正月十五）、龙抬头（二月二）、清明节（公历4月5日前后）、端午节（农历五月初五）、七夕节（农历七月初七）、七月半（农历七月十四/十五）、中秋节（农历八月十五）、重阳节（农历九月九）、除夕（年尾最后一天）等。

另外，二十四节气当中，有个别既是自然节气点也是传统节日，如清明、冬至等。这些节日兼具自然与人文两大内涵，它们既是自然节气点，也是传统节日。

知识链接 ⋯⋯⋯⋯⋯⋯ ○

二十四节气歌

在国际气象界，二十四节气被誉为"中国的第五大发明"。2016年11月30日，二十四节气被正式列入联合国教科文组织人类非物质文化遗产代表作名录。二十四节气歌，是为便于记忆我国古时历法中二十四节气而编成的小诗歌：

春雨惊春清谷天，夏满芒夏暑相连。
秋处露秋寒霜降，冬雪雪冬小大寒。
每月两节不变更，最多相差一两天。
上半年来六廿一，下半年是八廿三。

2.1.5 传统体育和游艺

1）传统体育

传统体育是一个或多个民族内流传或继承的体育活动的总称，主要是指我国各民族传统的祛病、健身、习武和娱乐活动项目，包括蹴鞠、马球、捶丸、围棋、木射、射箭、角力、冰嬉等。

教学案例 ⋯⋯⋯⋯⋯⋯ ○

冰嬉

冰嬉作为我国北方人民一项传统的体育活动由来已久，但具体起源于何时，现无确切考证。但最迟在北宋就应该有了"冰嬉"的明确记载。《宋史·礼志》记载，当时的皇帝就喜欢冰上的娱乐活动，在后苑里"观花，作冰嬉"。明朝时，冰嬉就被列为宫廷体育活动，清朝是中国古代冰嬉发展的黄金时代。清初，冰嬉曾用于战场，并设置了专门管辖冰嬉训练的冰鞋处。后来，军事训练的目的逐渐淡化，游艺性慢慢凸显出来。故宫博物院藏有一幅《冰嬉图》（图2-7），它由乾隆年间宫廷画家张为邦、姚文翰所绘，该画能使后人对清代宫中的冰嬉有了一个形象而直观的了解。

图2-7　古代冰嬉图

2）传统游艺

游艺是各种游戏或娱乐活动的总称，是人们以消闲遣兴为主要目的的精神文化活动。中国古代游艺活动种类繁多，它在一定程度上愉悦了古人的心情，陶冶着古人的情操，增强了古人的体魄，在古代社会生活中占据着重要地位。传统的游艺包括放风筝、打角螺、弹弓、跳房子、看西湖景、跳绳子、拈石子、老婆拳、老鹰担鸡、斗蟋蟀、滚铁环、解绷绷、捉迷藏、骑马马、拔纸牌、折纸、七巧板、变虎猫、剪纸、跳皮筋、丢手绢等。

课堂讨论 ·····················○

如何辩证地看待中国古代遗留下的"文化遗产"？

2.2　非物质文化遗产资源的特征与开发原则

2.2.1　非物质文化遗产资源的特征

非物质文化遗产主要具有创造主体的集体性、传播的动态性、表现形式的口头性以及超越时空的共享性等特征。

1）集体性

创造主体的集体性是指非物质文化遗产的生成往往具有深厚的群众根基。也因为创作主体的集体性，使得其创作过程中必将与一定的地域与社区相关联。因此，亦有学者将此特征称为"社区相关性"。

2）传播的动态性

民间文学艺术作品是人类世代创造、积累、流传、继承的精神财富和物质财富的结晶。正是因为此种非物文化元素的代代相传，才有了如今如此神秘且古朴的非物质文化遗产。

3）表现形式的口头性

表现形式的口头性是指非物质文化遗产多通过人们口口相传，口头进行创作与传承。由于非物质文化遗产的民间性质以及经济条件的限制，人们在传播的过程中很难通过纸质书面的形式记载下来，这也是非物质文化遗产难以保存的原因之一。

4）民族性

非物质文化遗产具有鲜明的民族集聚性，一个国家或地区的非物质文化遗产可以体现出该国家或地区的精神风貌和民族特色。其民族性的层次如下：一是人种的差异形成的民族性差异；二是服饰的差异；三是语言的差异；四是风俗之别的民族差异。

5）地域性

不同地区因其生存环境与生活习惯的不同，形成了不同的文化特征。在中华传统文化基础上形成了不同的文化区域，也就产生了不同的物质文化形态。非物质文化遗产的地域文化属性主要体现在2个方面：非物质文化遗产的出现与发展总是与某地区的传统人文发展密切联系在一起，密切着传承者与地域文化的联系，可以使人们找到强烈的文化归属感；二是非物质文化遗产与独特的自然资源联系在一起，资源的开发利用可以成为带动地方文化保护与发展的重要途径。

6）超越时空的共享性

非物质文化遗产资源作为人类智慧与实践的结晶，是人类文明的共同财富，能够为全世界人民所共享。这也是联合国教科文组织与民间非物质文化遗产保护者极力倡导通过包容、综合、文化共享的方式来保护非物质文化遗产资源的原因。

2.2.2　非物质文化遗产资源的开发原则

"非物质文化遗产 + 旅游"在开拓非物质文化遗产发展新空间，赋予非物质文化遗产新功能，获得新的传承活力的同时，也助力经济和社会的发展。它的目的是让非物质文化遗产继续同当代社会、当代生活发生联系，保有旺盛的生命活力。

1）保护性原则

保护性原则可以说是非物质文化遗产旅游资源开发的首要原则。因非物质文化遗产的脆弱性和易逝性要求我们一定要保护和传承好非物质文化遗产，切实处理好保护和开发的关系。只有将非物质文化遗产保护好才具有开发价值，而开发利用又能推动和促进保护工作的开展，所以一定要将保护意识贯穿于这一过程始终。

2）独特性原则

非物质文化遗产因其独特性而与众不同。在对其进行旅游资源开发过程中不仅要保护好非物质文化遗产旅游资源的特色，而且应尽最大可能地呈现出旅游资源的特色，这是它们能够吸引旅游者的根本原因所在。可以说特色是旅游资源的灵魂，独特性原则是旅游资源开发的中心原则。

3）经济效益原则

旅游业是一项经济产业，旅游资源开发同属经济活动范畴，经济利益是进行旅游资源开发的主要目的之一。因此，要对非物质文化遗产旅游资源开发进行产出分析，确保开发能带来一定的利润。这也是解决非物质文化遗产保护资金短缺的一条途径。

2.3　非物质文化遗产资源的开发模式

针对不同类型的非物质文化遗产资源，要根据开发原则，进行差异性开发。

2.3.1　民间文学类开发模式

1）编辑出版类开发

通过资料搜集、编辑出版的方式将民间文学转化为文化旅游商品，从而实现民间文学本身的文化传播和经济价值。如在旅游开发过程中，可以将目的地的民间传说、神话故事等编辑成民间故事集、神话集、史诗集、歌谣集等结集出版，以民间书籍的旅游商品形式进行售卖；将民歌、民谣、叙事诗等转制成 DVD 或数字音像商品形式出版和发行。

教学案例　·················　○

《山海经》

《山海经》是中国先秦重要古籍，也是一部富于神话传说的最古老的奇书。山海经内容主要是民间传说中的地理知识，包括山川、地理、民族、物产、药物、祭祀、巫医等。保存了包括夸父逐日、精卫填海、大禹治水等相关内容在内的不少脍炙人口的远古神话传说和寓言故事。《山海经》具有非凡的文献价值，对中国古代历史、地理、文化、中外交通、民俗、神话等的研究均有参考。其中的矿物记录，更是世界上最早的有关文献。

口述田野调查方法

口述田野调查方法属于实地调查或现场研究，主要用于自然科学和社会科学的研究。在口述史访谈中，第一，做好访问前的准备，查阅相关资料，做好访谈计划，内容包括访谈时间、地点的确定，访谈对象的选择与联系，访谈问题的拟定，访谈方式方法的策划等，要考虑对意外问题的处理技巧。第二，严格访谈操作步骤，应该按照如下三步进行：首先，在请被访谈者围绕主题口述前，访谈者应该了解被访谈者的个人经历，从情感上与访谈者产生一定的共鸣；二是当双方产生信任后，可以将事先准备好的问题提出来或是根据讲述提出问题，请其回答，目的是引导、启发讲述者的记忆思维，对一些问题进行澄清说明，问题需要细化；三是当基本问题得到解决，可以深入挖掘隐藏在心灵深处的情感认识，平等讨论问题，做好笔录工作。期间，最好能将讲述者的神态、体态等录音不能记载的信息全部记录下来。

2）影视表演类开发

影视文化产业与表演艺术类非物质文化遗产结合，通过改编，使民间文学以一种更符合旅游者口味的形式展现出来，实现其旅游产品的转化。事实上，很多表演艺术类非物质文化遗产的核心内容均来自民间文学，表演艺术类的非物质文化遗产是最容易开发为旅游产品的。具体来说可以通过以下几种方式：

（1）影视剧

将民间文学改编成影视剧，并将其搬上银幕。一方面拍摄该剧的基地将会进一步转化为一个吸引旅游者的旅游景区，另一方面，影视剧本身也是吸引旅游者观看的一项重要旅游资源。比如山水盛典文化产业有限公司的"大型山水实景演出"旅游演艺项目，包括《印象·刘三姐》《禅宗少林·音乐大典》《大宋·东京梦华》《天门狐仙》《道解都江堰》《鼎盛王朝·康熙大典》《锦宴》《龙船调》《嫦娥》等。

①实景旅游演出

实景模式的旅游演出是以旅游地山水实景为依托打造的实景演出产品。实景类旅游演出是将民俗文化和著名山水旅游景点紧密结合，以当地政府投入为主、多元参与合作，以超常规模化表演为特征的旅游演出。

②主题公园旅游演出

主题公园模式旅游演出主要是在主题公园内打造演出剧目，通过演出与游园优势互补、共同打造的复合型旅游演出项目。主题公园模式旅游演出是高附加值复合型旅游演艺产品。如深圳华侨城集团的大型综合中国秀《金面王朝》以及杭州宋城集团打造的《宋城千古情》就是典型的主题公园旅游演出。

③剧场表演旅游演出

旅游舞台表演模式是以著名旅游中心区为依托打造旅游"特色演出"精品。这一模式在国内成功运行多年，就像云南昆明的《云南映象》、北京十三陵景区盛得剧场的《万历选妃》等，几乎各大旅游城市都有一出类似的展示当地文化特色的旅游演出剧目。此模式主要是通过社会资本或专业演出单位招揽"高、精、尖"艺术人才组建自己的特色演艺团队，创排自己的旅游演艺品牌节目，使之成为旅游消费者完成日间游览后的另一种精神享受和文化观摩，以增加旅游产品的人文内涵和吸引力，是近年来演艺业与旅游业有效合作的典型模式。

（2）歌舞剧

歌舞剧是现代旅游活动过程中一项非常重要的表演活动形式，很多旅游目的地都将其反映本地的民间故事、神话等文学内容通过歌舞剧的形式进行展示，这也形成了非物质文化遗产进行开发的一项重要模式——舞台化模式，并在业界受到了热烈的追捧。如烟台市首部旅游歌舞剧《长岛长岛》以展示长岛文明为主线，以"游园惊梦"式的蒙太奇手法，串联成一个完整的故事，按照历史人文线、民俗民风线、非遗符号线、时代发展线渐次铺开，不仅展现出丰富的渔家风俗，也宣扬了一种战天斗地的闯海精神以及新时代长岛人民的家国梦想。

（3）茶馆文化

很多茶馆及茶馆的说学逗唱与本地民间文学类非物遗产有重要的渊源。如今，文学茶馆（图2-8）成了多条旅游线路上重要的活动节点。

图 2-8　老舍茶馆

知识链接 ⚪

老舍茶馆

北京老舍茶馆始建于 1988 年，其前身可追溯到 1979 年的前门大碗茶。老舍茶馆位于天安门广场西南面，与北京古商业街大栅栏为邻，地理位置独特，文化底蕴深厚。

老舍茶馆以"振兴古国茶文化，扶植民族艺术花"为经营的宗旨，现营业面积 5 000多平方米，是集京味茶文化、戏曲文化、餐饮文化等于一身，融书茶馆、餐茶馆、清茶馆、大茶馆、野茶馆、清音桌六大老北京传统茶馆形式于一体的京味茶馆文化集萃地，包含茶事服务、文化演出、特色餐饮和茶礼品四大经营业态。店内开设有新京调茶餐坊、京味茶文化产品服务体验售卖区、艺苑、四合茶院、品珍楼、演出大厅六大经营场所，另有老二分大碗茶摊、戏迷乐京剧票房和老北京传统商业博物馆三大公益项目。

自开业以来，老舍茶馆共接待了包括美国前总统布什、前国务卿基辛格，俄罗斯前总理普里马科夫，德国前总理科尔等来自80个国家的170多位外国元首政要，众多社会名流和600多万中外游客，拥有全国12家连锁店，被誉为展示民族文化精品的"窗口"和联结中外人民友谊的"桥梁"；有着"北京城市名片"和"京味人文地标"的美誉；先后被评为国家文化产业示范基地、国家3A级旅游景区（点）、全国文明单位、全国百佳茶馆之首和北京市著名商标。

3）景区融合类开发

将民间文学融入旅游景区的开发规划中，通过景观的设计、景点的文化包装将反映该景区的民间文学的内涵融入景区的开发中，提升景区的文化品位和档次。如在以《水浒传》为依据建造的好汉山庄中，室外景观艺术小品配置、房间命名、菜谱设计、装饰物设计等都用水浒文化加以渲染。园林小院客房依次以36天罡星、72地煞星命名，并以相应的梁山英雄的故事传说来布置装饰。其中，总统套房以宋江的星号命名为"天魁星院"。

2.3.2 工艺美术类开发模式

在工艺美术类遗产"有形化"和"物质化"的保护过程中，常采用以下三种模式与旅游市场进行有效的结合。

1）博物馆模式

作为收集、典藏、陈列和研究人类文化遗产实物的场所，博物馆可以为游客提供通过陈列文物与历史对话的机会。通过博物馆式开发模式，对工艺美术类非物质文化遗产"有形化"和"物质化"的物品进行集中收集和展示。旅游者可以通过导游人员讲解、图文说明以及视频录像资料等深入理解这项非物质文化技艺。现代旅游开发过程中，几乎每个景点和景区都建有代表本地文化特别是技艺类非物遗产的博物馆，如木版画博物馆、剪纸艺术博物馆、年画博物馆、木雕艺术博物馆（图2-9）等，这些博物馆也成为旅游活动线路中的必有景点之一。

图2-9 安徽绩溪县三雕博物馆

2）旅游商品开发模式

工艺美术类非物质文化遗产旅游商品开发模式，就是将非物质文化遗产"有形化"和"物质化"的物品转化为旅游商品进行销售的方式。如2017年劳伦斯·许高级定制服装秀《山里江南》发布会中的刺绣服装，在廓形上设计师采用了西方的立体造型，但在面料上劳伦斯·许依旧选用了中国传统的云锦面料，其质地细腻、高贵、富有光泽感。色彩上以藕粉色打底，似仿古宣纸般。将苗绣技艺和苏绣结合，选取玉兰、海棠、牡丹，以工笔画的表现形式，绣出一幅"满堂富贵"，配以少量山水图案，体现了南宋文人雅士的艺术审美。花与花以服装中心部位为中心向上伸展，借鉴了中国画留白的构图方式，下装少量点缀，起到了画龙点睛之用，好似一幅中国画展现在人们眼前，整体展现出君子般清新淡雅的气质。

知识链接 ·················· ○

中国四大名绣

中国四大名绣，是指中国中部湖南省的"湘绣"，中国西部四川省的"蜀绣"，中国南部广东省的"粤绣"和中国东部江苏省的"苏绣"的合称。中国的刺绣工艺在秦汉时期便已达到较高水平，是历史上"丝绸之路"运输的重要商品之一。中国四大名绣是中国刺绣的突出代表。

图2-10　湘绣《荷鹤图》（张英/摄）

其中，湘绣《荷鹤图》（图2-10）分别在1912年和1933年意大利都灵博览会和巴拿马万国博览会上获得最优奖和一等奖，被国外誉为超级绣品。有人如此评价《荷鹤图》在湘绣史上的地位："一绣开先河，诗画书绣印；一梦芙蓉盛，湘绣万世名。"《荷鹤图》这幅作品，是由绣画师曾传玉和绣女胡莲仙于1858年共同完成的。据《湘绣史稿》记载，吴彩霞绣庄的主人叫胡莲仙。原籍安徽，少时随父住在江苏，学会了苏绣并略知绘画。20岁时嫁到湖南湘阴，中年寡居。此后一直以刺绣手艺维持生计。后来，她发现绣品的销路不俗，便举家迁往长沙。1878年，她在长沙天鹅塘挂出了"绣花吴寓"招牌。而后迁尚德街，改挂"彩霞吴莲仙女红"的招牌。1898年，胡莲仙以儿子吴汉臣的名义开办了吴彩霞绣庄。除了传统绣品之外，绣庄还生产茶裙、椅垫、桌围、枕套、荷包、衣边、腰带等，将湘绣的生产方向开拓到"日用小商品"领域。

3）体验式展销模式

为了满足游客求知和体验的心理需求，很多技艺类的非物质文化遗产在旅游商品化的过程中，将制作现场搬到了商品销售地，旅游者可以在师傅的指导下亲自去体验某些民间技艺转化为实物的过程，不仅极大地提高了旅游者的兴趣和参与性，也使得这类非物质文化技艺得到了更为广泛的传承。如我国传统的造纸技艺非物质文化遗产，在陕西洋县蔡伦纸文化博物馆的开发过程中，展示、再现蔡伦发明造纸原始工艺流程，供游客全程参与。蔡侯纸工艺流程一共12道工序，分别将构树皮经过去皮、浸泡、蒸料、砸皮、上灰、漂涤、择穰、切料、捣浆、捞纸、最后晾晒而成。游客可以亲自进行原料加工，并制作出草纸出来，产品游客可以买走，引起游客广泛的兴趣（图2-11）。

图2-11　蔡伦纸文化博物馆制作体验

2.3.3　生产生活知识与技能类开发模式

1）生产知识与技能类遗产的旅游开发

　　虽然将传统的生产知识与技能类遗产直接开发为旅游产品有些难度，但一些特色的生产知识与技能可以结合旅游活动项目进行开展。如浙江湖州南浔荻港渔庄集合原有资源，结合桑基鱼塘等15处入选全球农业文化遗产的文化元素，于2018年9月27日成功打造了首家全球重要农业文化遗产桑基鱼塘主题文化酒店——徐缘府·太湖店。酒店位于太湖岸边，总面积4 200平方米，周边环境宜人。店内有15间主题包厢，展示15处农业文化遗产元素，为农业文化遗产的保护与二次开发利用提供了新途径。除此之外，在近年来乡村旅游的开发过程中，农耕文化博物馆成为很多乡村旅游景区的一个热点，吸引了大批的城市儿童和游客的停留。

知识链接 ⚪

入选世界农业文化遗产名录

　　截至目前，我国共发布了四批农业文化遗产名录，共91处。其中，浙江青田稻鱼共生系统、云南红河哈尼稻作梯田系统、云南普洱古茶园与茶文化系统、内蒙古敖汉旱作农业系统、浙江绍兴会稽山古香榧群、河北宣化城市传统葡萄园等15处入选全球农业文化遗产名录。就安徽地区而言，入选"中国重要农业文化遗产"名录的有寿县芍陂（què bēi）（安丰塘）及灌区农业系统、休宁山泉流水养鱼系统、铜陵白姜种植系统、黄山太平猴魁茶文化系统等4个。

2）生活知识与技能类非物质文化遗产的旅游开发

生活知识与技能类非物质文化遗产是指与人类的衣食住行等日常生活息息相关的知识与经验，是最容易和旅游要素相结合，开发出对应的旅游产品。

传统医药知识与技能是与人们的日常生活最为相关的非物质文化遗产。如苗医苗药、藏医藏药、中医中药等传统医药知识，这种传统医药知识能融入旅游开发。国务院办公厅下发的《关于进一步促进旅游投资和消费的若干意见》中明确提出要发展中医药健康旅游，推出一批以中医药文化传播为主题，集中医药康复理疗、养生保健、文化体验于一体的中医药健康旅游示范产品。目前，传统医药在很多景区得到了有效的开发。在很多地方打造中医度假村、养生会所等将传统医药知识融入了旅游开发中，如中药洗浴、针灸、气功、按摩推拿、中药健身、美容等都深得度假疗养型旅游者的喜爱。

知识链接 ·········○

五禽戏

华佗五禽戏（图2-12）是由东汉末年著名医学家华佗根据中医原理、以模仿虎鹿熊猿鸟等五种动物的动作和神态编创的一套导引术。"禽"指禽兽，古代泛指动物；"戏"在古代是指歌舞杂技之类的活动，在此指特殊的运动方式。2011年5月23日，华佗五禽戏经国务院批准列入第三批国家级非物质文化遗产名录。

图2-12 安徽亳州五禽戏

2.3.4 仪式节事类开发模式

节日类遗产的旅游开发往往是一种政府行为，常常采取综合开发模式，并注意挖掘节日的深度和广度。在深度上，要对传统节日的所有文化内涵如节日服饰、地方饮食、节日饰品以及节日娱乐活动等方面进行全方位的挖掘，尽可能地转化为游客购买的旅游商品。在广度上，不要局限于对某一两个民俗节日的开发，可以对多个传统节日都进行深入开发，做到民俗旅游"天天有活动、日日有看头"。在节日类遗产资源开发中，少数民族地区的资源表现尤佳。以2018年8月举行的凉山彝族传统火把节（图2-13）为例，开幕后4天就吸引了215万游客到凉山参与体验，旅游收入达10.79亿元。其中，仅8

月 5 日晚的狂欢夜，就有超过 37 万人参与。

图 2-13　彝族火把节

知识链接 .... ○

彝族火把节

　　彝族火把节（the Firebrand Festival of the Yi ethnic group）是彝族地区的传统节日，每年农历六月二十四日举行，流行于云南、贵州、四川等彝族地区。

　　白、纳西、基诺、拉祜等族也过这一节日。火把节多在农历六月二十四或二十五日举行，节期三天。农历六月二十四日，北斗星斗柄上指，彝语支的民族都要过火把节。火把节的目的是期望用火驱虫除害，保护庄稼生长。火把节在凉山彝语中称为"都则"即"祭火"的意思；在仪式歌《祭火神》《祭锅庄石》中都有火神阿依迭古的神绩叙述。火把节的原生形态，简而言之就是古老的火崇拜。火是彝族追求光明的象征。

　　中华人民共和国成立 70 多年来，国家按照尊重差异、包容多样、促进交流、共同发展的要求，积极抢救和保护少数民族传统文化。优越的政策环境，为少数民族非物质文化遗产传承发展提供了基本保障。目前，中国共有 38 项"非遗"项目入选联合国教科文组织非物质文化遗产名录，其中少数民族 14 项；国家级"非遗"项目 1 219 项，其中少数民族 433 项；国家级"非遗"传承人 1 986 名，其中少数民族 524 名。对于这些资源，除了采取环境复原的方式，还可以将所有的资源集中，举办少数民族民俗文化展览会，进行展示和宣传。比如可以以实物展示、制作演示、舞台表演等多种形式，呈现少数民族文化的丰富多彩，进而呼唤和推动全社会对少数民族非物质文化遗产的抢救与保护，促进少数民族和民族地区文化事业的发展。

课后练习与思考题

1. 复习掌握各类非物质文化遗产资源开发利用的路径。
2. 查阅安徽入选中国农业文化遗产名录的四大农业文化遗产的现状。
3. 利用专业知识与理论，搜集、整理、分析本地区非物质文化遗产活化利用的案例。

第**3**章
博物馆与博物馆旅游

教学资源

【章前引言】

博物馆不仅是文化遗产和非物质文化遗产保存和展示的重要载体，也是人们了解一座城市、一段历史最好的地方。在世界各地，有各种不同主题的博物馆，为人们打开了认识城市、认识地方文化的窗口。本章节主要介绍西方博物馆和中国博物馆发展简史、博物馆旅游发展的背景、发展历程及包含的内容。

【内容结构】

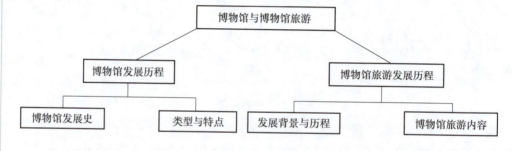

【学习目标】

理论学习目标

1. 了解并掌握博物馆发展历程及其阶段性特征。

2. 了解并掌握博物馆旅游的发展历程及包含的内容。

3.1 博物馆的发展历程与类型划分

3.1.1 西方博物馆发展历程

博物馆现象最初萌发于人们的收藏意识。在4 000多年前，埃及和美索不达米亚的统治者就开始注意寻找宝藏珍品奇物了。

1）缪斯神庙

公元前4世纪，马其顿的亚历山大大帝在建立地跨欧亚非大帝国的军事行动中，把搜集和掠夺来的许多珍贵的艺术品和稀有古物交给他的老师亚里士多德整理研究，亚里士多德曾利用这些文化遗产进行教学，传播知识。亚历山大去世后，他的部下托勒密·索托建立了新的王朝，继续南征北战，收集来更多的艺术品。公元前3世纪托勒密·索托在埃及的亚历山大城创建了一座专门收藏文化珍品的缪斯神庙。这座"缪斯神庙"，被公认为人类历史上最早的"博物馆"。博物馆一词，由希腊文的"缪斯"演变而来。它的意思是一个专门为供奉希腊神话中掌司诗歌、舞蹈、音乐、美术、科学等活动的九个女神meusin（图3-1）的场所。

图3-1 阿波罗与缪斯女神

与今天见到的博物馆不同，缪斯神庙其实是一个专门的研究机构，里面设大厅研究室，陈列天文、医学和文化艺术藏品，学者们聚集在这里，从事研究工作。传说在洗澡时发现了浮力定律的著名物理学家阿基米德以及著名数学家欧几里得都是在这里从事研究工作的。

公元5世纪时，缪斯神庙这座人类历史上最早的博物馆被毁于战乱。

2）私人收藏

罗马共和时代结束后，贵族和富豪势力加强，日趋腐朽的奴隶主阶级对文化珍品的搜求和占有更加贪婪，加之战争频繁，统治者在武力征讨中掠夺了大量艺术珍宝，如罗马皇帝奥古斯都用大理石为太阳神阿波罗建立的豪华神殿里，就有大量塑像和绘画，还收藏了各种珍奇动物的骨骸和各种兵器。罗马皇帝韦斯巴芗在他的和平圣殿里也收藏了许多艺术瑰宝，成为当时的艺术中心。在皇室收藏日甚一日的同时，贵族、富豪、私人收藏艺术珍品和稀有物的风气也日趋普遍，贵族们在各自府邸中竞相开辟陈列室陈列府中珍品供客人观赏，有的还在花园里展览动物和植物。罗马帝国时期流行的这种会客室博物馆，将希腊时代以皇室收藏为主的现象扩大到贵族阶层，从而促进了私人收藏家的出现。

古代收藏传统发展到中世纪时，重点转向了教会。教堂、修道院以及教会学校是收藏宗教文物的重要场所。宫廷、贵族府邸、地主庄园则是世俗文物聚集之地。意大利的圣·马可教堂和蒙扎修道院、德国的哈雷修道院、瑞士的圣·莫里斯修道院都是以收藏宗教文物而知名的。基督教文物最大的收藏地是教皇所在的梵蒂冈，那里收藏着基督教历史文物、艺术珍品、各地教徒的礼品。利用教会的收藏宣传宗教的教义，扩大教会的影响，这实际上是博物馆教育行为的萌芽。

西方博物馆的收藏传统从公元前3世纪的亚历山大博物院算起，到欧洲中世纪结束，经过了1 000多年的发展，已经为现代博物馆的诞生准备了文化条件，现代博物馆的多种职能已经在古代博物馆收藏传统中萌芽。

3）近代博物馆

14—17世纪，欧洲从封建社会向资本主义社会过渡。这一时期，现代博物馆产生的各种条件渐趋成熟。文艺复兴、启蒙运动等思想解放运动为现代博物馆的产生提供了思想前提。在复兴古典文化的旗帜下，社会上掀起了学习古希腊、古罗马文化的热潮。在这个热潮中，收藏珍品的文化现象进一步发展起来。1453年，当拜占庭帝国灭亡时，拜占庭学者和教师大批迁居到西欧，带来了比西欧更高的文化。大量古希腊著作的手抄本和从罗马废墟中发掘出来的古代艺术珍品一起在欧洲人面前重现了古代文明的光彩。在新达官富贾、新兴地主中引发了一轮收藏和鉴赏古董的热潮。当时罗马及其附近出土的大量遗物，摆满了整个王室。在意大利、德国和法国，收集古书、手稿、古钱币、纹章、盔甲、化石、标本和古代艺术珍品的活动风靡一时。

知识链接 ························○

美第奇家族

"美第奇家族"（Medici Family），或译为"梅蒂奇家族"，是佛罗伦萨13—17世纪时期在欧洲拥有强大势力的名门望族。

相传，美第奇家族有个名叫阿伟拉多的骑士。8世纪时，他曾为查理曼攻取了伦巴迪亚区。据美第奇家族传说记载，传闻在靠近佛罗伦萨的一个僻静河谷中有一个威胁四邻的巨人，阿伟拉多听说后，就去寻找那个巨人，并向他挑战。最后，阿伟拉多设法杀死了巨人。

阿伟拉多的壮举，给查理曼（即查理大帝）留下了很深的印象。他命令，从此以后，阿伟拉多可以把有凹痕的盾牌当成他个人的勋章。美第奇家族的金底红球徽章（图3-2），据说就是由阿伟拉多有凹痕的盾牌发展而来的。

另一种说法声称，正如他们的名字（Medici）所暗示的那样，他们本来是药剂师，是给民众分发药品的，他们徽章上的球形，事实上是药丸。这种说法总是遭到美第奇家族成员的否认，因为在美第奇勋章出现一段时间后，医生使用药丸才变成了寻常事。他们徽章也很可能是中世纪的钱币兑换商挂在商店外面的标志，是描述钱币的。因为钱币兑换是美第奇家族最初的生意。随着财富和荣耀的增长，便发展成了后来的贵族章饰。

图3-2　美第奇家族徽章

15世纪末，新航线、新大陆的发现，从远方带回的大量珍品和奇物更扩大了收藏范围，从而在欧洲文艺复兴运动期间，使收藏珍品的文化现象从皇室、教会普及到了市民阶级，出现了大批私人收藏家。据英国格拉斯哥博物馆考古学者D.默里统计，那时仅德、意、法、荷兰4国的收藏家就多达千余家。后来，这些私人藏品多被博物馆收买，从而奠定了欧洲各大博物馆的藏品基础。

继文艺复兴运动之后，18世纪资产阶级在领导革命斗争中，又发起了一场思想启蒙运动。一批资产阶级启蒙思想家通过编纂、出版卷帙浩繁的《百科全书》，传播唯物论、民主思想和科学知识，推进了现代博物馆产生的进程。

4）现代博物馆

现代意义的博物馆在17世纪后期出现。18世纪时，英国有位内科医生汉斯·斯隆，是个兴趣广泛的收藏家。为了让自己的收藏品能够永远"维持其整体性、不可分散"，他决定把自己将近八万件的藏品捐献给英国王室。在此基础上，王室决定成立一座国家博物馆。1753年，英国议会通过法案，建立了大英博物馆（图3-3）。

图3-3　大英博物馆

19世纪的近代博物馆已经具有了收藏、科研和教育三大职能的博物馆形态，但是教育职能的真正崛起和博物馆大众化方向的奠定，还是在20世纪特有的历史条件中形成的。

第二次世界大战后，社会出现了一些崭新的博物馆文化现象和博物馆社会现象，博物馆进入了空前繁荣的新时期。随着科学技术和物质生产的迅速发展，以及社会财富的不断增长和国际社会的进一步开放，博物馆数量激增，职能范围也不断拓展，新的类型层出不穷。1946年，国际博物馆协会在法国巴黎成立。1974年协会对博物馆进行了明确的定义，公益性成为它的首要职责。从1977年开始，国际博物馆协会把每年的5月18日确定为"国际博物馆日"，并且每年都会确定一个主题。

这一时期，英、法、德等欧洲国家的博物馆由于历史悠久，藏品量大，陈列、科研基本上保持传统方式，变化较慢。而美、日等科技发展迅猛的国家，开始注重科技新成果的运用，重视展示方法的变化翻新，为博物馆的发展注入了新活力。

如今，博物馆在人民生活中的作用会越来越大，为公众提供更加丰富的文化产品，在各国城市发展和公共文化服务方面发挥着巨大作用。尤其值得注意的是，以云计算、物联网、移动通信、大数据和人工智能为代表的新技术，不但改变了人类的思维观念、价值取向和生活方式，同时也驱动着博物馆不断进行创新变革。博物馆将应用新技术拓宽受众面，升级软硬件设施，改善观众体验，继续深入挖掘和深刻阐释文物的多元价值，实现对博物馆更深入、更广泛、更持久的传播，同时增强博物馆自我造血功能，减少对财政单一补贴机制的依赖，从而实现博物馆的可持续发展。

3.1.2　中国博物馆发展历程

虽然博物馆这一概念在我国出现较晚，但我国很早就有收藏的意识了。

1）中国古代收藏

"博物"作为一个词，最早出现于《山海经》，它的意思是能辨识多种事物。《尚书》称博识多闻的人为"博物君子"。《汉书·楚元王传赞》中也有"博物洽闻，通达古今"之意。

西周时期，天府"天储"和御府"玉储"等机构、汉代的石渠图书馆和兰台图书馆受委托收集象征宗庙权力的文物。公元前478年，为了纪念孔子这位伟大的哲学家，鲁国将孔子的家宅变成了孔庙。庙内陈列着孔子的衣服、书籍和马车，而且每年都会举行纪念孔子的仪式。虽然当时孔子庙并未向公众开放，但它可以被视为中国博物馆的起源。

知识链接 ⋯⋯⋯⋯⋯⋯○

中国最早的图书馆

早在周代，我国就有图书馆出现了。不过，那时叫"盟府"，主要保存盟约、图籍、档案等与皇室有关的资料。严格地说，这只是图书馆的雏形。

到了西汉，皇室就开始大量收藏图书了，开国宰相萧何还在宫内设置了专门用来藏书的石渠阁、天录阁，这也是后来常把皇家图书馆称为"石渠""天录"的原因。

兰台、石室、麒麟阁，都是汉代收藏图书的地方。从"石室"的名称上就可以知道，当时人们为了防火防潮，已经开始把藏书之所修建成石质的了。汉代收藏图书的书柜，多为铜色包边，所以也有人把图书馆称为"金匮"。

三国时期的东吴，在王室的研究院收藏了许多书法绘画作品。到隋炀帝时，建立了"妙楷台"和"宝台"，前者收藏自魏以来的各种古迹，后者则是一个古画收藏馆。

辉煌的唐王朝建立了更大规模的收藏，在武攸宁辖下曾建立了规模宏大的古物收藏馆，建筑长达五百多步。

到宋朝，随着市民文化的兴起，除了国家收藏外，私人收藏文物的风气也开始流行。当时，皇宫中有"崇政殿""宣和殿"收藏古物，后来又建造了"保和""稽古"和"尚古"等殿阁，专门收藏书画、印玺和各种鼎彝礼器。皇帝还召集专家进行研究，先后编成《宣和博古图》《宣和睿览册》等书。除了皇室，士大夫也竞相收藏，欧阳修、赵明诚都是名重一时的收藏家。在这一时期，藏品研究有很大发展，目录学和鉴定学都取得了重大成就，藏品的分类和登录也达到比较完备的程度。

趣味历史知识⋯⋯⋯⋯○

古代最痴迷收藏的四大皇帝

1. 唐太宗：一生最爱《兰亭集序》；
2. 周世宗：自创"柴窑"；
3. 宋徽宗：诸事皆能独不能为君耳；
4. 清高宗（乾隆）：前无古人后无来者。

清朝，文物收藏和研究又有了新的发展。无论是文物收藏还是研究都超过了前代。除了传统的文物珍品外，还有一些西方使团和传教士带来的礼品。清朝，最著名的国家收藏机构当属圆明园。里面藏有名人字画、秘府典籍、钟鼎宝器、金银珠宝等稀世文物，集中了古代文化的精华。圆明园也是一座异木奇花之园，名贵花木多达数百万株。令人遗憾的是，绝大多数的历史文化珍品先后遭到1860年英法联军和1900年八国联军的浩劫。

2）中国博物馆的诞生

到了19世纪的后半叶，"博物"一词开始作为一门学科的名称，其内容包括动物、植物、矿物、生理等知识。早期外国人在中国建立的博物馆大部分由教会主办，主要分布在中国沿海城市，类型上基本都属于自然历史博物馆。1868年，法国耶稣会士 P. 厄德（中文名韩德，又名韩伯禄）在上海创办徐家汇博物院，藏品主要由中国长江中下游的动植物标本组成。

但在洋务运动、维新运动中，有识之士不断提倡引进西方规制的现代博物馆，作为"开民智"的重要措施，开启了中国自办博物馆的风气。

为了学习西方自然科学技术知识，19世纪70年代的中国人开始创办博物馆。1876年，京师同文馆首先开设博物馆。1877年后，上海格致书院建"铁嵌玻璃房"博物馆，陈列英国科学博物馆及比利时等国捐赠的各种科学仪器、工业机械、生物标本、绘图照相、水陆交通、天文地理、枪炮弹药、服饰等样品或模型，供学生观摩，并对外开放。

20世纪初，清朝政府推行"新政"。实行"废科举、兴学堂、派留学"等改良措施，为博物馆的建设提供了社会环境。当时不仅地方人士倡议兴办博物馆，江苏、山东、陕西、湖南、广东等省地方官吏也奏请建立博物馆。

由于开办博物馆被视为实施"新政"的措施之一，频频遭到清政府的反对。直至1905年，中国博物馆建设的先驱者张謇才自费创建了中国第一座现代博物馆——南通博物苑，开辟了中国现代博物馆事业的新纪元。南通博物苑的建筑按博物馆功能要求进行设计，适宜藏品的收藏与陈列。藏品分天然、历史、美术三部分，是一所集自然、历史与艺术为一体的综合性博物馆。它有一套较为完整的规章制度，既体现了西方博物馆的科学性，又符合中国的具体情况。博物馆内还包含植物园、动物园，并兼作公园，使中国的园囿传统与博物馆的职能结合在一起。

> **知识链接** ······················○
>
>
>
> **图3-4 张謇（1853—1926）**
>
> 张謇（图3-4），字季直，号啬庵，汉族，祖籍江苏常熟，生于江苏通州海门长乐镇（今江苏省南通市海门市常乐镇）。清末状元，中国近代实业家、政治家、教育家，主张"实业救国"。中国棉纺织领域早期的开拓者，南通大学、上海海洋大学、河海大学、上海海事大学、复旦大学、东华大学、南京大学等学校的创始人之一。
>
> 1926年8月24日，张謇在南通病逝，享年73岁。他一生创办了20多个企业，370多所学校，为中国近代民族工业的兴起，教育事业的发展作出了重要贡献，被称为"状元实业家"。

张謇与南通博物苑

1911年辛亥革命后，中国社会发生了新的变化，资产阶级文化教育事业有了一定的发展。随之，中国博物馆事业也出现了新的特点：第一，博物馆被纳入国家的社会教育体系，初步确立了国家对博物馆的管理体制；第二，建立国家博物馆，封建皇宫及皇室珍藏公开向社会开放；第三，制定文物博物馆法令、规章，博物馆收藏与陈列水平明显提高；第四，职业意识增强，建立了全国性博物馆团体，加强了博物馆学术研究；第五，博物馆数量显著增加，类型趋向多样化。

1912年，民国中央教育部首先决定在北京建立历史博物馆，并于1912年7月9日在国子监旧址设筹备处，胡玉缙为筹备处主任，接收太学器皿等文物为最初的馆藏。鲁迅亲自规划筹备工作，并将自己珍存的古物赠送该馆，这是中国近代建立的第一个国立博物馆。

1915 年新文化运动蓬勃兴起，民主、科学的观念深入人心，推动了博物馆事业的进一步发展。教育、科学博物馆的数量显著增多。继交通大学成立北京铁道管理学院博物馆（1913 年）之后，北京卫生陈列所（1915 年）、农商部地质调查所地质陈列馆（1916年）、保定教育博物院（1916 年）、江西省立教育博物馆、天津博物院筹备处（1918年）、山西教育图书博物馆（1919 年）、教育部教育博物馆（1920 年）、岭南大学博物馆（1923 年）、江西省立科学博物馆、京兆通俗教育馆（1925 年）、湖南地质矿产陈列馆、两广地质调查所地质矿产陈列馆（1927 年）等相继成立或筹备。

3）中国博物馆发展的四个高峰

（1）第一个高峰期

到了 20 世纪 30 年代中国才真正出现了博物馆发展的第一个高峰。这个高峰的到来，一方面受 30 年代世界博物馆运动的影响，另一方面与当时中国社会经济、科学文化发展有关。1928 年全国博物馆只有 10 多个，到 1936 年就发展到了 77 个。这一阶段，不但国立历史博物馆、故宫博物院、中央博物院、自然博物院等大型博物馆相继筹建，而且各省也纷纷建馆。中国现代博物馆事业虽然起步很晚，但一开始就具有比较鲜明的收藏、科研和教育作用。当时博物馆业务相当活跃，甚至多次出国参加国际展览活动。1935 年中国博物馆协会诞生，发行了会报，刊印了丛书，并于 1936 年举行年会讨论学术、规划事业。但正当中国博物馆事业进入兴盛时，战争却给中国博物馆带来了严重破坏。

国民政府为了保护文物，采取了一些应变措施，将部分重要博物馆迁往内地。抗日战争胜利后，国民政府全面发动内战，国民经济、文化教育进一步受到破坏，博物馆事业再次陷入困境。有的博物馆文物藏品被掠夺；有的经费无着，被迫关闭；勉强支撑局面的，也处于停顿或半停顿状态。到 1948 年初，国民党统治区的博物馆只剩下 10 余所。1948 年冬，国民政府决定将故宫博物院、河南省博物馆存留南京的文物精品，以及中央博物院（现南京博物院）的重要文物一起运往台湾。经统计，分三次海运到台湾的故宫文物共计 2 972 箱，包括陶瓷器及书画共 1 434 箱、图 1 334 箱、宫中文书档案 204 箱（表 3-1）。

表 3-1　运送台湾的文物大致情况一览表

时间	批次	运送方式	运送文物
1948 年 12 月 21 日	第一批	中鼎号	故宫博物院 320 箱、中央博物院筹备处 212 箱、中央图书馆 60 箱、原中央研究院历史评议研究所 120 箱，另有外交部重要档案 60 箱

续表

时间	批次	运送方式	运送文物
1948 年底	第二批	海沪号	3 502 箱,包括故宫 1 680 箱,中央博物院筹备处 486 箱,中央图书馆 462 箱,中研院史语所 856 箱,北平图书馆 18 箱。含全套文渊阁《四库全书》和离藻堂《四库全书荟要》
1949 年 1 月下旬	第三批	昆仑号	故宫博物院 972 箱、中央博物院 150 箱、中央图书馆 122 箱,共计 1 244 箱

（2）第二个高峰期

中国博物馆事业发展的第二个高峰是在中华人民共和国成立后的 20 世纪 50 年代。党和人民政府对发展文物、博物馆事业十分重视。中央政府刚一建立就发布了一系列法令保护珍贵文物和文化遗址,还专门发了《征集革命文物令》,在经济困难的情况下仍然拨款发展博物馆事业。1949 年,中国大陆只剩下 21 个博物馆。1952 年,全国省市以上的博物馆就发展到 40 个。1953 年,第一个五年计划开始后,我国仿照苏联地志博物馆模式,筹办了全面反映地方自然、历史和社会主义建设面貌的地志博物馆。

图 3-5　安徽省博物馆参观券

1957 年,第一个五年计划结束时,全国博物馆总数已达到 72 个。除青海、西藏外,省级博物馆大体都已建立,基本上改变了旧中国博物馆集中在少数城市的不平衡局面。20 世纪 50 年代后期,在北京还建立了规模较大的中国历史博物馆、中国革命博物馆、中央自然博物馆和中国人民革命军事博物馆等国家级博物馆。

（3）第三个高峰期

中国博物馆事业发展的第三个高峰是在 20 世纪 80 年代。在改革开放的新形势下,我国加快了博物馆建设的步伐。数十年间,博物馆在数量上、质量上都有了相当大的发展。1988 年底统计全国文化系统共有博物馆 903 个,10 年增长了 2.6 倍。但如果把非文化系统自办的博物馆也计算在内,1987 年底中国博物馆总数就已达千余个。

（4）第四个高峰期

2002—2019 年的 17 年中,党和政府高度重视博物馆发展和管理工作,2005 年 12 月国家文化部公布了《博物馆管理办法》,2007 年、2013 年、2015 年、2017 年国家分别修订公布《中华人民共和国文物保护法》。2011年2月，国家公布了《中华人民共和国非物质文化遗产保护法》。2015年1月，国务院公布《博物馆条例》。《博物馆事业中长期发展规划纲要》《国家文物事业发展"十三五"规划》《关于加强文物保护利用改革的若干意见》等规划、文件的发布，《博物馆建筑设计规范》《馆藏文物登录规范》等近百项标准规范的制定，在法制层面为博物馆事业发展提供了有力的保障。

作为博物馆行业管理和引导示范的重要手段，博物馆质量评估体系逐步确立，并得到全行业乃至社会的高度认可。国家文物局制定发布了《全国博物馆定级评估办法》《博物馆定级评估标准》，中国博物馆协会连续三轮开展全国博物馆评估工作。众多博物馆按照文化体制改革要求，建立健全以理事会制度为核心的法人治理结构，广泛吸纳社会力量参与运行和监督，为博物馆可持续发展提供了重要推动力。《国家文物局随机抽查事项清单》《随机抽查工作细则》相继公布，初步形成博物馆及可移动文物管理"双随机、一公开"检查制度，执法检查实现精准、常态。

党的十八大以来，博物馆免费开放深入推进，公共服务效能显著提升，社会关注度不断提高。博物馆在经济社会发展中的作用持续显现，给人民群众带来的获得感、幸福感不断增强，已经成为人民向往的美好生活的一部分。国家文物局党组按照习近平同志"让收藏在博物馆里的文物、陈列在广阔大地上的遗产、书写在古籍里的文字都活起来"的要求，出台一系列政策措施，使博物馆成为文物活起来的主阵地。

国家一级博物馆、国家二级博物馆和国家三级博物馆，成为博物馆事业发展的主体阵容。非国有博物馆、行业博物馆成为博物馆建设快速发展的重要力量。综合类博物馆凭借充足的馆藏、精心的运营受到群众喜爱，专题性博物馆依靠特色的展示、创意的营销越来越赢得观众的青睐，更有大量以民俗记忆、非遗传承、工业遗产、近现代遗存、生活日用品为主题的博物馆竞相辉映，填补了博物馆传统门类的空白，丰富了博物馆结构体系。一大批省级、市县级博物馆完成新馆建设，设施更加齐全，馆舍面貌焕然一新，文化辐射力进一步增强，正成为城市的新中心、新门户和新客厅。博物馆观众结构日益多元，未成年人、低收入群体、进城务工人员、村镇居民参观博物馆热情高涨。

如今，文物部门与中国移动、腾讯、百度、网易等知名企业签订战略合作协议，推进"互联网＋中华文明"行动计划，鼓励社会力量参与博物馆建设，通过技术平台的引进，将智慧博物馆由理论推向实践。众多博物馆积极应用大数据、云计算、人工智能技术，建立与公众的"超级链接"，通过门户网站、手机App、公众号等多种渠道，集中展示精美文物，讲好文物故事，不断创新文物传播方式。博物馆与教育、旅游、设计、动漫、影视的融合发展渐次开花，《国家宝藏》《如果国宝会说话》《我在故宫修文物》等节目全面热播，"文物带你看中国""故宫社区""数字敦煌"等精品展示使文物插上互联网翅膀，走出国门，走向世界。国家出台一系列政策措施，鼓励博物馆开发文化创意产品，探索通过IP授权等模式延伸博物馆产业链，让公众把国宝带回家。文物活起来已成为新时期博物馆事业的鲜明特征。

国家文物局局长刘玉珠在 2020 年"5·18 国际博物馆日"主会场活动开幕式的致辞中指出：截至 2019 年底，全国已备案博物馆达 5 535 家，比上年增加 181 家，其中非国有博物馆 1 710 家。全年举办展览 2.86 万个，教育活动 33.46 万场，接待观众 12.27 亿人次，比上年增加 1 亿多人次。尤其是"十三五"以来，我国平均每 2 天新增一家博物馆，达到 25 万人拥有一座博物馆。"在各级党委和政府关怀下，依靠全体博物馆人不懈奋斗，中国博物馆事业取得非凡成就，进入历史上最好的发展时期。"

2020 年，为应对新冠肺炎疫情的影响，博物馆界首次采用线上线下融合传播方式，将传统文化与现代技术对接，通过 5G 网络对主会场系列活动全程直播与话题推送，为大家奉上丰富多彩的文化盛宴，即使足不出户也能"身临其境"，共享博物馆发展成果。其间，全国博物馆推出 2 000 多个线上展览，总浏览量超过 50 亿人次。很多地方还将"5·18 国际博物馆日"和"5·19 中国旅游日"结合举办，围绕文旅融合举办了一系列特色鲜明、精彩纷呈的活动。

3.1.3　博物馆的划分类型

随着社会文化、科学技术的发展，博物馆的数量和种类越来越多。在博物馆类型的划分中，有根据博物馆藏品、展出、教育活动的性质和特点进行划分和根据经费来源和服务对象进行划分两种方法。

1）外国博物馆的划分类型

外国博物馆，主要是西方博物馆，一般划分为艺术博物馆、历史博物馆、科学博物馆和特殊博物馆四类。

（1）艺术博物馆

艺术博物馆，包括绘画、雕刻、装饰艺术、实用艺术和工业艺术博物馆。也有把古物、民俗和原始艺术的博物馆包括进去的。有些艺术馆，还展示现代艺术，如电影、戏剧和音乐等。世界著名的艺术博物馆有乌菲齐美术馆、大都会艺术博物馆、国立艾尔米塔什博物馆等。

乌菲齐美术馆

乌菲齐美术馆是世界著名绘画艺术博物馆，在意大利佛罗伦萨市乌菲齐宫内。以收藏欧洲文艺复兴时期和其他各画派代表人物，如达·芬奇、米开朗基罗、拉斐尔、波提切利、丁托列托、伦勃朗、鲁本斯、凡·代克等作品而驰名，并藏有古希腊、古罗马的雕塑作品。而对于艺术爱好者来说，乌菲齐美术馆无疑是这座"鲜花之城"中的最为瑰丽的奇葩（"佛罗伦萨"在意大利语中的意思是"鲜花之城"）。

（2）历史博物馆

历史博物馆，包括国家历史、文化历史的博物馆，在考古遗址、历史名胜或古战场上修建起来的博物馆也属于这一类。墨西哥国立人类学博物馆、秘鲁国立人类考古学博物馆就是著名的历史类博物馆。

（3）科学博物馆

科学博物馆，包括自然历史博物馆。内容涉及天体、植物、动物、矿物、自然科学，实用科学和技术科学的博物馆也属于这一类。英国自然历史博物馆、美国自然历史博物馆、巴黎发现宫等都属此类。

巴黎发现宫

巴黎发现宫（图3-6）坐落在法国巴黎著名建筑"大宫"里，是世界著名的科技馆，隶属于巴黎大学。1937年，法国物理学家、诺贝尔奖获得者让·伯林用自己的奖金兴建了这座科技馆。发现宫的宗旨是向广大观众介绍科学上的重大发明和发现，以引发人们对科学的爱好和进一步探索。发现宫是以基础理论为重点的科技博物馆，包括数学、物理、化学、生物、医学、地质、天文、航空等专业的50多个活动厅。这里每天进行各种科学实验的表演，有很多供观众亲身体验、亲手操作的设备，吸引了青少年们的注意力。数学活动室里备有穿孔机，学生们在这里听了关于电子计算机的原理和使用方法的讲解后，便可以自己试着编制计算程序。2010年，"发现宫"与巴黎的另一座"科学中心"，位于城市东北部维莱特地区的"科学与工业城"（Cité des Sciences et de l'Industrie）合并，成立了名为"Universcience"（可以理解为"科学万物"）的联合体。

图3-6 巴黎发现宫

（4）特殊博物馆

特殊博物馆，包括露天博物馆、儿童博物馆、乡土博物馆，后者的内容涉及这个地区的自然、历史和艺术。著名的有布鲁克林儿童博物馆、斯坎森露天博物馆等。

此外，国际博物馆协会将动物园、植物园、水族馆、自然保护区、科学中心和天文馆以及图书馆、档案馆内长期设置的保管机构和展览厅都划入博物馆的范畴。

2）中国博物馆的划分类型

1988年前，中国博物馆被划分为专门性博物馆、纪念性博物馆和综合性博物馆三类，国家统计局也是按照这三类博物馆来分别统计公布发展数字的。

中国博物馆事业的主管部门和专家们认为，参照国际上一般使用的分类法，根据中国的实际情况，可将中国博物馆划分为历史类、艺术类、科学与技术类、综合类这四种类型：

（1）历史类博物馆

历史类博物馆以历史的观点来展示藏品，如中国历史博物馆、中国革命博物馆、西安半坡遗址博物馆、秦始皇兵马俑博物馆、泉州海外交通史博物馆、景德镇陶瓷历史博物馆、北京鲁迅博物馆、韶山毛泽东同志纪念馆、中国共产党第一次全国代表大会会址纪念馆等。

（2）艺术类博物馆

艺术类博物馆主要展示藏品的艺术和美学价值，如南阳汉画馆、广东民间工艺馆、北京大钟寺古钟博物馆、徐悲鸿纪念馆、天津戏剧博物馆等。

教学案例　○

徐悲鸿与徐悲鸿纪念馆

图3-7　徐悲鸿

徐悲鸿（1895—1953，图3-7），汉族，原名徐寿康，江苏宜兴市屺亭镇人。中国现代画家、美术教育家。曾留学法国学西画，归国后长期从事美术教育，先后任教于原国立中央大学艺术系、北平大学艺术学院和北平艺专。1949年后任中央美术学院院长。擅长人物、走兽、花鸟，主张现实主义，强调国画改革融入西画技法，作画主张光线、造型，讲求对象的解剖结构、骨骼的准确把握，并强调作品的思想内涵，对当时中国画坛影响甚大，与张书旗、柳子谷三人被称为画坛的"金陵三杰"。所作国画彩墨浑成，尤以奔马享名于世。

2010年9月，徐悲鸿纪念馆闭馆，开始进行改扩建工程，新的纪念馆占地5 363平方米，总建筑面积10 885平方米，设有基本陈列、临时展厅、报告厅及儿童活动区等。基本陈列中包括徐悲鸿生平展，巨幅国画《愚公移山》《九方皋》《田横五百士》等，于2019年9月17日重新向社会开放。

（3）自然和科学类博物馆

自然和科学类博物馆以分类、发展或生态的方法展示自然界，以立体的方法从宏观或微观方面展示科学成果，如中国地质博物馆、北京自然博物馆、自贡恐龙博物馆、台北昆虫科学博物馆、中国科学技术馆、柳州白莲洞洞穴科学博物馆等。

教学案例 ·················○

自贡恐龙博物馆

自贡恐龙博物馆（图3-8）位于四川省自贡市的东北部，距市中心9千米，在世界著名的"大山铺恐龙化石群遗址"上就地兴建的我国第一座专业恐龙博物馆，也是世界三大恐龙遗址博物馆之一。博物馆占地面积7万多平方米，馆藏化石标本几乎囊括了距今2.05亿～1.35亿年前侏罗纪时期所有已知恐龙种类，是目前世界上收藏和展示侏罗纪恐龙化石最多的地方。

图3-8　四川自贡恐龙博物馆大门

（4）综合类博物馆

综合类博物馆综合展示地方自然、历史、革命史、艺术方面的藏品，如南通博物苑、山东省博物馆、湖南省博物馆、内蒙古自治区博物馆、黑龙江省博物馆、甘肃省博物馆等。

当然根据《博物馆建筑设计规范》（JGJ66—2015），博物馆还可以按建筑规模大小分为特大型馆、大型馆、大中型馆、中型馆、小型馆五类，且建筑规模分类应符合下表规定（表3-2）。

表3-2　博物馆建筑规模分类

建筑规模类别	建筑总建筑面积/平方米
特大型馆	>50 000
大型馆	20 001～50 000

续表

建筑规模类别	建筑总建筑面积/平方米
大中型馆	10 001 ~ 20 000
中型馆	5001 ~ 10 000
小型馆	≤ 5 000

3.2 博物馆旅游的发展历程与开发内容

博物馆原本是文化事业机构，具有收藏文物、科学研究和社会教育三大功能，但是随着市场经济的发展和旅游业的兴起，博物馆逐渐附加和培育了旅游功能，也被称为娱乐功能、休闲功能等。博物馆的宣传教育功能使其一直拥有着众多的参观者，而高度的文化集中性又使博物馆具有极强的旅游吸引力，使博物馆成为一项有特色的、高品位的旅游资源。事实证明，博物馆可以为游客最集中、最系统、最生动形象地展示各个国家和地区灿烂的历史文化、民族风情和科学技术等内容，满足旅游者高层次的精神享受需要。

3.2.1 博物馆旅游的发展历程

国外博物馆旅游源于20世纪的西方国家。自20世纪70年代开始，世界博物馆的发展出现了与旅游业密切结合的局面。到1989年，国际博物馆协会修订的《国际博物馆协会会章》中明确规定："博物馆是一个不追求盈利的、为社会和社会发展服务的、向公众开放的永久性机构，为研究、教育和娱乐的目的，对人类和人类环境的见证物进行研究、采集、保存、传播，特别是为研究、教育和游览的目的提供展览。"其中，专门指出了博物馆的娱乐游览功能。1992年，在委内瑞拉首都加拉加斯召开的"博物馆新目标"会议就对"博物馆和旅游"这一主题进行讨论，并通过了《加拉加斯宣言》，号召架起博物馆与旅游的桥梁。随后的1995年国际博物馆协会委内瑞拉委员会又促成题为"遗产、博物馆和旅游"的研讨会，行政当局、旅游部门、文化机构负责人和专家聚集一堂，探讨建立和谐关系的益处，减少行业隔阂，寻找相互结合的办法。博物馆在旅游中承担着越来越重要的角色，发展博物馆旅游已势在必行。

就国内情况来看，改革开放以后，博物馆就成了各地资源开发的重要关注点之一。但直到1999年，国家旅游局主办的《中国旅游年鉴1999》才在"旅游行业"下分设的"相关行业"中专列"博物馆业"，综述我国博物馆事业的发展情况。其中，包括1998年底全国文物系统的博物馆总数、各类博物馆数、博物馆文物藏品以及举办陈列展览、接待观众人次、外宾参观人次等统计数据，并择其主要工作、重要活动单列条目加以介绍。此外，在国家旅游局所公布的首批国家 4A 级旅游区（点）名单中，上榜的博物馆有沈阳故宫博物院、上海博物馆等 11 家。这说明中国旅游行业已意识到博物馆是一项重要的旅游资源。

表 3-3　1987—2018 年中国博物馆参观人次统计表

年份	年收入 / 万元	举办陈列展览 / 个	参观人次 / 万人次
2018	3 043 180	26 346	104 401
2017	3 255 558	24 611	97 172
2016	2 348 521	23 109	85 061
2015	2 169 987	21 154	78 112
2014	1 955 512	19 565	71 774
2013	1 755 739	7 650	63 776
2012	1 492 024	20 115	56 401
2011	1 205 789	16 921	47 051
2010	—	26 704	40 679
2009	—	14 057	32 716
2008	—	8 364	28 328
2007	—	7 689	25 625
2006	—	5 879	12 032
2005	—	5 929	11 819
2004	—	5 090	9 736
2003	—	5 809	6 206
2002	—	8 111	7 980
2001	—	8 644	7 955
2000	—	17 752	8 540
1999	—	6 757	9 246
1998	—	6 116	8 844
1997	—	—	—
1996	—	—	—
1995	—	—	—

续表

年份	年收入 / 万元	举办陈列展览 / 个	参观人次 / 万人次
1994	—	—	—
1993	—	4 576	8 982
1992	—	3 401	9 425
1991	—	4 292	14 357
1990	—	4 113	14 976
1989	—	4 086	6 716
1988	—	3 238	10 618
1987	—	2 831	8 245

资料来源：根据国家统计局提供的数据统计而成。

  2008 年 1 月 23 日，中宣部、文化部等四部委联合下发了《关于全国博物馆、纪念馆免费开放的通知》。按照通知要求，各地陆续免费开放了一大批博物馆、纪念馆。至今已有十余年，全国近九成的博物馆向全社会免费开放，为普通民众提供了日常休闲的好去处。

  从上表可以看出，2008—2013 年，每年举办的陈列展览的数量虽然有起伏，但观众量一直呈现递增状态。随着观众数量的增多，博物馆在公共文化服务体系中发挥着越来越重要的作用。在这一阶段中，博物馆逐渐衍生出了"收藏、保存、创造、研究、观光、宣传、展示、休闲、娱乐、教育和经济"等诸多功能。博物馆价值链日益向两端转移，既要做精做实下游的文化、旅游、休闲等服务链，亦要强化研究、展览、教育、文创等上游的供给链。但值得注意的是，在国家统计数据当中，依然未将博物馆年收入量统计在内，致使无法清楚呈现出博物馆业带来的经济贡献。

  2014—2018 年，博物馆每年举办各类陈列展览均超过 21 000 余场，接待观众逐年增长。至 2018 年，到达了 10.44 亿的观众量（表 3-3）。从年收入来看，五年内逐渐递增。到 2018 年，博物馆系统年收入达 3 043 180 万元。这一阶段中，多家博物馆进行了设施改造提升，合理配套了餐饮区、观众休息区、文创产品展示售卖区、书店等，营造出了更优质的消费环境。博物馆系统也开始进一步完善旅游公共服务内容体系，规范建设标准，使公共服务提档升级。

3.2.2　博物馆旅游的开发内容

  作为文化旅游的重要组成部分，博物馆旅游从建筑到馆藏，从陈列到文创，无一不是旅游资源的一部分。2018 年 4 月 8 日，根据国务院机构改革方案，文化和旅游部正式挂牌，"诗和远方"牵手，开启了文化和旅游融合发展的大幕。在文旅融合大浪潮中，博物馆必将获得更大的发展动力。从旅游资源的角度来看，博物馆旅游至少包括博物馆选址及博物馆建筑游、博物馆展陈游览、博物馆旅游产品开发及营销、博物馆旅游人才培养、博物馆旅游危机处理等 5 大问题。

1）博物馆建筑旅游

在建造一所博物馆之前，必须从地质、地形、地貌等自然环境和人文、交通等社会因素方面进行勘察，然后才能完成博物馆选址的前期准备工作。通过梳理国内外博物馆建筑案例，总结博物馆外在建筑风格。观察博物馆内部空间的 8 个分区，了解博物馆的内部空间构成及其相互之间的关系。从平面、剖面、立面、内部装饰、设备配备对博物馆的陈列厅进行全方位解读。

2）博物馆展陈

博物馆馆藏文物的征集、分类与命名的知识是博物馆展陈的基础。博物馆的展陈是博物馆旅游开发的核心。陈列展览的内容策划、形式设计、布展施工三大部分，从理论到实践、从抽象到具体，对博物馆陈列展览的各部分进行阐述。博物馆展览中辅助展品对展品"未尽事宜"有着补充完善的作用，它们可以创造一个空间，与参观者的空间观念相"接驳"，引起参观者的强烈共鸣。在此基础上，还需要具体掌握史料式陈列设计、鉴赏式陈列设计、场景式陈列设计、互动式陈列设计不同陈列设计的技巧与特点。

3）博物馆旅游产品的开发与营销

博物馆旅游产品由核心价值、外在载体和延伸部分组成。按不同的划分标准，有不同的产品表现形式。在休闲体验、品牌化理念的影响下，博物馆系统可以从旅游体验、旅游要素整合、跨界融合及 GM-TCD（大博物馆）视角对博物馆旅游产品进行全方位开发。

博物馆旅游产品既有公益属性又有经济属性，博物馆既需要坚守文化担当，又需要创造出文化经济价值。当博物馆旅游产品投入市场后，需要对观众市场进行细分和定位。然后针对不同的市场需求和产品特性，采取不同的营销策略。尤其是要关注新媒体营销策略的实践与运用。

4）博物馆旅游人才培养

在博物馆旅游开发中，博物馆管理人员、科研人员、陈列设计人员、文物修复技术人员、社教人员、基础服务人员等缺一不可。但从旅游开发角度来看，博物馆的展陈人员、社教人员、讲解人员和志愿者团队还比较欠缺，还需要进一步加强培养。文旅融合的思路下，应该让旅游学科的人才培养与历史学科的人才培养相结合，打造复合型、多元化的人才队伍。

5）博物馆旅游危机管理

在任何一种旅游资源的开发中，都会遭遇大大小小的危机事件。在博物馆及博物馆旅游开发中，博物馆系统因社会因素、运营不当、自然灾害、安全管理不到位等原因经常会遇到一些危机问题。需要从分析博物馆旅游危机生命周期的特征着手，进行积极预防和妥当处理，才能保证博物馆旅游事业的顺畅发展。

课后练习与思考题

1. 请查阅文艺复兴时期美第奇家族的收藏与捐赠事迹。

2. 请查阅有关南通博物苑的资料，谈一谈张謇对中国博物馆业发展做出的贡献。

3. 中国博物馆可以分为哪些类型？本地区省市博物馆（院）属于哪一种类型的博物馆？

4. 请结合文旅融合的时代主题，谈一谈博物馆旅游业未来的发展方向。

第4章
博物馆的建筑与空间构成

【章前引言】

博物馆的外观建筑不仅是博物馆建设不可或缺的重要部分，也是博物馆留给观众的第一印象。博物馆建筑相对于其他类型的城市建筑来说，其独特的文化与社会属性更容易展现出别样的风格。优秀的博物馆建筑设计除了为博物馆本身增光添彩，还有可能成为一个城市乃至一个国家的标志符号。本章节主要介绍博物馆建筑的选址、建筑特点演化、建筑风格及其内部空间构成等内容，有助于游客或观众进一步了解博物馆空间的旅游资源。

【内容结构】

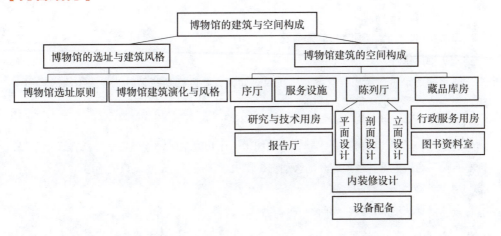

教学资源

【学习目标】

理论学习目标

1. 了解博物馆的四类建筑风格。

2. 理解博物馆选址的四个原则。

3. 掌握博物馆建筑内部空间构成。

实践应用技术目标

掌握博物馆建筑设计与地域文化彰显之间的关系。

4.1 博物馆的选址与建筑风格

博物馆建筑是指专门为博物馆各项业务活动设计建造的建筑，它属于公共建筑中的文化建筑。在博物馆建筑设计中，馆址选择、扩建规划、灵活使用、藏品保护、采光照明、造型艺术等诸方面处理的合理与否将是成败的关键。

4.1.1 博物馆的选址原则

除了在特定的遗址上建造的遗址博物馆外，博物馆建筑都有一个馆址选择问题。博物馆馆址选择的主要原则有：

1）有利藏品选择

博物馆既然是一个文物、标本的收藏机构，其藏品又是博物馆各项工作开展的基础，这就决定了博物馆的馆址所在环境要有利于藏品的保护。这是博物馆建设所要考虑的首要问题之一。所选环境的地形、地质、气候等自然环境和人为造成的建设情况等社会环境都应尽可能地有利于藏品的保护。

地段环境主要考虑以下几点：

（1）气候条件

四季冷热、干湿、雨晴和风雪情况。

（2）地质条件

地质构造是否适合工程建设，抗震要求如何，要避开那些因自然或人为原因容易引起沉降、地震、滑坡或洪涝的地段。

（3）地形地貌

是平地、丘陵、山岭还是水畔，有无树木、山川湖泊等地貌特征。要选择场地干燥、排水通畅、通风良好，且要避开啮齿动物、昆虫或其他有害动物聚集的地段。

（4）景观朝向

自然景观及地段日照、朝向条件。

（5）污染状况

相关的空气污染、噪声污染和不良景观的方位及状况。与易燃易爆场所、噪声源、污染源的距离，应符合国家现行有关安全、卫生、环境保护标准规定。

根据以上内容，可以对该地段形成比较客观、全面的环境质量评价。

教学案例 ·······○

里耶博物馆被淹

2016 年 6 月 20 日，因连日强降雨，位于湖南龙山县南部、酉水左岸的里耶古镇堤防于 20 日 15 时发生漫溃，至 17 时洪水已淹没里耶博物馆 3.5 米左右。由于当地提前组织人员转移，所幸未致人员伤亡。

人文环境主要考虑以下几点：

（1）城市性质和规模

一个城市是政治、文化、金融、商业、旅游、交通、工业还是科技城市，是特大、大型、中型还是小型城市。城市性质和规模不仅影响博物馆的选址，而且影响博物馆的建设类型。以安徽省黄山市为例。黄山市作为徽文化的发源地和世界级的文化旅游城市，除了有中国徽州文化博物馆（原黄山市博物馆）外，还拥有黄山太平猴魁博物馆、黄山市徽派雕刻博物馆、歙县新安徽砚艺术博物馆、徽派版画博物馆、安徽祁红博物馆、徽菜博物馆等特色和专题博物馆。

（2）地方风貌特色

风貌泛指一个地方的人文特征，主要包括这个地方的文化风俗、历史名胜、名人典故等。

总的来说，博物馆选址地的自然条件、人文环境应与博物馆的类型及其收藏、教育、研究的功能特征相适应。

2）公共交通方便

博物馆作为宣传教育机构，属于公共建筑。为了能让更多的观众前来参观学习，其馆址应尽可能地选择在公共交通方便之处，否则将会在一定程度上影响观众数量和博物馆社会效益的发挥。

以最具代表性的北京为例，北京现有博物馆已超过百座，居国之首。除遗址博物馆外，其余博物馆，尤其是一些大馆的馆址各据一方，呈典型的东西南北中皆有的散点式布局形式。这种遍布全城的散点式布局形式似乎表明北京市到处都符合博物馆馆址的选择要求，然而事实却非如此。因历史、城市规划等原因，北京各馆所选馆址的环境很少有理想的，以国家博物馆来说，虽是位于市中心，但广场大片石材铺地，广场及周围地区绿化面积太少，春季风沙大，夏季炎热，冬季寒风凛冽，区域小气候难以改善，而其他馆则多在居民区或混杂区，缺乏应有的人文积淀和背景支撑。

3）足够用地面积

应根据博物馆的规划规模选择足够的用地面积。其中主要包括：建筑用地面积、扩建用地面积、绿化用地面积与停车用地面积等多项，其用地总面积以大于建筑总面积的2倍为宜。如博物馆建筑平均按2层计算，其建筑密度为25%。在城市用地紧张的情况下，博物馆的部分建筑可建3层或3层以上，建筑密度可提高到30%，博物馆的总用地约为博物馆总建筑面积的1.4倍。

以往的博物馆用地多保证建筑用地，考虑少量绿化面积，而对扩建用地，特别是停车用地（表4-1）则很少考虑，极大地影响了博物馆的发展。选址时若面积不够，建成后再欲在周围征地将十分困难。因此，在选址时一定要把握好。

博物馆选址

表 4-1　博物馆建筑基地内设置的停车位数量

每 1 000 平方米建筑面积设置的停车位 / 个			
大型客车	小型汽车		非机动车
	小型馆、中型馆	大中型馆、大型馆、特大型馆	
0.3	5	6	15

数据来源：《博物馆建筑设计规范》（JGJ66—2015）。

注：1.计算停车位时，总建筑面积不包含车库建筑面积；2.停车位数量不足 1 时，应按 1 个停车位设置。

4）紧邻居住区

馆址应接近居住区，远离闹市区和工业区，特别要远离产生烟尘、噪声、震动和其他产生有害气体的工业厂房，更不能选址于这类工厂的下风向，以免珍贵文物标本受到污染与损害。

根据上述原则，通常博物馆多选择在城市中心、公园附近或者城市的一角。它们往往是整个城市的行政区、文化区、风景区或是居住区等。

4.1.2　博物馆建筑的历史演变及其风格

博物馆建筑 [museum building，《博物馆建筑设计规范》（JGJ66—2015）] 指的是为满足博物馆收藏、保护并向公众展示人类活动和自然环境的见证物，开展教育、研究和欣赏活动，以及为社会服务等功能需要而修建的公共建筑。

1）博物馆建筑的历史演变

（1）国外博物馆建筑演变

中世纪，历史文物、艺术珍品及珍稀的自然标本等大都收藏在皇家宫廷、私人官邸、教堂修道院或大学里。欧洲文艺复兴时期，意大利佛罗伦萨出现了第一座专为收藏美术品而设计的房屋建筑，即今乌菲齐美术馆。

1683 年，英国创建了第一个向公众开放的阿什莫尔艺术和考古博物馆。其建筑为新古典主义风格，但房屋建筑从平面布局到立面造型，仍然是宫殿庙宇式的，博物馆内部没有陈列室、藏品库等功能区划分。1793 年，法国国民议会决定将路易王朝在卢浮宫的收藏向公众展出，这是利用旧建筑开办公共博物馆的开端。

> **知识链接** ·····················○
>
> 贝聿铭（Ieoh Ming Pei，1917—2019），男，出生于广东省广州市，祖籍江苏省苏州市，是苏州望族之后，美籍华人建筑师，美国艺术与科学院院士，中国工程院外籍院士，土木专家。贝聿铭于 20 世纪 30 年代赴美，先后在麻省理工学院和哈佛大学学习建筑学。贝聿铭曾获得 1979 年美国建筑学会金奖、1981 年法国建筑学金奖、1989 年日本帝赏奖、

1983年第五届普利兹克奖及1986年里根总统颁予的自由奖章等，被誉为"现代建筑的最后大师"。

图4-1 贝聿铭与卢浮宫

　　贝聿铭作品以公共建筑、文教建筑为主，被归类为现代主义建筑。他善用钢材、混凝土、玻璃与石材，代表作品有巴黎卢浮宫扩建工程（图4-1）、香港中国银行大厦、苏州博物馆新馆等。

　　19世纪下半叶至20世纪初期，许多专门为博物馆修建的建筑也都是仿照宫殿寺庙的古典形式。如1870年成立于纽约的美国大都会艺术博物馆、1897年建立的芝加哥艺术博物馆、伦敦的国家美术馆、巴黎的巴黎国立自然历史博物馆、美国自然历史博物馆、芝加哥科学与工业博物馆等的建筑平面、立面，不是宫殿式就是希腊神庙式。这类博物馆建筑通常以宏大的门厅、楼梯厅等为中心，联系二层楼展厅，各个展厅之间又互相连通，建筑平面多采用"日"字或"田"字形，立面常有典雅的大理石柱廊，内外装修有烦琐的雕饰。从现代博物馆使用的要求来衡量，这类馆舍建筑使用上存在着的缺陷是很明显的，如功能分区不明确、人流路线组织不合理、层高过高、采光照明和藏品保管条件差、辅助用房不足等。

　　20世纪中期，现代博物馆学理论的发展对博物馆建筑提出了新的功能要求。在现代建筑理论影响下，新建的博物馆再也见不到宫殿式的平面或庙宇式的立面了，而出现了一大批具有大量实体墙面、条形采光口，或玻璃幕墙的具有个性特征的博物馆建筑。20世纪50年代末至70年代，涌现了一批有划时代意义的著名博物馆建筑，例如路易斯安娜博物馆（丹麦哥本哈根）、巴黎乔治·蓬皮杜国家艺术文化中心、俄罗斯特列恰科夫国家画廊、华盛顿国家美术馆东楼、国家航空和航天博物馆、德羽毛湖博物馆、日本佐仓国立历史民俗博物馆、大阪国立民族学博物馆等。

知识链接

巴黎乔治·蓬皮杜国家艺术文化中心建筑特点

　　乔治·蓬皮杜国家艺术文化中心（图4-2）设计新颖、造型迥异，外部钢架林立、管道纵横，并且根据不同功能分别漆上红、黄、蓝、绿、白等颜色。因这座现代化的建筑外观极像一座工厂，故又有"炼油厂"和"文化工厂"之称。

图 4-2　巴黎乔治·蓬皮杜国家艺术文化中心

乔治·蓬皮杜国家艺术文化中心坐落在巴黎拉丁区北侧、塞纳河右岸的博堡大街，当地人常简称为"博堡"。它是已故总统蓬皮杜于 1969 年决定兴建的，1972 年正式动工，1977 年建成，同年 2 月开馆。

整座建筑共分为工业创造中心、大众知识图书馆、现代艺术馆以及音乐音响研究中心四大部分。公共图书馆建筑面积约 16 000 平方米；现代艺术博物馆约 18 000 平方米；工业美术设计中心约 4 000 平方米；音乐和声响研究中心约 5 000 平方米。连同其他附属设施，总建筑面积为 103 305 平方米。除音乐和声响研究中心单独设置外，其他部分集中在一幢长 166 米、宽 60 米的六层大楼内。大楼的每一层都是一个长 166 米、宽 44.8 米、高 7 米的巨大空间。整个建筑物由 28 根圆形钢管柱支撑。其中除去一道防火隔墙以外，没有一根内柱，也没有其他固定墙面。各种使用空间由活动隔断、屏幕、家具或栏杆临时大致划分，内部布置可以随时改变，使用灵活方便。

这些新颖的博物馆建筑除了使用功能完善，有良好的现代化设施外，建筑设计还趋向于同环境结合，使博物馆建筑与城市街道、广场、公园相互融合，既美化了城市，也美化了博物馆内外部的视觉环境。博物馆事业的高度社会化，促进了现代博物馆在保存、展览、研究、教育、文化休闲、游览观光等方面向综合、多功能化方向的发展。博物馆建筑设计亦服从于这一点，使现代博物馆建筑中增设了许多服务性设施用房，诸如公共餐厅、咖啡厅、博物馆商店、公共图书馆、视听室、讲演厅等。其中，又常常把博物馆门厅设计得很大，或专辟"共享空间"，向社会提供社交活动场所，使博物馆建筑与城市生活相联系、与城市环境相融合成为现代博物馆建筑设计的发展趋势。

（2）中国博物馆建筑演变

中国近代的早期博物馆出现在 1840 年鸦片战争之后，帝国主义列强在上海、天津等地建立博物馆，初期都没有专门修建博物馆建筑。后来英国亚洲文会在上海圆明园路建造的亚洲文会博物馆和法国人建造的震旦博物院都套用了欧洲博物馆的建筑形式。1905年创办的南通博物苑，建筑采用西洋式，按中国园林方式布局。辛亥革命以后到抗日战争以前，中国博物馆的数量、类型增加，但馆舍多半利用古、旧建筑。1925 年故宫博物院成立，清宫所藏文物连同古建筑群向公众开放，是利用古建筑办博物馆的典型。这一时期以来，地方博物馆在利用各种旧建筑物办博物馆时，也对原建筑作了程度不同的装修改造。

20 世纪 30 年代中期，中国建成了 2 座现代博物馆建筑，即南京的中央博物院（今南京博物院）和上海博物馆。中央博物院原来的总体规划为中央级大型综合性博物院，设有自然馆、人文馆、工艺馆，是一组以中轴线左右对称布局的宫殿式建筑群。1933年，建成东翼人文馆，平面呈"曰"字形，大殿为仿辽代宫殿式样，各种用房配备齐全。上海市博物馆选址在当年的上海新市区中心地带，系一座钢筋混凝土结构雄伟的仿古建筑，陈列室、藏品库及各类办公用房、设备齐全。但 1935 年开馆后不久便毁于了战火。

抗日战争时期，中国博物馆事业受到了极大的摧残。中华人民共和国成立后，中国博物馆事业有了开拓性的发展，1949—1966 年新建了数十个博物馆，在建筑设计上出现两种趋向：

一是按苏联展览馆模式设计博物馆，如建于 1955 年的中央自然博物馆（今北京自然博物馆）、1956 年的安徽省博物馆、1959 年的中国人民革命军事博物馆等，建筑平面都呈"山"字形，建筑高大。这类建筑，在空间布局上不适合博物馆使用，很难为陈列和参观组织合理的人流路线，层高太高，采光太亮，照度分布不均，内装修中雕饰、彩画、枝形吊灯等过多，干扰展览效果，库房面积不足，或建筑条件不符合藏品保管要求。

另一趋向是按中国传统的古建筑形式建造博物馆，建于 1956 年的上海鲁迅纪念馆则采用浙江绍兴民居形式，平面作"】"形布局，还附有一小巧的内庭园；建于 1959 年的北京中国美术馆（图 4-3）是一幢用传统的亭台楼阁形式组合成的博物馆建筑；中国历史博物馆和中国革命博物馆采用了须弥座形式的台基，琉璃瓦檐口。正立面上使用了放大尺度的柱廊，建筑外貌气势雄伟，表现出建筑物的纪念性意境。建筑平面呈慁型，空间布局具有良好的流线，展览、保管、研究等各种用房功能分区明确，既有分隔又有联系，但陈列室过高，窗户过大过多，为空间供暖降温带来许多问题。"文化大革命"时期，博物馆建筑在极"左"思潮干扰下，某些纪念性博物馆设计由于采用庸俗的象征主义、形式主义创作手法，少有可取之作。

图 4-3 中国美术馆

改革开放以来在吸收国外现代博物馆建设经验的同时，中国开始走上探索现代化博物馆建筑的道路。如四川自贡恐龙博物馆、黑龙江省革命博物馆、上海美术馆、中国人民抗日战争纪念馆、辽沈战役纪念馆、新乐遗址博物馆、陕西省历史博物馆等都注意了环境设计，建筑布局也灵活多样，功能分区明确，流线合理，各种用房面积分配适当，并对博物馆建筑现代化、民族化进行了许多有益的探索。

2）博物馆建筑的风格类型

博物馆按其造型风格归纳起来可以分成以下几种类型：

（1）西方古典风格

这种风格从专门的博物馆建筑出现时起就开始出现，并逐渐成为国际上广泛采用的一种博物馆建筑风格。它具有端庄、典雅的特点，俨然是一座文化殿堂，如美国大都会艺术博物馆、英国大不列颠博物馆、法国国家自然历史博物馆等。

（2）民族风格

各个国家所建博物馆为了体现本国、本民族的文化特点，为表现博物馆的不同性质，其建筑往往采用本国、本民族典型建筑风格，历史、地方和纪念性博物馆建筑更是如此。我国采用传统建筑风格的博物馆更多，如陕西历史博物馆便是仿唐朝风格的大型博物馆建筑群，端庄、凝重、古朴，恰当地反映了这个以收藏周秦汉唐文物珍品为特色的大型历史博物馆的性质。

（3）现代风格

第二次世界大战后，随着现代建筑的兴起，在国际上大量采用现代风格的手法，象征性地表现各种类型的博物馆特征。如美国华盛顿国家美术馆东馆系一个抽象艺术雕塑，与其藏品艺术风格相吻合；巴黎乔治·蓬皮杜国家文化艺术中心以相似工厂的现代造型来寓意这个"文化工厂"的现代特色；又如以高技派的手法来表现科技博物馆的法国科学文化中心都是典型的例子。

（4）象形风格

在博物馆建筑造型中，象形风格是一个博物馆颇具地方特色的表现风格之一。如日

本东京湾畔的船舶科学馆，其外形就是一艘上万吨级的大客轮；荷兰埃因霍温的一个科学发展馆的造型像一个"飞碟"浮在空中；德国柏林的食糖博物馆的外形像一个倒过来的甜菜头；澳大利亚的一个菠萝博物馆外貌竟是一个高十几米的巨大菠萝（图4-4）的形象；意大利北部的一座雨伞博物馆被设计成一个伞状屋顶的圆形建筑；我国北京大葆西汉墓台博物馆以覆斗状造型来表现其汉墓形象等。

图4-4　澳大利亚的菠萝博物馆

4.2 博物馆建筑的空间构成

博物馆的内部空间一般由序厅、陈列厅、报告厅、服务设施、藏品库房、研究与技术用房、行政管理用房等几个基本部分组成。其中每一部分又由若干厅室组成。

4.2.1 序厅

序厅是指展览场馆从入口到正式展示厅之间的空间，是博物馆观众集散枢纽，是组织引导观众或供观众游览休息的必要空间。现代博物馆的门厅还常用于社交活动。序厅（图4-5）一般会设计得比较宽阔、高大、肃穆、庄重，序厅着重氛围渲染，高度概括展览内容和交代展览历史背景等，力求让参观者迅速进入状态。

图4-5 安徽大包干纪念馆序厅（张方军/摄）

博物馆内部空间构成

一般而言，序厅设计应该要契合展览主题的事实，符合主体展览的基调。应该要根据当地历史、地域、文化的特点赋予序厅独特性。除此之外，序厅的设计还要展现出展陈背后的精神内涵，增强艺术表现力和情绪感召力。

4.2.2 陈列厅

陈列厅为展示博物馆的主要收藏和基本内容而设置的展厅。陈列厅分为基本陈列厅（图4-6）、专题陈列厅与临时展览厅等。基本陈列室在陈列室中所占的比重最大，展览比较固定，它应布置在陈列区中最醒目便捷的位置。其人流组织原则是保证陈列和参观的系统性、顺序性和可选择性。

临时展室为举办临时性展览，展览内容需要经常更换，适合采用大空间，以增加使用的灵活性。临时展室的布置相对比较独立，可设单独出入口，便于单独开放。专题陈列室的陈列内容相对比较独立，但也比较稳定。所布展的位置也可以较独立，但不必单独对外开放。为参观方便，陈列室不宜布置在4层以上。大、中型馆内2层或2层以上

图 4-6　民族服饰博物馆陈列厅

的陈列室宜设置客货两用电梯。室外展场是在露天展出展品的场所，展品一般多为固定的雕塑，它应在博物馆建筑设计的总体布局中统一考虑，可以布置在参观室内陈列之前、之后或中途。但它的位置也要确保参观流线顺畅连续，防止人流交叉和走回头路。

4.2.3　报告厅

报告厅（图 4-7）面积宜按每个座位 1～2 平方米计算。它的位置最好接近观众入口，尽量避免报告厅的观众与参观陈列室的观众人流交叉。它的位置相对比较独立，并宜设置单独对外的出入口，以便必要时单独开放。报告厅还要与研究室相互联系，为研究人员到达报告厅提供方便。在有的博物馆中，报告厅的活动与陈列内容关系密切，报告厅的位置可布置在既接近陈列室又相对独立的位置上。

图 4-7　中国版画博物馆学术报告厅

4.2.4　观众服务设施

馆内观众服务设施包括问询处、寄存处、纪念品销售处、书店、餐饮和小卖部、休息室、卫生间等。门厅内可布置问询处、寄存处、纪念品销售处以及休息室、等候区等观众服务设施。也可将书店、纪念品销售处以及卫生间在门厅附近单独设置。问询处除向观众提供咨询服务、发放参观资料外，还可兼售门票。

4.2.5 藏品库房

藏品库房（图4-8）由库前区和藏品库两大部分组成。库前区用房包括卸落台、开箱室、登录室、清理室、消毒室、编目与目录室等。根据博物馆规模，大型博物馆的各种用房配备齐全，小型博物馆常将性质接近的工作室合并。按博物馆保管工作惯例，藏品入库都是分类保管的，所以又有青铜器库、陶瓷器库、书画库、织绣库等区分。

图4-8 史密森尼国家自然历史博物馆库房

另外，根据藏品的珍贵程度分列级别，故又常常设置珍藏库、一般藏品库等。如自然科学博物馆库房一般按学科分类分库保管，如分设鸟类、兽类、鱼类、两栖爬行类、无脊椎类等各类标本库。按标本制作方法不同，又分别设置湿制标本库和干制标本库，分别放置浸制标本、腊叶标本、生态标本及假剥制标本等。

库房的建筑设计通常按藏品的性质、保管要求、珍贵程度来确定防震、防火、防盗的级别与防潮、防光等相应的措施。

4.2.6 研究与技术用房

研究室供馆内专业研究人员及专业观众使用。技术用房是对藏品进行处理的专设房间。其中，编目室、鉴定室、摄影室、修复室等应接近藏品库区，以方便藏品运送。

4.2.7 图书资料室

图书资料室主要供馆内专业研究人员或专业观众使用，所以要与研究室靠近，联系方便。目前，在少数博物馆中，图书资料室也对一般观众开放。图书资料室可布置在陈列区内，但又要与研究室联系方便，也可在陈列区内增设单独为一般观众服务的图书室。

4.2.8　行政办公用房

行政管理用房由办公室、接待室、会议室、物资贮存库房、保安监控室、职工食堂、设备机房等组成。

4.3　陈列厅设计

陈列厅的设计是根据博物馆建筑总体平面布局，以建筑造型设计为前提，遵循一定的设计要求进行综合设计的。

4.3.1　平面设计

1）决定因素

在陈列厅平面设计中，应该考虑博物馆建筑总的建筑规模；所在地段的面积大小、形状和地势；陈列厅所占总建筑面积的比例（表4-2）；陈列设计要求；陈列厅总体平面布局和结构造型等因素。

表4-2　陈列展览区占博物馆总建筑面积的比例

博物馆类别	功能区建筑面积占总建筑面积的比例 /%				
	特大型	大型	大中型	中型	小型
历史类、艺术类(古代艺术藏品为主)	25 ~ 35	30 ~ 40	35 ~ 45	40 ~ 55	50 ~ 75
艺术类(现代艺术藏品为主)	30 ~ 40	35 ~ 45	40 ~ 50	45 ~ 55	50 ~ 75
自然博物馆	25 ~ 35	30 ~ 40	35 ~ 45	40 ~ 55	50 ~ 75
科技馆	55 ~ 60	60 ~ 65	65 ~ 70	65 ~ 75	—
综合类	25 ~ 35	30 ~ 40	35 ~ 45	40 ~ 55	50 ~ 70

数据来源：《博物馆建筑设计规范》（JGJ66—2015）。

2）平面形式

陈列厅的平面形状不宜有过多的凹凸形状，以免形成较多死角。以矩形平面为主，但矩形的长宽比不宜太大，一般以不超过一比二为适宜。几何形体如正方形、圆形、正六角形等具有使用灵活、利用率高、经济以及造型美观等优点。

3）面积

陈列厅的面积和博物馆的规模关系很大，与所占总建筑面积的比例以及所划分的陈列厅的数量有关。国内以往的单个陈列厅多在 150～400 平方米，而国外新建陈列厅的面积一般较大，国内目前新建馆也有扩大的趋势。从陈列的角度来看，面积越小，给陈列设计带来的限制越多；而面积越大，则陈列越具有灵活性。从这个意义上看，陈列厅面积宜大不宜小。

4）宽度

陈列厅的宽度除与长宽比例、结构造型有关外，在使用上还与陈列的布局形式密切相关。单线陈列和复线陈列所需宽度就大不一样，但最小宽度应能保证单线陈列。

宽度计算方法：展品（展台）宽度＋视距＋走道宽（图 4-9）

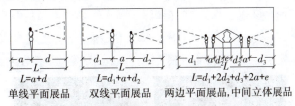

图 4-9　博物馆陈列宽度计算图

通常陈列厅的最小宽度（即单线陈列宽度）不应小于 6 米；双线陈列的宽度不应小于 9 米；而三线陈列其宽度不应小于 14 米。为方便陈列艺术设计多变化，陈列厅的宽度以大于 14 米为好，这样能使陈列的参观路线有多种变化而不致千篇一律。厅内最好不设立柱或尽可能少设立柱。

5）出入口

陈列厅的出入口是供观众出入和陈列品以及陈列设备进出之用的通道。为保证方便、安全、每个陈列厅的出入口数量一般应有两个。小型陈列厅可以只设一个出入口，而大型陈列厅则应有两个以上出入口。

4.3.2　剖面设计

1）决定因素

陈列厅的剖面设计主要决定于面积大小、空间比例、观众数量、采光方式、结构形式以及陈列内容、展品大小、陈列形式等。

2）陈列厅层数

陈列厅应以单层为佳，但由于单层占地面积太多，故通常又以多层为主。随着垂直交通工具的现代化，陈列厅开始逐渐出现在高层。

3）陈列厅高度

陈列厅层高即陈列厅的室内结构高度。在国内，陈列厅的高度多在 4 ～ 6 米，以 5 米左右高度为宜。在国外，层高有降低的趋势。这与国外广泛采用全人工照明，需使用空调设备有关。

4）陈列厅采光照明

采光照明方式的选择对剖面设计影响很大。如完全采用人工照明的情况，陈列厅就要全封闭；采用天然采光，其采光口的形式又分为侧墙采光、顶部采光和顶侧采光三种类型，这都将形成明显不同的剖面设计。

（1）侧墙采光

侧墙采光，即从侧窗开设采光口采光。侧墙采光可分为低侧窗采光和高侧窗采光。

低侧窗，即窗台高度在 1 米左右的窗口，这是一种古老简单的采光方式，需占据大量外墙且照度不均匀。高侧窗（图 4-10），即窗台较高，一般在 2 米以上。这种采光口因窗台抬高而使陈列厅的空间高度也被抬高了，导致上部空间浪费较大。

图 4-10　兵马俑一号坑

侧墙采光还有单侧窗和双侧窗之分。一般跨度大的陈列厅则多采用双侧窗采光，跨度小的陈列厅多采用单侧窗采光。

（2）顶部采光

即在陈列厅的顶部（屋顶）上开设采光光口，这种采光形式适合于跨度大的陈列厅。

顶光式即在屋顶上直接开孔，以玻璃等透明材料（图 4-11）做开孔部分的屋面。为了减少热辐射和便于调节光线，通常需做成双层透明顶。但是由于直接在顶面开口，需很好地解决开口处的防雪、防雨、防雹以及日常清洁等一系列技术问题，难度较大。

天窗式即在屋顶上再做小屋顶，在小屋顶的侧面开窗采光。以此种方式采光，直射光不易射入，而且通风效果好。但由于只有顶层的陈列厅才有可能采用顶部采光，加之建筑构造复杂，耗费成本高，施工要求严格等原因，国内目前采用这种采光方式的博物馆还不多，仅在少数艺术类博物馆的陈列厅中有采用的迹象。

图 4-11　苏州博物馆新馆顶层采光

（3）顶侧采光

顶侧采光为上述侧墙采光和顶部采光两种形式的综合。其最大特点是能使陈列地带的墙面照度大，是较为理想的采光形式，但是目前国内还很少采用。

如果是采用人工照明，必须遵循有利于观赏展品和保护展品的原则，达到安全可靠、经济适用、技术先进、节约能源、维修方便的要求。在博物馆中，照度均匀度要求为：第一，对于平面展品，最低照度与平均照度之比不应小于0.8，但对于高度大于1.4米的平面展品，则要求最低照度与平均照度之比不应小于0.4。第二，只有一般照明的陈列室，地面最低照度与平均照度之比不应小于0.7。在观众的视场中，不应有来自光源或窗户的直接眩光或来自各种表面的反射眩光。针对不同的博物馆，也应使用不同的灯光设置。比如历史类的博物馆，注重历史场景复原，文物呈现，灯光以暖色为主，营造安静舒适氛围，适于人们静下心来欣赏。

4.3.3　立面设计

陈列厅是博物馆建筑中的主要组成部分。在很大程度上，陈列厅的大体量、组合形式以及特殊的采光照明方式影响着博物馆建筑的艺术造型。因此，在整个博物馆立面设计时应当特别地加以重视。

4.3.4　内装修设计

陈列厅的内装修设计应以实用为主，宜简不宜繁，以免影响陈列效果。室内色调宜淡雅，忌浓艳，以中性灰色调为好，更无需多做装饰纹样。陈列厅地面要求平整舒适，但不应过分光滑和坚硬，因为有可能会使观众产生疲劳，而且走动的响声还会影响他人的参观。因此，铺橡胶地板或地毯等较为理想。陈列厅的门窗要坚实牢固、安全方便。陈列厅的装修材料要耐火或经防火处理。

4.3.5　设备配备

在陈列厅中，有大量的诸如展板、展架、展柜展台等展览设备，它们是陈列厅的主要设备元素。

1）展板

一般而言，在博物馆展览过程中，用得最多的设备当属展板、展柜和展台。就展板（图4-12）而言，博物馆展陈中典型展板的基层板材质有KT板、密度板、钢板或铝单板、铝塑板、亚克力板、钢化玻璃、织物或纤维类等；展板的饰面做法一般有喷绘、激光直放照片、UV喷绘、丝网印刷等；收边条材质有定制金属型材、塑料收边条、混油、面层材质包边、铝塑板折边、钢板或铝单板折边等。

图4-12　安徽博物院文明史陈列展墙展板

博物馆展览中的展板，一般为实体展板形式。随着平面设计理念的转变，图文展板已经摆脱了素面单一的形式，突破二维平面，叠加展示，又或者一组呈现不同厚度的层次感。有时也会根据形式需要直接在墙上展现，不采用实体展板。比如借助科技，与多媒体展示技术相融合，展现多彩多变的展示效果，增加互动性。

2）展柜展台

为了让文物能得到妥善保存，并长期服务于公众，博物馆多使用展柜展台来保存文物。

（1）展柜展台分类

市场上的博物馆展柜展台（图4-13）按照材质进行分类一般可以分为两种：金属展柜展台和木质展柜展台。

金属展柜展台主要由金属板组合焊接在一起，金属展柜展台要求其表面整体光滑无缝隙，外表面覆以无污染的防火材料，最后覆盖与博物馆展柜内饰相同材质的布艺。金属展柜展台一般会放置质量比较大的文物，且需要保证金属展柜展台不会出现下凹的情况。

木质展柜展台主要由木型材拼接组合在一起，加以无污染防火材料，表面覆盖与博物馆展柜内饰相同的布艺，布艺和木型材都需要达到国家二级以上的防火标准。

图4-13　安徽博物院文明史陈列厅展柜展台

（2）展柜展台选择的原则

在选择展柜过程中，一定要注意以下四项原则：

①能够控制温湿度

一定的温湿度是保护文物的基本条件，对于书画、纺织品、木器、骨器等对温湿度敏感的文物，如果不能把温湿度控制在其能接受的数值，就会造成这些文物的开裂、变形、起皱等严重后果。为了让文物展示能长期进行，控制好展柜内温湿度是关键工作。如果以损害文物为代价进行文物陈列，则不能服务于更多的人，也会让某段历史或某种文化失去了传承的载体。

②具有良好的密封性

良好的密封性是控制柜内环境的保证，因为密封性足够强才能使柜内环境不受柜外环境影响。密封性好的博物馆文物展柜除了能有效控制温湿度，还能防尘、防有害物质的入侵，对文物的保护十分重要。密封性不仅能衡量展柜质量的好坏，也能反映出一个厂家的工艺水平。

③采光合理

很大程度上，文物展示效果的好坏还受采光的影响。光源可分为人造光源和自然光源两种。人造光源可以灵活地调节光源以及光照度，能较好地营造陈列展览的氛围，突出展示文物。另外，对于温湿度要求比较严格的文物来说，必须采用人造光源；而对于温湿度要求不高的文物，则可以利用自然光。展柜灯光能灵活调整，可根据不同文物对光照亮度、角度等要求，调整出合适的灯光效果。照射在文物上的灯光要呈现出均匀的效果，并避免眩光问题。

④柜门的设计要合理

博物馆文物展柜的门要符合两个特点，一是安全性，二是方便使用。柜门的高、宽以及位置要能保证文物布展和取放、展柜清洁等，要操作安全、方便和快捷。

当然除了展览设备以外，还需要采暖、通风以及空气调节设备和自动开关门、自动监视系统、自动监测系统、自动报警器、自动灭火装置等高级检测设备配合。

课后练习与思考题

1. 博物馆选址的原则有哪些?

2. 博物馆建筑风格有哪几种?

3. 博物馆内部空间由哪几部分组成?

4. 博物馆陈列厅采光方式有几种?

5. 博物馆常用展览设备选择的原则有哪些?

第 **5** 章
博物馆的陈列与展览

【章前引言】

    20 世纪之前博物馆的空间设计是以藏品为主体，而 20 世纪后博物馆空间设计则是公众与藏品并重，并呈现出以公众为主的趋势，这给博物馆带来新型的展示方式和设计理念。本章节主要介绍博物馆资源的储备、展陈、辅助展品的设计等内容，为服务于不同类型的博物馆陈列设计打下坚实的基础。

【内容结构】

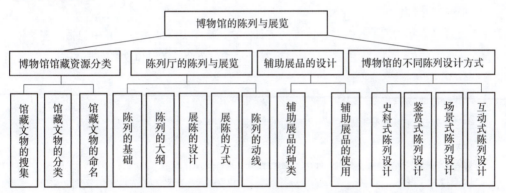

教学资源

【学习目标】

理论学习目标

1.了解博物馆文物的来源渠道。

2.掌握博物馆展陈的程序和大纲的撰写规则。

3.掌握博物馆展陈的方式。

4.掌握辅助展品的种类与使用方法。

5.掌握不同类型博物馆的陈列设计技巧。

实践应用技术目标

根据博物馆展览活动的程序分析渡江战役纪念馆现有陈列大纲的优势与不足。

根据博物馆辅助展品的制作方法，尝试制作一幅渡江战役形势图。

5.1 博物馆馆藏资源的搜集与分类

藏品搜集是博物馆的首要任务之一，它直接关系到博物馆基本任务的完成，并制约着博物馆事业的发展。藏品搜集是指博物馆为保存人类文化遗产，丰富馆藏，建立和更新陈列展览，开展科学研究，搜集符合本馆宗旨和具体业务活动所需要的文物、标本资料的过程。

5.1.1 馆藏文物的搜集

博物馆藏品搜集工作的基本途径有：

1）社会搜集

社会搜集指对流散在社会、民间的各种文物、标本资料的搜集，其中包括某些单位或个人收藏的传世品。它主要通过拨交、接受捐赠、交换、借用和收购等方式进行。

拨交是指博物馆接收有关单位交接的文物、标本资料。

捐赠是博物馆接受个人捐赠的文物、标本资料。对捐赠的文物，博物馆应进行认真的鉴定，确认可以接受捐赠的，才能办理接受捐赠手续，并根据捐赠文物的价值，给予捐赠者适当的物质和荣誉奖励。

1893年，孙瀛洲(图5-1)出生于河北冀县，13岁时就来到北京城，先后在"宝聚斋""铭记"等多个古玩铺里当学徒。鉴赏天赋极高的孙瀛洲刻苦学习，渐渐凭借一双慧眼在北京琉璃厂等文玩圈子里名声大噪。20岁时，孙瀛洲自立门户，开了一家古董店，取名"敦化斋"，当同行还不认识永宣青花的时候，孙瀛洲就从造型、绘画、款识、用料等方面进行了深入的研究，由于经营有道和高超的文物鉴定水平，"敦化斋"成为北京城著名的文玩店。

图 5-1 中国文物捐赠第一人——孙瀛洲

交换是指博物馆与博物馆，博物馆与其他文物收藏单位之间在自愿、互利的原则下，相互交换藏品。

借用是指博物馆因补充陈列内容或举办专题展览的需要而向个人或单位暂借文物、标本资料。

博物馆文物的搜集

收购是博物馆用经济手段合法收购私人自愿出售的文物、标本资料。博物馆在收购藏品时，必须认真鉴定，确认符合本馆收藏标准和需要的文物、标本资料，才可以进行收购。对收购品要根据其历史、科学、艺术价值的大小，付给出售者适当的报酬，一定要办好一切收购手续，严防以后发生纠葛。但值得注意的是，根据中国的文物政策法令，中华人民共和国成立以来出土的文物和受到国家保护的珍贵动、植物标本，不准买卖，不得作价收购，以免刺激盗墓取宝和伤害稀有动、植物等不法行为的发生。

2）考古发掘

考古发掘（图5-2）指博物馆运用科学方法发掘埋藏在地下的遗存文物。各博物馆在发掘前，必须履行考古发掘的审批手续。在发掘过程中，必须严格按照科学的发掘方法，随时准确地按规定填写发掘记录（包括文字、照相和绘图）。对出土的文物要及时进行整理和研究，并编写出真实反映发掘情况的报告。

图5-2　西汉海昏侯墓考古发掘现场

3）标本采集

标本采集指各专门性自然博物馆和地方性综合博物馆有目的地采集自然标本。采集工作要力求全面性、完整性和典型性，其中最重要的是要搜集完整的标本。因为只有完整、没有损坏的标本，才具有收藏和陈列的价值。同时还必须做好完整的原始记录，以保证标本的科学价值。

2018年4月，湖南省地质博物馆开展地质标本采集（图5-3）。通过对照相关资料、实地勘察，共采集了30块地质标本，包括糜棱岩、构造角砾岩、混合岩、假化石（氧化锰沉淀）、褶皱、擦痕、高岭土等。

图5-3　湖南省地质博物馆赴野外开展地质标本采集

5.1.2　馆藏文物的分类

文物依照其特点、历史文化背景、规模大小有很多分类，但没有统一的分类方法。主要有时代分类法、区域分类法、存在形态分类法、质地分类法、功用分类法、属性（性质）分类法、来源和价值分类法等。

1）时代分类法

时代分类法是以文物制作的时代为标准，对文物进行分类的方法。在按时代分类时，一般只考虑它的相对年代。因此，古代文物，一般分为夏朝文物、商朝文物、周朝文物、秦朝文物、汉朝文物、魏晋南北朝文物、隋朝文物、唐朝文物、五代十国文物、宋朝文物、元朝文物、明朝文物、清朝文物。其中周、汉、魏晋南北朝、宋等时期的文物，还可以历史朝代详细划分。

2）区域分类法

区域分类法，是以文物所在地点为标准，对文物进行分类的方法。文物有产生地点，或有出土地点，或有收藏地点，或有埋藏与建立的地点，比如一般所称的北京文物、河北文物、山西文物、内蒙古文物等。

3）存在形态分类法

所谓的存在形态，是指文物体量的大与小，直观存在与隐蔽存在，存于收藏处所还是散存于社会等。可移动文物主要是指馆藏文物和流散文物。它们体量小、种类多。根据它的体量的大小和珍贵程度，分别收藏于文物库房，甚至文物柜或文物囊匣内。根据保管、研究、陈列的需要随意移动，变换地点，这对其本身的价值不仅没有影响，而且可以更好地发挥其作用。

4）质地分类法

质地分类法，是以制作文物的材料为标准，对文物进行分类的方法。根据不同质地材料进行文物归类，是质地分类法的出发点。文物藏品中的古文物，依质地分类有石器、玉器、陶器、骨器（含角器、牙器）、木器、竹器、铜器（含红铜、青铜、黄铜、白铜器）、铁器（含钢制品）、金银器、铅锌器、瓷器、漆器、玻璃器、珐琅器、纺织品（包括罗类织物、绫绮类织物、帛类织物等）、纸类文物。

5）功用分类法

功用分类法，是以文物的功用为标准，对文物进行归类的方法。细分为鼎、尊、罍（léi）、彝、舟、匜、瓶、壶、爵、斝（jiǎ）、觯、敦、簠（fǔ）、簋（guǐ）、鬲、鍑及盘、钟、磬、錞（chún）于、杂器、镜鉴等二十类。

6）按文物功用分类

通常具有某一特定功用或用途的文物，其形制并不完全相同。如农具的材质中，既有石质农具、木质农具，又有青铜质地农具和铁制农具。例如农具中的锄，有石锄、蚌锄、铁锄；铲有石铲、青铜铲、铁铲；犁有石犁、木犁、青铜犁、铁犁等。兵器中的镞，有石镞、骨镞、铜镞、铁镞；矛有石矛、铜矛、铁矛；戈有玉戈、铜戈、铁戈等。

7）属性分类法

属性分类法是以文物的社会属性，以及科学文化属性为标准，对文物进行分类的方法。例如在古器物中有供大典、祭祀等使用的礼器。还有专为随葬而制作的各种明器或"冥器"。我国古代"冥器"或"盟器"，常模仿各种礼器、日用器皿、工具、兵器等形状制作而成，也有人、家畜、禽兽的形象，以及车船、家具、建筑物等模型。明器有陶质、瓷质、木质、石质等，也有用金属质材料制作的。科技文物指的是以直接表现科学技术为内容的器物，如天文图、圭表、漏壶、日晷天、浑天仪、简仪、古地图、金医针、银医针、帛画导引图、灸法图、针灸铜人、医疗器械等。宗教文物指的是供宗教活动的场所、用具及表现宗教内容的物品，如宗教寺庙、法器、绘画等。

8）价值分类法

价值分类法是以文物的价值为标准，对文物进行分类的方法。文物藏品，如陶瓷器、青铜器、铁器、玉器、漆器、书画等，依其鉴定价值高低，分为三级，即一级文物、二级文物、三级文物。

5.1.3 馆藏文物的命名

馆藏文物的命名是文物工作的一项基本内容，有利于文博工作者和观众对文物的认知。

1）定名标准

文物定名应科学、准确、规范，做到"观其名而知其貌"。

古代文物定名一般应有三个组成部分，即：年代、款识或作者；特征、纹饰或颜色；器形或用途。中国古代文物有确切纪年的，名称中的年代信息一般标示朝代、年号和纪年数字，不标示公元纪年；外国古代文物有确切纪年的，名称中的年代信息一般标注国名、朝代、年号和纪年数字。近现代文物定名应用时代、物主、事件、地点、用途等直接表述藏品的主要内容、特征。名称中的年代信息一般应标示主要历史时期或公元纪年。

2）定名要素

年代，指文物的制造年代或使用年代。

特征，指文物的地域、人文以及有关的工艺技法、文饰题材、形态质地等本体属性信息。

器物的通称，一般指物品的器形或用途。

文物定名一般按照年代、特征、通称顺序排列。

3）定名一般规则及示例

（1）古代文物的定名方法

①石器定名

以"年代"+"文化"（如已知确切文化）+"特征"+"质地"+"形制"定名。

示例1：旧石器时代龟背形刮削器；示例2：新石器时代磁山文化石磨盘。

②石刻定名

以"年代"+"主要内容"+"质地"+"形制"定名。示例：宋太平兴国八年吕蒙正重修孔庙碑。

③玉器定名

以"年代"+"文化"（新石器时代后需加确切文化）+"特征"+"材质"+"形制"定名。示例：新石器时代良渚文化兽面纹玉琮。

④陶器定名

以"年代"+"文化"（新石器时代后需加确切文化）+"特征"+"质地"+"形制"定名。示例：唐三彩花卉纹枕（图5-4）。

图5-4　唐三彩花卉纹睡枕

⑤瓷器定名

以"年代"（有年款的写明）+"窑口"（如已知确切窑口）+"特征"+"质地"+"形制"定名。示例1：东晋德清窑黑釉鸡头瓷壶；示例2：宋磁州窑白釉黑彩人物故事长方瓷枕。

⑥铜器定名

以"年代"+"特征"（含工艺）+"质地"+"形制"定名。示例1：西周晚期嵌松石龙首纹铁刃铜戈。

⑦金银器定名

以"年代"+"特征"+"质地"+"形制"定名。示例：唐包金九连环银簪。

⑧其他金属器定名

以"年代"+"特征"+"质地"+"形制"定名。示例：明末沈存周作铅酒斗。

⑨漆器定名

以"年代"+"作者"（如确知作者名）+"特征"（含工艺）+"质地"+"形制"定名。示例：唐春雷黑漆七弦琴。

⑩竹木牙角器定名

以"年代"+"作者"（如确知作者名）+"特征"（含工艺）+"质地"+"形制"定名。示例：新石器时代马家浜文化木桨。

⑪织绣定名

以"年代"+"特征"（主要是纹饰内容）+"工艺"+"质地"+"形制"定名。示例：汉晋延年益寿长葆子孙锦。

⑫甲骨简牍定名

以"年代"+"文字内容（或标题）"+"质地"+"形制"定名。示例：西汉元始五年"先令券书"竹简。

⑬砖瓦定名

以"年代"+"主要内容"+"质地"+"形制"定名。示例：东汉制盐画像砖（图5-5）。

图5-5　东汉制盐画像砖

⑭文具定名

以"年代"+"作者"（如确知作者名）+"特征"（含工艺）+"质地"+"形制"定名。示例：明程君房制玉杵玄霜墨。

⑮货币定名

以"年代"+"钱名"（面值）+"质地"+"形制"定名。示例：清咸丰元宝阔缘背宝巩当千铜钱。

⑯符节印信定名

以"年代"+"印文"+"特征"+"质地"+"形制"定名。示例：战国鄂君启金节舟节（图5-6）。

图 5-6　战国鄂君启金节舟节

⑰书法定名

以"年代"+"作者"+"书体"+"主要内容"+"形制"定名。示例：明文徵明真草千字文卷。

⑱绘画定名

以"年代"+"作者"+"主要内容"+"形制"定名。示例：明崇祯元年陈洪绶秋林啸傲图轴。

⑲雕塑造像定名

以"年代"+"特征"（包括工艺）+"质地"+"形制"定名。示例：南朝彩绘灰陶持盾武士俑。

⑳文献文书定名

以"年代"+"主要内容"+"形制"定名。示例：唐敦煌回鹘文写经。

（2）近现代文物的定名方法

①文献文书定名

以"年代"+"主要内容"+"通称"定名（"年代"写公元纪年为佳，下同）。示例：1949年毛泽东《论人民民主专政》原稿。

②徽章证件定名

以"年代"+"主要内容"+"质地"+"形制"定名。示例：1944年晋冀鲁豫边区授予李杜的劳动英雄奖章。

③旗帜定名

以"年代"+"主要内容"+"形制"定名。示例：1949年山东省人民政府成立时使用的第一面国旗。

④标语匾额定名

以"年代"+"主要内容"+"质地"+"形制"（用途）定名。示例：1935年红军"赤化全川"石刻标语。

⑤印信图章定名

以"年代"+"主要内容"+"质地"+"形制"定名。示例：1949年吉林省人民政府铜印。

⑥武器装备定名

以"年代"＋"物主"（事件）＋"特征"＋"质地"＋"形制"（用途）定名。示例：1927年朱德在南昌起义时使用的驳壳枪。

⑦音像制品定名

以"年代"＋"主要内容"＋"质地"＋"形制"（用途）定名。示例：1949年中华人民共和国开国大典记录胶片。

⑧名人遗物定名

以"年代"＋"主要内容"＋"质地"＋"形制"（用途）定名。示例：1935年方志敏《可爱的中国》手稿。

⑨货币邮品定名

以"年代"＋"发行单位"＋"主要内容"＋"质地"（邮品不需写质地）＋"形制"定名。示例：1932年中华苏维埃共和国国家银行五角纸币。

⑩交通工具定名

以"年代"＋"特征"＋"属性"＋"形制"（用途）定名。示例：1952年成渝铁路第一列火车（图5-7）。

图5-7　新中国第一条铁路——成渝铁路

⑪生活用具定名

以"年代"＋"特征"＋"质地"＋"形制"（用途）定名。示例：近代晋中地区木制脸盆架。

⑫生产用具定名

以"年代"＋"特征"＋"质地"＋"形制"（用途）定名。示例：1872年江南机器制造总局造船工具。

（3）古脊椎动物化石和古人类化石的定名方法

①古脊椎动物化石定名

以"地质年代"＋"动物名称"＋"身体部位"＋"化石"定名。示例：第四纪更新世中期肿骨鹿头骨化石。

②古人类化石定名

以"考古学年代"+"古猿、古人类名称"+"身体部位"+"化石"定名。示例：旧石器时代元谋猿人头左侧门齿化石。

（4）定名注意事项

①具有历史、艺术、科学价值的仿制品，需注明。不能确定仿制时间的，应在年代前加"仿"字；如能确定仿制时间，则应标明仿制年代。示例：清雍正仿成化斗彩盘。

②具有历史、艺术、科学价值而本身严重残缺的文物，应先注明"残"字。示例：战国残水陆攻战纹铜鉴。

③凡不能分割的文物，定名时应标记在一起：成组的文物，完整无缺者，要定一集体名称；失群者应在单个名称前标上集体名称。示例：唐三彩十二辰"龙"俑。

④书法、绘画文物中如有多人合作者，定名时为避免字数过多，应以最著名者或前二、三名为主，后缀"等合作"字样。

⑤文物质地在定名时一般可不标明。但文物既无铭文、款识，又无特殊纹饰者，在器形前标质地。示例：新石器时代石镰、商代玉刀、西周铜斧、战国铁犁。

⑥凡文物附属的附件，不标在名称内，只在注中说明。示例：战国错金龙纹剑（附鞘）。

⑦名称有铭文、款识的，一般应加""号（青铜器、书法、绘画除外）。

⑧近现代文物、文献文书类文物等命名中用字描述较多，应尽量精简内容，用词精炼准确，但不能因字数限制而省略主要内容。

⑨自然标本应依据国际通用定名规则定名。

5.2 陈列厅的陈列与展览

5.2.1 陈列的基础

1）博物馆展陈概念

《中国博物馆学基础》认为，博物馆展览是在一定空间内，以文物标本为基础，配合适当辅助展品，按照一定的主题、序列和艺术形式组合成的，进行直观教育和传播信息的展品群体。

博物馆展览是博物馆向观众展示和解释展品的方式，通常包括设计、说明和图表。

（ICOM）

在博物馆中，通过展品、空间和设计，表达信息和情感。在陈列过程中，要注意陈列观念、设计重点和技术手段的运用。

（1）陈列观念

通过实物展示，进行知识传授。通过艺术创作、设置体验项目等活动，加强人与文物之间的互动，增强观众的观览体验。

（2）设计重点

在设计过程中，一定要注意文物、标本的遴选，一定要注意展厅平面的划分、展览动线的规划和展览空间氛围的打造。

（3）技术手段

在博物馆展陈过程中，可以采用静态陈列的方式，但更要与时俱进，采用多媒体、VR、AR、MR、CR等新的科学技术手段提高展陈和营销效果。

2）博物馆陈列的目的、作用

博物馆陈列既有一般性目的，又有特定目的。它既有助于推动展示、教育、教化和信息传播，又能通过丰富的教育活动、展览活动吸引观众，提高自身和所在城市的知名度。

3）陈列类型

（1）基本（常设）陈列

基本（常设）陈列通常为一个博物馆的常备展陈，通常不轻易移动展厅和变换展品，一个博物馆的基本（常设）陈列往往代表了此博物馆的文化特色和基本定位。其特点是本馆的基本馆藏，长期陈列，主题突出。

（2）临时展览

临时展览，即是有别于固定陈列而临时性展出的短期展览，是对博物馆展示陈列的有益补充。临时展览紧密结合社会热点，并将最新的研究成果及收藏及时地展现给观众，让观众每次来博物馆参观都有新的内容。其特点为主题多样，短期展览，目的多元。

（3）"精品展"

"精品展"通常为博物馆精心策划的，具有一定特色价值或有重要纪念意义的文物特展。其特点为主题鲜明、制作精良、各具特色。

> **知识链接** ·············· O
>
> #### 全国博物馆十大陈列展览
>
> 全国博物馆十大陈列展览精品评选活动启动于1997年，至今历时20多年，成功举办了16届。300多个优秀陈列展览的做法和经验得到了推广借鉴，陈列展览精品项目的示范引领效应不断显现。如2019年的特等奖为"大美亚细亚——亚洲文明展""为新中国奠基——中共中央在香山""纪律建设永远在路上——中国共产党纪律建设历史陈列"。

4）陈列要素

陈列要素：物、人、场、意、时、财。

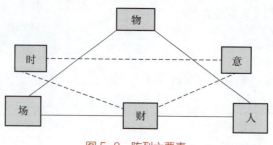

图 5-8　陈列六要素

5）陈列的程序

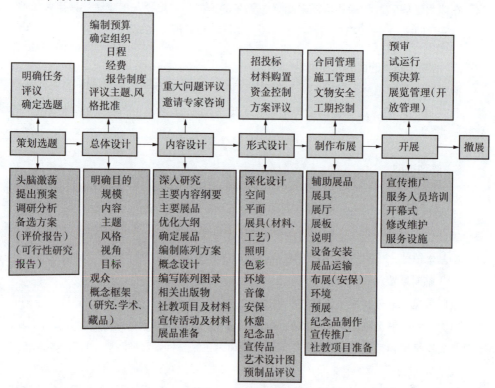

图 5-9　陈列程序图

5.2.2　陈列的大纲

　　撰写陈列大纲是陈列展览实施的第一步，好的陈列展览大纲是成功陈列展览的必备前提。在撰写陈列大纲之前，需要指定撰写的标准。陈列展览大纲的创作者应该按照规范的要求进行写作，从而保证陈列展览大纲的严谨性、科学性，并具有较高的水平。

陈列展览大纲的撰写标准主要包括：第一，确定体例；第二，确定文字撰写的标准；第三，确定选择展览物品的标准；第四，确定选择辅助展品的标准。

1）确定体例

陈列展览大纲的撰写标准首先需要确定的是陈列展览大纲的写作体例，即编写格式。一般的陈列展览大纲文本包括以下一些内容（按顺序排列）：一级标题（即陈列展览总标题）→前言（即概述整个陈列展览内容的文字）→序厅陈列品或者辅助展品→二级标题（即各部分标题，按顺序分别撰写。一般陈列展品只设二级标题，也有根据陈列展览内容需要设三级、四级标题的。）→"二级标题"下陈列文物或辅助展品（按顺序分不同部分撰写）→陈列展览结束语（有些陈列展览不设）。

2）确定文字撰写标准

陈列大纲撰写前，要确定文字撰写的标准，保证陈列大纲行文规范、专业、特色、准确、统一。这些标准主要涉及的内容包括语言风格、专业术语、纪年表示法、字体及字号、符号使用、前言、部题说明、文物说明、辅助展品说明等。

（1）语言风格

陈列展览大纲写作的语言风格应该根据不同的陈列展览内容各具特色。一般历史陈列展览，语言风格应突出庄重、内敛、含蓄的特点；而专题类陈列展览，应根据陈列展览内容的特点具有相关专题的典型风格；涉及与人们日常生活关系密切的民俗类陈列展览，则应相对轻松、通俗。总之，陈列展览的语言风格由展览内容决定，应该适应于陈列展览内容的定位以及相对应的观众群。

在陈列展览大纲的写作中，语言风格要始终保持统一，并特色鲜明，除对一些十分重要的文物，需要较大的篇幅加以说明之外，应该追求简洁的基本原则，避免繁缛、拖沓、啰唆。同时，本着为广大观众服务的宗旨，陈列展览语言应尽可能通俗化，避免使用太过专业的词汇，以便让观众能够看懂陈列展览。但这里所说的通俗，不意味着陈列展览语言的口语化。书面语是陈列展览语言的主体，而且应该追求陈列展览语言的精心修饰与文采。

目前，陈列展览大纲写作的语言风格总的趋势是向经典、唯美、简洁发展，通俗是其亲密的伙伴。

（2）专业术语

陈列展览大纲写作中不可避免地要使用一些专业术语，对于这些专业术语，在使用时应遵循以下原则，即业内认可、没有争议、标准化。专业术语的使用，是为了更准确地向观众传达更多的知识。对瓷器、书画、玉器、青铜器等一些专业性较强的专题陈列展览，使用专业性语言，是这些陈列展览应追求的语言风格，也是它不同于其他陈列展览的最大特色。

如在绘画专题陈列说明文字中就经常会使用白描手法、勾勒敷彩、水墨写意、浅绛设色、大笔泼墨、设色、点染、留白、工笔重彩、没骨山水、写意山水、青绿山水、山水画、工笔界画、花鸟画、宫廷画、水墨画、指画、文人画等专业术语。这些专业术语在描写绘画技法时比较常用，它们的使用一方面普及了绘画的基本常识，另一方面突出了绘画专题的专业特色。

（3）纪年表示法

这里涉及两个内容，一个是历史年代的准确性，另一个是纪年的具体表示方法。历史类陈列展览，把握好历史年代的准确性是一个不容忽视的问题。陈列展览大纲的写作者应该本着科学、严谨、认真的态度对待这一问题：每一个历史年代的界定，一定要选择学术界公认的标准，绝不能以某个人的研究成果作为定论；纪年的表示方法，也要选择公认的、通行的、统一的标准。

知识链接 ·······················○

王公即位年次纪年法、干支纪年法、年号纪年法、民国纪年法、公元纪年法、年号干支兼用纪年法、星岁纪年法（包括岁星纪年法和太岁纪年法）、生肖纪年法。

天干：甲、乙、丙、丁、戊、己、庚、辛、壬、癸。

地支：子、丑、寅、卯、辰、巳、午、未、申、酉、戌、亥（表5-1）。

表5-1　天干地支纪年表

干支纪年		公元纪年	干支纪年		公元纪年	干支纪年		公元纪年
甲	子	1984	甲	申	2004	甲	辰	2024
乙	丑	1985	乙	酉	2005	乙	巳	2025
丙	寅	1986	丙	戌	2006	丙	午	2026
丁	卯	1987	丁	亥	2007	丁	未	2027
戊	辰	1988	戊	子	2008	戊	申	2028
己	巳	1989	己	丑	2009	己	酉	2029
庚	午	1990	庚	寅	2010	庚	戌	2030
辛	未	1991	辛	卯	2011	辛	亥	2031
壬	申	1992	壬	辰	2012	壬	子	2032
癸	酉	1993	癸	巳	2013	癸	丑	2033
甲	戌	1994	甲	午	2014	甲	寅	2034
乙	亥	1995	乙	未	2015	乙	卯	2035
丙	子	1996	丙	申	2016	丙	辰	2036
丁	丑	1997	丁	酉	2017	丁	巳	2037
戊	寅	1998	戊	戌	2018	戊	午	2038
己	卯	1999	己	亥	2019	己	未	2039
庚	辰	2000	庚	子	2020	庚	申	2040
辛	巳	2001	辛	丑	2021	辛	酉	2041
壬	午	2002	壬	寅	2022	壬	戌	2042
癸	未	2003	癸	卯	2023	癸	亥	2043

（4）字体及字号

陈列展览大纲正式文本要使用统一的字体及字号，这是行文的基本规范要求。具体而言，一般一个陈列大纲的字体应该使用同一种字体，也有一级标题（陈列展览的标题）使用另一种字体的，目的是要突出陈列展览的总标题。为了便于阅读，字体的选择多为宋体。

陈列展览大纲文本的字号，一般陈列展览标题选用比其他展览文字大一号或者更大的字号。而其他陈列展览文字基本采用同一级字号。为了突出一些文字，可以采用将字加深的办法。

对于陈列展览大纲文本的行文规范，博物馆应该确定使用统一的字体及字号，一方面保证了文本的统一，另一方面便于文本的使用、管理及保存。

博物馆规范化、标准化管理从这些小事上就可以充分地体现出来，"细节决定成败"在这里显示出它的特殊含义。实际上，任何部门的发展都离不开工作中严格的规范化保证，只有遵守规范和标准，博物馆才会以快速及良性的状态发展。

（5）符号使用

陈列大纲中使用的符号主要包括数字符号、标点符号、图案符号等。在陈列大纲写作前，要统一、明确这些符号的使用方法。数字符号首先要确定使用何种表示方法，或以阿拉伯数字，或以汉字表示。无论使用何种方法，都要保持自始至终的一致性，不能混用。一般陈列展览各部分要通过数字符号标示区分，便于观众按陈列展览内容的顺序参观。

标点符号的使用也应遵循陈列展览文字说明简洁的特点，以逗号和句号为主，其他符号尽量少用。陈列大纲写作者在标点符号的使用上应以严谨的态度对待，不能在语法上出现错误。同时，陈列大纲完成后，应该请相关专家对文稿进行审核，就像编辑校对文稿一样，确保陈列展览大纲中的标点符号准确无误。

图案符号在陈列展览中主要起到艺术装饰或者重点提示等作用，例如提示需要观众注意的内容、特殊的展示内容等。但图案符号不宜过多地在展板上出现，以免造成观众参观陈列展览时视觉上的混乱。呈现在观众面前的陈列展览界面应该是相对简洁、明了、优美的。

总之，符号虽小，表现出的却是博物馆陈列展览的精细化程度及水平。要使陈列展览达到经典，就要从细微处做起，精益求精，追求完美。

3）确定选择文物标准

文物是表现陈列展览内容的主要载体，在陈列展览大纲中承担着主要的角色。因此，陈列展览大纲选定文物的标准十分重要，它决定了上展文物的选择。选择文物的标准包括：

①与陈列展览主题和内容紧密联系。

②适合陈列展览的类型及性质。综合性陈列展览与专题性陈列展览在选择文物上有所不同。其中，前者在文物的选择上，以能够表现陈列展览主题为基本要求，文物只是

表现陈列展览内容的载体；而后者突出的则是文物本身，在文物的选择上应以精美为主。

③根据展厅的面积、高度、承重进行选择。这些因素决定了上展文物的数量、大小及重量。

④从丰富陈列展览内容的角度出发，选择文物尽量全面。在符合陈列展览主题的前提下，可以考虑不同时期、不同地区、不同类型、不同体量、不同质地、不同色泽、不同工艺，出土文物、传世文物等诸多因素，将文物的价值、等级、大小、类型、用途、艺术特色充分地体现出来。

⑤以博物馆馆藏文物为选择的主要对象（引进展览除外）。如果馆外相关精品、重要文物可以确定借展，也可作为丰富、提升陈列展览内容的一个好的选择。

大纲撰写者在选择展览文物时，首先要全面地了解博物馆馆藏相关文物的收藏情况，尤其是有关展览文物的全面信息。这些信息主要包括文物名称、文物质地、文物尺寸、文物重量、文物完残情况、文物等级（一级、二级、三级、参考品）等。在掌握了这些文物资料的基础上，还要对馆外文物，主要是一些与陈列展览内容有关的重要的精品文物有一个全面的了解，并将这些文物的相关资料收集到位，作为陈列展览的备选文物。然后，根据文物选择的标准，对现有文物进行筛选，确定上展文物目录。

在确定上展文物这一环节上，一定要从实际出发，不能盲目乐观。如果最终文物无法到位，将会影响到陈列展览整体思路的深化及展示效果。

4）确定选择辅助展品标准

辅助展品在博物馆陈列展览中具有广泛的施展空间。虽然博物馆陈列展览首先是以文物为主角展示陈列展览所要揭示的内容，但各博物馆的文物收藏受博物馆及文物本身特性的局限，当陈列展览中重要的、不可缺少的内容没有文物可以表现时，就需要通过辅助展品来加以弥补。

所谓辅助展品一般包括照片、图表、拓片、壁画、复制画、模型、沙盘、景观、多媒体设施等。它们可以极大地拓展陈列展览内容的空间与范围，同时使陈列展览内容形式多样化，丰富多彩，更具吸引力。在视觉上产生多层次、多角度、多立面的效果，在听觉上使观众产生身临其境的切身感受。把展厅活化成立体的展示空间，达到展示的最佳效果。

辅助产品的选择要根据陈列展览的需要确定。在陈列展览中，不可缺少但用文物又无法完整体现的内容，就需要通过制作景观、模型等辅助展品来充实完成。还有一些无形的文化遗产，例如戏曲、音乐、影视、语言等，可以通过多媒体技术进行演示和播放。

这些辅助展品在陈列展览中的价值与文物一样，是陈列展览内容中不可忽视的重要组成部分。它们以精湛的技术、惟妙惟肖的造型、动感的图像，展现出中华民族悠久的历史与灿烂的文化。

另外，为了帮助观众更好地参观陈列展览，对一些特殊的文物需要给予必要的辅助展示，例如，在玉器专题陈列中，文物体量较小，精美的纹饰，难以用肉眼直观地看清楚。因此，在陈列大纲中特意为部分玉器文物加配了纹饰展开图，以此突出该文物独特的艺术魅力。

陈列展览中互动项目的设置，也是重要的陈列展览辅助手段。互动项目可以拉近陈列展览与观众的距离，使观众在参与中得到享受，在娱乐中更深地体验展览。

辅助展品中最突出的是新技术的应用。例如多媒体技术的应用，将表现陈列展览内容的音频、视频、文本等多种信息，通过计算机处理展览在观众面前，令人耳目一新。特别是利用多媒体技术完成的虚拟现实及多维仿真图形在陈列展览中的应用，极大地提升了陈列展览内容的空间及作用。

其实，对于辅助展品的认识应该有所突破，只要是对陈列展览及观众有益的内容，都应该划入辅助展品的范畴。例如在展厅中设置人性化服务设施，也是拓展陈列展览内容的方式之一，可以称其为辅助展品。因为，观众只有在参观陈列展览时感到舒适惬意，他们才会在展厅中停留更长的时间，加深对陈列展览的了解与关注。所以，对于人性化设施的理解及应用，应该等同于陈列展览的辅助展品，给予充分地重视。

人性化的服务内容主要包括陈列展览内容的简表、陈列展览等导览图或表、陈列展览参观路线、各种醒目的引导标识、人工自然景观的营造、展厅背景音乐及背景照片，提供相关陈列展览内容册页或图册、语音导视系统等。总之，博物馆应在力所能及的范围里，为观众营造一个服务周到的陈列展览环境。

博物馆陈列展辅助展品的应用，具有广阔的前景以及发展的空间，是博物馆陈列展览中充满活力的内容。

5.2.3 展陈的设计

依据设计程序，展示设计可分为总体设计、分馆设计、局部设计等三种类型。在实际运用中，因展示规模的影响，一些展示设计程序往往将分馆设计的内容并入总体设计之中。

1）总体设计

总体设计又称统一设计，是设计师针对展示存在方式的宏观性把握。它主要包括整体的结构、空间和形象的统一规划三个方面内容。

（1）展示的时空序列组织

展示的时空序列组织有两部分内容组成：即馆外环境的时空序列组织和展馆的时空序列组织。

（2）展示的功能区域的规划

整个展示场所不仅是参展者展示产品的场所，也是接待观众、咨询登记等的场所。一般来说，它的功能区域可分为展示区域、表演演示区域、观赏区域和登记与咨询区域、接待区域、储存区域和休息区域。

①展示区域是放置展品、沙盘、宣传资料等的区域。

②表演演示区域是展品演示、设备操作、专家介绍、模特表演等的区域。

③观赏区域是观众观看展品，工作人员介绍产品、解答问题的区域。这一区域因人员流动性较大，常常需要提供大空间才能匹配使用需求。

展示的总平面设计总是呈隐形状态的。观众能直接感受的是展览的空间构成方式，即空间的尺度、节奏、气氛、特征等。

具体而言，整体空间的统一规划是整个展示的空间特征和气氛的规划，即展示环境与室内外空间的规划和控制。其内容包括展览会大门、会标、吉祥物、广场、各馆门、庭院、环境标识系统以及广告等。一般不包括展馆展厅室内空间的设计。

2）分馆设计

分馆设计是在总体设计的基础上，对展厅、展场以及展品的组织陈列方式进行的具体设计。它是总体设计方案的深化、细分和具体落实。特别在展览设计中，分馆设计具有相当重要的地位。

分馆设计的内容是对展厅、展场的平面和立面进行进一步规划和细分，如确定展墙、展架、展台、展具、屏风、隔断、模型、展柜以及展览摊位等的大小和位置，安排展出次序及展线流程；确定展品组织与陈列的方式，并对展墙、展具、模型、图版等的造型和色彩进行设计；结合平面、立面设计和展品展具组合方式，对展示空间的造型进行设计。

3）局部设计

局部设计是按照总体设计和分馆设计的要求，对展览各个具体项目进行的设计，是分馆设计的进一步落实。其内容主要包括展览序厅、屏风、陈列基础设计（如展架、展台、展柜等）、模型、版面等。

5.2.4　展陈的方式

依据展品的陈列状态，其陈列方式可分为静态陈列和动态陈列两种形式。而依据观众接触展品的方式分类，其陈列方式有封闭型和开放型之分。

1）陈列的状态

（1）静态陈列

静态陈列是一种以静止的方式展示展品的陈列方式。它一般可分为系统式、组合式、对比式、均衡式、几何式等五种类型。

①系统式

系统式陈列（图5-10）是一种将展品按分类系统、逻辑结构，有次序地排列，形成一个统一整体的静态陈列形式。一般来说，自然博物馆、历史博物馆等常常根据时间的先后、生产的流程、事物发展的前因后果等因素进行分门别类式的陈列。

图 5-10　陕西历史博物馆数字展厅系统式陈列

②组合式

这是一种根据一定的分类标准，把展品按种类适当地组合，集中展出的静态展示形式。其中分类的标准有性能用途、规格型号、材质档次，以及节日、季节等。这种组合式的静态陈列方式（图 5-11）方便了观众集中参观，有利于他们观看展品。

图 5-11　岳西县红军中央独立第二师司令部旧址纪念馆组合式陈列

③对比式

对比式陈列（图 5-12）是利用展品的大与小、多与少、新与旧、高与低、真与伪、精与粗、美与丑、善与恶等对比因素，揭示展览的主题，加强对展览信息传递的力度和强度。这是一种强化视觉感受的静态展示方式。

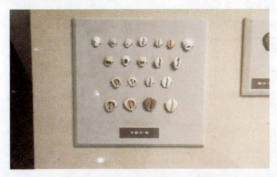

图 5-12　中国钱币博物馆对比式陈列

④均衡式

这是以两种（或两类）展品的轴线为基准作左右、上下、前后相对应的布置，形成平衡的视觉效果的一种静态展示方式。其中展品在轴线两侧等距、等量的陈列是对称式陈列；在轴线两侧不等距离不等量的陈列是均衡式陈列。这种陈列方式具有安定、稳重、协调的视觉效果，有利于引起观众参观的兴趣。

⑤几何式

这是按照形、体构成的原理，将展品组合成某种几何形状（体），如点、线状、几何形态、几何体状等，以加强展品形式感的一种静态展示形式。这种展示方式，具有鲜明的时代感，较符合现代人们的审美心理，与现代工业品的风格相协调。

（2）动态陈列

动态陈列是一种在展示现场进行的一系列实地表演、实际操作、观众参与以及借助电动道具的展示活动。博物馆举办展览活动的目的，不仅是要展示单个作品或某件文物，而是要通过作品表达其背后的故事，如与展品相关的历史事件等。以"失蜡法"为例，若采用传统的展示方式，只是应用图示或模型的方式来表达，而这种方式需观众对相关知识有一定的了解，否则也很难理解背后的文化。而采用数字化技术中的影像或三维动画技术，便能将该工艺的制作流程、变化过程以动态的方式生动、准确地展示在观众面前。

知识链接 ·················· ○

失蜡法

失蜡法也称"熔模法"（图5-13），是一种青铜等金属器物的精密铸造方法。做法是，用蜂蜡做成铸件的模型，再用别的耐火材料填充泥芯和敷成外范。加热烘烤后，蜡模全部熔化流失，使整个铸件模型变成空壳。再往内浇灌熔液，便铸成器物。以失蜡法铸造的器物玲珑剔透，有镂空的效果。

中国失蜡铸造技术原理起源于焚失法，焚失法最早见于商代中晚期，这种技术在无范线失蜡法出现之后逐渐消亡。湖北随州市曾侯乙墓出土的青铜尊盘，是中国所知最早的失蜡铸件，时代是在公元前5世纪。

失蜡法在中国的历史要追溯到春秋战国时期，最早采用脱蜡法铸造的青铜是楚共王熊审盂。此外，淅川下寺楚墓出土的春秋中期云纹铜禁和随州擂鼓墩出土的战国时期的曾侯乙墓青铜盘尊也是失蜡法制作的典型器物。

图5-13 《天工开物》中的塑钟模图

经汉唐到明清，失蜡法被一代代匠人传承和发扬，历久不衰。直到如今，仍是常用的青铜铸造技法。

其制作方法是用地坑造型，模料由蜡和牛油配制，造型材料用石灰三合土和炭末泥，所用蜡料和铜料的比为1∶10。金属液通过槽道浇注。对于批量大的器件，为提高工效，先把蜡片在样板上压印出花纹，再拼接成模。《宣德鼎彝谱》载，明代铸宣德炉用黄蜡作模坯。大量史实表明，失蜡法在中国持续不断地应用，至近代广泛流传于北京、山西、内蒙古、江苏、广东、云南、青海、西藏等省区，佛山、苏州等地现仍用上述传统技法制作艺术铸件。

2）陈列的类型

陈列的类型有专题式、特写式、场景式、系列式、习俗式等。

专题式陈列指的是以某一个特定事物或主题为中心，展品的选择、放置的方式等均由展示设计陈列主题决定。所有展品之间既相互独立，又相互联系，形成一个逻辑关系明确的结构。

特写式陈列（图5-14）指的是运用不同的艺术形式和处理方法，在一个展览空间内集中介绍某一件或一批文物。这种陈列方法适用于特色馆藏的宣传。特写式陈列分为特写式模型陈列、特写式图片陈列和暴露式陈列。特写式模型展示设计陈列和特写式图片陈列是将展品的某一部位放大数倍或数十倍，并以模型或图像的方式展现出来。暴露式陈列是将隐藏起来的局部或内部结构显露出来。

图5-14　内蒙古博物院"天骄蒙古"展厅的特写式陈列

场景式陈列（图5-15）指的是将馆藏文物置于某种设定的生活场景中，让馆藏资源成为角色。在展示设计中，通过特定的场景传达生活环境中情景，充分展示馆藏文物的功能，外观特点以及使用者在使用时的状态和情绪。常见的场景式陈列有布景箱、局部场景陈列、全景式陈列等。

系列式陈列是一种将同类型、同性质、同型号的展品进行牵连性置放的陈列类型。由于系列式陈列是相似因素的聚集，所以展品的形式协调基础较强，一体性显现明显，观众容易产生强烈印象，保持相对持久的记忆度。

习俗式陈列（图5-16）指的是一种体现习惯和风俗的展品陈列类型。由于它与丰富的民俗文化相联系，所以习俗式展示设计陈列具有最广泛的观众群。创造一个喜闻乐见的陈列形式是这类陈列的最高要求。

图 5-15　内蒙古博物院的远古世界场景式陈列

图 5-16　宁波官宅博物馆习俗式陈列

博物馆展品陈列
结构

3）展品陈列的结构

（1）展品陈列的基本结构

展品陈列的基本结构主要有十种：

①"一"水平结构

水平结构是一种将展品呈"一"字形水平排列的陈列结构形式。它具有安适平静的视觉感受。

②"｜"垂直结构

垂直结构是一种将展品呈"｜"字形垂直排列的陈列结构形式。它具有挺拔、向上和有力的视觉感受和联想。

③"十"字结构

"十"字结构是一种将展品呈交叉状排列的陈列结构形式。它是上述两种结构的混合形式，具有安全性的视觉感受。

④"＊"放射结构

放射结构是一种将展品呈向内或向外发射状排列的陈列结构形式。这一结构包含了中心和发射线两个基本因素。它具有阳刚、开放、扩张、欢快的感受。若放射线有足够的长度，且各线段的长度相等，给人以安全感。反之，放射线短而参差，则给人动感和轻快感。

教学案例 ·························○

阿布扎比卢浮宫博物馆

阿布扎比卢浮宫（图5-17）计划始于2007年，工程数度搁浅。2017年11月11日终于开幕。此宫位于阿联酋阿布扎比的萨迪亚特岛上。这座人工岛相当于三分之一个巴黎大小，是阿布扎比的文化中心，扎耶德国家博物馆和阿布扎比古根海姆博物馆也坐落于此。此博物馆包含55座建筑，展览空间面积达8 000平方米，其中包括23个画廊、一个临时展区、一个儿童博物馆、一个礼堂、几间餐馆、一个商店和一个研究中心，所有区域由一条可通往户外的步道连接起来。

图5-17　阿布扎比卢浮宫博物馆

引导厅的主题是"融合"。白色大理石地面从中心图案辐射出若干条类似经线的线条，线条的最外端用不同语言文字书写着世界各地的名称，包括繁体中文书写的古都洛阳、邯郸。地面上的展柜也呈放射状分散在线条末端，玻璃展柜各有主题，分别是面具、书写工具、水壶、女性形象、祈祷工具等。它们来自世界各地，属于不同时期，然而放在人类文明的宏大视角下看，能发现它们惊人的相似与共性。

⑤"／"倾斜结构

倾斜结构是水平结构或垂直结构的变体形式。它具有动感和较高的注目性。

⑥"～"弯曲结构

弯曲结构也是水平结构或垂直结构的变体形式。它具有轻柔流畅的动感和女性化的柔美感受。

⑦"○"圆形结构

圆形结构是一种将展品呈环形状排列的陈列结构形式。它给人以丰满感和整体性的图案美而作为这一结构的变体形式——半圆形构成，呈扇面状，有舒展、开放之感，将单一的产品或把同一大类具有不同质地、不同花色的产品作此种陈列，显示出展品间的大同小异之处，以便区分和对比。

日本京都铁道博物馆

2016 年 4 月 29 日，"京都铁道博物馆"（图 5-18）开业。博物馆的基本理念是"与地区并进的铁路文化基地"。"以铁路为基轴，通过事业活动为搞活社区做贡献"的基本使命，力争与地区共生。该博物馆努力与学校教育、周边社区等机构合作，助推地区搞活；同时建设被大众接受的"休息场所"；通过"看一看，摸一摸，体验一番"，力争建设人人都能体会个中乐趣的"学习场所"。此外，该博物馆还会触及前人建设的铁路的历史，为继承、发展、创造其安全、技术、文化开展活动，努力渗透铁路事业的社会意义，同时丰富感性和知性，使其能够承载社会之一翼。

图 5-18　日本京都铁道博物馆的扇形车库

⑧ "△" 三角结构

三角结构是一种将展品呈三角状排列的陈列结构形式。三角形结构有多种变化形式，相应地也有多种不同的视觉心理感受。如正三角构成和等腰三角的构成，给人以安定感、稳定感；直角三角形构成，给人安定中的不定动势；倒三角构成，给人以不安定的、紧张的动感。

⑨阶梯结构

阶梯结构是一种将展品作高低、前后依次排列的陈列结构形式（图 5-19）。这也是水平结构或垂直结构的变体形式。这种陈列结构扩大了展示空间，容纳了更多的展品，利于展示系列化展品和配套展品。

图 5-19　南京科举博物馆科举名人区

⑩无结构

严格地说，上述九种展品陈列结构是一种有机性陈列结构，目的是在各种各样展品之中清晰地展现出一条互相联系的纽带，使观众易于了解和接受。而无结构是一种将展品随意摆放的展品陈列形式，展品之间不存在逻辑上的联系。这是一种极度混合陈列结构形式，甚至毫无结构可言，是陈列结构的一种特殊形式。

（2）展品陈列的基本方式

①吊挂陈列

它是一种将展品悬空吊挂的陈列方式，具有动感、轻快的视觉感受。纺织品和服装类展品多以这种方式展现出相应的姿态与造型，揭示展品式样的独特性和使用时的情态。

②置放陈列

这是一种将展品平稳地摆放于平面（如柜台、展台等）上的陈列方式。这种陈列方式充分展现了物品的立体结构与造型，具有强烈的体积感。许多大型、重型产品均为置放陈列。

③张贴陈列

这是一种将展品平展或折叠平贴壁面、柱面的张贴陈列方式。这种陈列方式充分展现了物品的结构、质地、花纹等，便于观众触摸和欣赏。

（3）展品陈列的区位

展品陈列的区位就是展品摆放的位置。它有两个重要因素：一是高低，即展品陈列的高低位置。这是以人的眼睛视线为标准的。二是深浅，即展品陈列位置的深浅程度。这是由观众与展品之间的距离决定的。因此，区位陈列可分为高、中、低以及深、浅五种形式。

①区位的高度

高位陈列（图5-20）是一种视平线以上的陈列区位的布置形式。高位陈列常常能形成不同一般的展示效果。例如在古代宗教祠堂中，神像的位置大多很高，具有崇高感，使拜祭的人们不得不抬头仰望，顶礼膜拜。另一方面，高高在上的神像为许多人同时看到，扩展了展示的范围或观赏面。

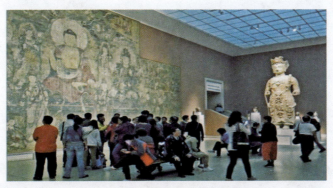

图5-20　美国大都会艺术博物馆

中位陈列是一种接近于视平线高度陈列区位的布置形式。关于展品与人眼的夹角关系（图5-21），有人提出了90度的视角标准。对观众而言，这是最舒适的首位视区，故为最佳陈列区位。一般根据深度作二至三层的陈列，故也称最为丰满的陈列区位。

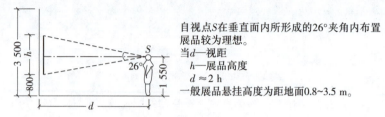

自视点S在垂直面内所形成的26°夹角内布置展品较为理想。
当d——视距
h——展品高度
$d \approx 2h$
一般展品悬挂高度为距地面0.8~3.5 m。

图5-21　陈列视觉分析图

低位陈列是一种视平线以下陈列区位的布置方式。低位陈列的面积较大，既可摆放较大展品，也可布置数量众多的小展品。对观众而言，低位陈列使他们以俯视的目光仔细地审视展品的全貌。

②区位的深度

区位的深度分为浅位陈列和深位陈列。

浅位陈列是一种展品离顾客最近、位置较为狭窄的陈列方式。浅位陈列在展品和观众之间形成一种亲近感，观众能仔细端详这些展品，甚至亲自触摸它们。

深位陈列是一种在纵向的层面上，进行距离不等但有序的安置和排列展品的陈列方式。它是增加展品数量的有效方式之一。对于观众而言，深位陈列具有观赏上的次序性和丰富性。

5.2.5　陈列的动线

动线，是建筑与室内设计的用语之一。意指人在室内室外移动的点，连起来就成为动线。优良的动线设计在博物馆等展示空间中特别重要，如何让进到空间的人，在移动时感到舒服，没有障碍物，不易迷路，是一门很大的学问。

1）串联式动线设计

串联式动线式设计（图5-22）指的是各陈列室互联串联，观众参观路线连贯，方向单一，但灵活性较差，易堵塞。适用于中型或小型馆的连续性强的展出。

2）放射式动线设计

放射式动线设计（图5-23）指的是各陈列室环绕放射枢纽（前厅、门厅）来布置，观众参观一个或一组陈列室后，经由放射枢纽到其他部分参观，路线灵活，适用于大、中型馆展出。

3）放射串联式动线设计

放射串联式动线设计（图5-24）指的是陈列室与交通枢纽直接相连，而各陈列室之间彼此串联。适用于中、小型馆的连续或分段式展出。

陈列区布局类型

各陈列室互相串联,观众参观路线连贯,方向单一,但灵活性差,易堵塞。适于中型或小型馆的连续性强的展出

 串联式

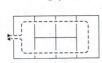
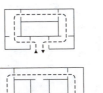

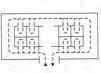

图 5-22 串联式动线设计

各陈列室环绕放射枢纽(前厅、门厅)来布置,观众参观一个或一组陈列室后,经由放射枢纽到其他部分参观,路线灵活,适于大、中型馆展出

 放射式

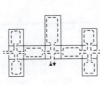

图 5-23 放射式动线设计

陈列室与交通枢纽直接相连,而各室间彼此串联。适于中、小型馆的连续或分段式展出

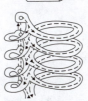

放射串联式

图 5-24 放射串联式动线设计

4）走道式和大厅式动线设计

走道式动线设计（图5-25）指的是各陈列室之间用走道串联或并联，参观路线明确而灵活，但交通面积多，适用于连续或分段连续式展出。

各陈列室之间用走道
串联或并联，参观路线
明确而灵活，但交通面
积多，适于连续或分段
连续式展出

利用大厅综合展出或灵
活分隔为小空间，布局
紧凑、灵活，可根据要求，
连续或不连续展出

4　走道式　　　　　　　　　　　5　大厅式

图5-25　走道式、大厅式动线设计

大厅式动线设计指的是利用大厅综合展出或灵活分隔为小空间，布局紧凑、灵活。可根据要求，连续或不连续展出。

5.3　辅助展品的种类与使用

辅助展品是根据陈列、展览形象化的要求，弥补实物展品的局限性，完善布局结构，烘托、渲染主题。它们能使陈列实物展品的内容更明确、更形象地展现在观众的面前，使观众更容易理解和接受陈列、展览的思想性、科学性和艺术性，从而收到较好的展示效果。所以辅助展品是陈列、展览中不可缺少的重要组成部分。

5.3.1　辅助展品的种类

辅助展品通常可分为三类，美术作品，如绘画、雕塑；科技制品，如照片、图表、模型、沙盘、景观、声像多媒体，以及可供触摸、演示、实验的各种装置，照片中还包括高科技的激光全息摄影等；不同层次的文字及说明资料，包括语录、文摘和各种说明等。

辅助展品设计的基本原则是科学性与艺术性的辩证统一。具体来说有：

第一，作为陈列、展览的辅助展品，其选择表现的形式要服从于内容的要求，要能最适当又能最充分地表现内容。

第二，要服从于总体形式的风格，不能喧宾夺主，不能单纯追求和突出本身的艺术形式。

第三，作为展品的一部分，设计、制作辅助展品时要尊重事实，熟悉材料，以科学的态度来对待它。

第四，应当视整个陈列、展览的投资情况，合理确定辅助展品的数量、材料、工艺所需资金的份额，不可比重失调。

5.3.2　辅助展品的使用

1）绘画

绘画是陈列、展览中不可缺少的造型艺术形式之一。在陈列中，深入了解了内容要求和总体设计要求后，经过构图、造型、设色等表现手法创造出可视形象，来反映陈列内容。作为辅助展品的绘画作品，是在艺术家有着深厚的艺术修养和丰富的生活积累的基础上，经过艰苦的脑力和体力劳动创造出来的。从总的要求来看，它既要体现陈列内容，反映历史面貌，又要具有其独立的艺术审美价值。

陈列中的绘画，大体可分为两类，即艺术绘画和科学绘画。

（1）艺术绘画

艺术绘画又可分为中国画、油画、水粉画、装饰壁画、素描画等。

陈列中的绘画（图5-26），可以体现陈列内容和弥补展品的不足。由于实物展品的缺乏，便可运用绘画的方式来加以表现。设计这一层次绘画的时候，篇幅往往都不会很大，因此要考虑选择适于近处观看的画种并适于小幅作画特点的绘画形式，如国画、水粉画、版画、素描等。这一类型的绘画在视觉效果的处理上，如色彩、装裱形式等，应该加以淡化处理，不需去特意修饰。

图5-26　卢浮宫博物馆里奥纳多·达·芬奇《圣母子与圣安妮》

在陈列、展览中，绘画还可起到划分单元、段落的作用。在设计中，为使版面内容在视觉上层次分明、段落清晰，设计者常采用绘画这一手法来分隔层次和段落。放在这一部分的段首，或放在结尾，使人们明显地感觉到这段内容从何开始，到哪里结束。也有的设计者，把绘画用在辅助展线上，借以烘托气氛。如在序厅，或在陈列室的出口处，设计较大幅的油画，图画或装饰壁画，目的也都是为了概括展陈内容、丰富陈列艺术气氛。

（2）科学绘画

科学绘画一般是指点生态画、标本画、展示图、复原图、考古图等。

基本特点是注意科学性，它在陈列中常常是为说明一项具体内容而设计的。在实物陈列中，用科学画作插图式的图解，可增加实物展品的形象，更好地烘托和渲染实物。例如对恐龙化石的特征、形状，绘制一幅图画。这幅画仅以明暗关系勾画出它的立体感和真实感，无须艺术上的夸张和取舍。完全以真实的比例形貌和色彩，忠实于原物，描绘它的特征，图中有时还可以加进"比例尺"，以使观众能推算出它的尺寸。

2）雕塑

（1）博物馆环境中的雕塑

雕塑与环境有着密切的关系，博物馆这个特定的环境，为雕塑这一门造型艺术的创作提供了良好的条件。有的博物馆室外环境中用雕塑加以点缀，就会给这个空间带来"生命"和美感，并点明了博物馆本身的主题和内涵。

（2）作为辅助展品的雕塑

作为辅助展品的雕塑（图5-27）服务于陈列总体的艺术形式，在陈列中起到"辅助"的作用，这是在进行总体的艺术形式设计时要全面考虑到的。既要考虑到它在空间环境的位置及采光，又要考虑到其本身的塑造、比例、材料及手法。只有尽可能地对内容的展现做到恰如其分，最大限度地达到形式与内容的完美统一，才能在陈列中烘托出预想的艺术效果。

图5-27　泉州海外交通博物馆内伊本·白图泰雕塑（陈智勇／摄）

3）照片

（1）纪实性

被拍摄的对象是摄影机前客观存在的实体（图5-28）。摄影的纪实特性给人以真实可信之感。

图5-28　渡江战役纪念馆照片

（2）直观性

陈列、展览中使用照片更能直观地反映社会、科学的真实意义。

（3）灵活性

照片的放大、缩小的功能，又能使人们在不改变真实形象的情况下把过大的、过远的形象或过小过暗的形象加以展现，需要淡化的可以减弱，需要突出的可得到强调。

4）图表

图表是在陈列、展览中综合了各种有关资料及其统计数字，通过艺术手段，把它们设计成既概括明了又具有生动意味的、能给人以美感的表现形式。图表点嵌在展线之中，为版面增添了色彩，给陈列艺术形式增加了层次。

（1）"坐标式"图表

在陈列、展览中，最常见的是统计数字的"坐标式"图表，它是以若干条纵向或水平的不同长短的线条来表示统计数字的多少，适用于非连续性的统计事项的比较。

（2）"曲线式"的图表

这种图表是以图的原点作为线的起点，从起点向横轴和纵轴延伸，也用来表示时间和增幅的发展。从起点向上延伸，表示数值的增长。其中，数值增长或减少的过程便代表了事物发展的轨迹。这种图表适用于连续性事项的统计。在博物馆中，经常使用这种图表，因为它们直观清楚，一目了然。

（3）地域分布式

地域分布图一般用来表现某一地区或某一地形内所展示事物内容的分布情况，或统计现象的分布数值。如人口比较分布、历史活动的分布、经贸发展国家分布，及反映自然科学内容的矿藏地区分布、动物种类分布、植物群落地区分布等。在表现形式上，一般用简化的手法绘制地图，再以各种不同的标志或形象分别标绘在所要表现的地域上。

（4）文字表格式

文字表格式，是以不同式样的表格和相应字形的文字构成的形式。它适用于相同事物项目的比较，成绩统计的对比等。在图画、图表难以达意时，多采用这种形式。

（5）面积分比式

根据内容资料要表现的数字，以一个或几个平面的简单几何图形来进行大小或多少的比较的一种表达形式。常用的形式为单图式，即根据平面的比例画出几个要比较的扇形平面，并且可以在几个扇型平面上施以不同颜色，标注百分比，进行比较。以此类推，还可以有多圆式、重叠式、混合式等。

（6）系统发展式

系统发展式一般指一个事物从原始的一条主线开始，最后发展为许多分支的现象。这种形式的图表多见于自然科学博物馆的陈列中，常以概括的、图案化的大树形体为主，在树的根部或树干部作为要表现的事物原始形的位置，树枝的顶端是分支后的"结果"位置。"原始型"与"结果"常以文字或图案或照片代替。

5）沙盘与模型

在陈列、展览中沙盘、模型也是常被采用的辅助展品。

沙盘（图5-29），是根据地形图、城市规划图按比例，用泥沙、板材等材料堆制而成，具有立体效果，视野开阔，鸟瞰全局，形象逼真，在博物馆中较为常见。

图5-29 开封博物馆北宋东京沙盘模型

模型是根据实物资料，按比例制成的相似物体，供陈列、展览使用。通常沙盘与模型结合运用，相互衬托能收到较好的效果。

在博物馆陈列中，可以根据实物或绘图按一定比例复原其貌，制作展示模型。模型的展示效果比较明显，给人以直观的感受。它们丰富了陈列形式，增加了陈列的立体感。

6）景观箱

博物馆陈列中的景观箱亦称布景箱（图5-30），是传统的展陈手法之一，有人称为立体的画。

在自然科学博物馆陈列中，为说明某一动物的生活习性，往往用写实的手法，布置一个生态环境，将动、植物标本放置其中，表现生物群落及其地理环境相互作用的自然系统，形成一个立体的景观，使观众直观地了解到生物之间赖以生存的食物链的相互联系，给人以深刻的自然科学知识。

图 5-30　水生生物博物馆的四大镇馆之宝

知识链接 ○

1. 中华鲟：又称鳇鱼，在分类学上属硬骨鱼，也是世界现存鱼类中最原始的种类之一。

2. 白鲟：又名中国剑鱼，是中国最大的淡水鱼类。在中国古代白鲟被称为鲔（wěi），分布于长江、钱塘江。

3. 白鳍豚：我国特有的水生哺乳动物，仅生活在长江里。有人称之为"长江中的大熊猫"。

4. 江豚：俗称江猪、海猪。它在北至日本、韩国沿岸、南至印尼爪哇群岛沿岸，西至波斯湾沿岸均有分布。

7）声像多媒体

博物馆展示系统的外在形式一般分为构架系统、照明系统和媒体系统。

构架系统主要用来形成展示空间的形态，作为媒体系统发挥作用的舞台，包括天花板、地面、展示墙、展示柜、展示台等；照明系统主要用来提供展示空间的可视照明，并塑造气氛及协助做重点强调。媒体系统主要负担传达信息的功能。包括解说文字、图画、模型、实物、视听设备、体验装置、互动装置、表演及实验装置、导游装置等。

多媒体技术的应用往往就是将这些外在形式组合到一个系统中进行展示。比如在一个采用多媒体技术设计制作的魔幻剧场系统中，将舞台、照明、模型、视听设备、体验装置、表演等多个元素用幻影成像技术组合成一个整体的系统，从而达到吸引观众和提升认知的目的。

教学案例 ○

无锡阖闾城遗址博物馆多媒体互动厅

无锡阖闾城遗址博物馆多媒体互动厅（图 5-31），即"伟哉·阖闾"互动体验厅。由西班牙 APD 公司（世博会沙特馆的设计团队）打造了全球规模最大的互动多媒体厅，250 平方米垂直巨屏，两侧及地上水平互动屏 400 平方米，总面积 600 多平方米堪称全球之最。通过高技术手段全面展示春秋时期吴国的主要历史事件，让游客参与互动体验，带来身临其境之感，震撼再现古吴风情。这个博物馆将美丽的诗歌艺术和高科技手段相结合，为游客提供了一个交互式操作的平台。

图 5-31　无锡阖闾城遗址博物馆多媒体互动厅

8）演示和观众参与

在博物馆的陈列、展览中，演示和观众参与也是陈列辅助手法。工作人员在现场演示某些已经不复存在的历史场景，如远古人类的劳作（打制石器、陶器）、穴居生活等，以再现远古历史的场景。同时还允许观众亲手参与打制石器、轮制陶器，体验古人类生活的情景。

随着人们观念的不断变化，博物馆陈列、展览中那种严禁动手的规矩也在逐渐改变。尤其是一些自然科学和科技博物馆的陈列中，为了满足观众的好奇心理和参与意识的要求，将某些辅助展品设计成允许观众动手的展品，让观众充分参与其中。

5.4　博物馆的不同陈列设计方式

不同类型的博物馆由于其定位的差异、展览内容的不同，往往采用不同的陈列设计方式。目前有史料式陈列设计、鉴赏式陈列设计、场景式陈列设计和互动式陈列设计。

5.4.1　史料式陈列设计

1）概念

史料式陈列设计通常反映自然历史的变化或反映历史事件的发生，有助于深化自然历史事件、人物形象或自然历史发展进程。通过文物、标本、文字和讲解等形式反映社会某一历史阶段或某一事件、某人物的发展过程的真实情况，并从中窥出历史规律的陈列。

2）史料式陈列的特征和分类

（1）特征

特征是以表现历史和人物为目的，并达到教育的最终目标。

（2）分类

第一是通史式，展示历史全过程和规律。比如北京通史陈列、陕西历史博物馆的通史陈列。第二是地志式，展示某地区自然和社会发展过程及规律。一般而言，省级博物馆属于此类。第三是事件式，全面反映重大历史事件，揭示其深层次的思想内涵、经验教训和创造性智慧等，比如侵华日军南京大屠杀遇难同胞纪念馆属于此类。第四是系列式，反映某一特定学科的历史或选择性反映某一地区的某一段历史，并显示其特征和影响的陈列。第五是人物式，反映某一个或某组历史人物的相关事件及贡献。比如曹雪芹纪念馆、上海鲁迅纪念馆等。

3）史料式陈列的设计要点

第一，史料的内容要符合系统性与顺序性的要求。第二，陈列的内容、风格、装饰、色调要符合时代及地方特征。第三，藏品保护中要注意安全、防火防盗以及防止自然损坏。

5.4.2 鉴赏式陈列设计

1）概念

鉴赏式陈列设计是以藏品为中心，供参观者长时间观看、揣摩，以艺术欣赏为目的的展出形式，多为艺术性陈列。

2）主要表现方式

鉴赏式陈列设计主要有单件式、流派式、综合式三种表现方式。

（1）单件式

以分别、单独欣赏为主要目的，比如东晋顾恺之的《女史箴图》。

知识链接 ······················○

《女史箴图》的名称有其来历。在晋代，"女史"指宫廷妇女，"箴"为规劝之意。据史书记载，晋惠帝时，皇帝无能，贾后依仗外戚势力弄权专政。贾后为人多妒忌，而且擅行权术、荒淫无道。为此，司空张华采集历代贤德妇女的事迹，撰写了《女史箴》一文来讽谏贾后。其意在于通过歌颂古代宫廷妇女的"忠、孝、节、义"来宣传儒家的"女德"，以此作为规劝的箴言，被当世奉为"苦口陈箴，庄言警世"的名篇。

《女史箴图》画卷依据西晋张华讽谏贾后，宣扬封建女德的《女史箴》一文而作。《女史箴》原文共有12节，画卷也分为12段，前3段已失，尚存9段。所存的9段画卷，据各段空隙所书箴文，其顺序依次为：冯媛当熊、班姬辞辇、世事盛衰、修容饰性、同衾以疑、微言荣辱、专宠渎欢、靖恭自思、女史司箴。

（2）流派式

反映某个代表性艺术特征的陈列，可通过展览领略该流派特征及流派发展史（表5-2）。

表5-2　艺术流派一览表

编号	时间	流派
1	12—18 世纪	国际哥特主义（12 世纪）、文艺复兴（14 世纪）、巴洛克艺术（17 世纪）、洛可可（18 世纪）
2	19 世纪	新古典主义、浪漫主义、批判现实主义、巴比松派、前拉斐尔派、学院艺术、印象派、新印象派、后印象派、那比派风格、综合主义、象征主义、哈德逊河派
3	20 世纪	现代艺术、立体主义、表现主义、抽象表现派、抽象艺术、蓝骑士、达达主义、野兽派、新野兽派、新艺术运动、包豪斯学派、荷兰风格派、波普艺术、未来主义、至上主义、超现实主义、极简主义、装置艺术、后现代主义、概念艺术、地景艺术、行为艺术、新表现主义、低眉艺术、新媒体艺术、反概念主义
4	21 世纪	关系艺术

（3）综合式

展示同一时期各种艺术形式的陈列，包括不同风格的作品、各种门类、阶段等皆可。

3）设计要求

在鉴赏式陈列设计过程中，一定要突出藏品、注重空间感与顺序、灯光照明设备的特殊性、注意展览安全等。

5.4.3　场景式陈列设计

1）概念

场景式陈列设计对某一历史时间内的环境复原或使用艺术手段对某一时期空间情景的再现。

2）主要类型

场景式陈列设计主要包括历史环境复原式、场景开放式、生态式三种类型。例如张治中故居、李克农故居、冯玉祥故居就属于历史环境复原式表现方式；瑷珲历史陈列馆的陈列设计就属于场景开放式表现方式；浙江自然博物馆则属于生态式表现方式。

3）特点

一般来说，历史环境复原式的陈列设计以准确性为第一，艺术性为第二；场景开放式的陈列设计坚持科学性、艺术性和技术性的统一；而生态式陈列设计则讲究科学性和艺术性的共存。

5.4.4　互动式陈列设计

1）概念

互动式陈列设计是观众在博物馆陈列设计过程中参加实践并与设计者互动，在陈列的开始阶段两者开始互相交融，入景入情。

2）主要形式

在互动式陈列设计中，可以利用电子技术、网络、多媒体等手段进行科技互动；可以引导观众参与设计项目；也可以通过网上博物馆，进行虚拟陈列。

教学案例 ·······················○

虚拟紫禁城

"虚拟紫禁城"（图5-32）是中国第一个在互联网上展现重要历史文化景点的虚拟世界。故宫博物院院长郑欣淼介绍，这座"紫禁城"用高分辨率、精细的3D建模技术虚拟出宫殿建筑、文物和人物，并设计了6条观众游览路线。"虚拟紫禁城囊括了目前故宫所有对外开放的区域。"故宫信息中心主任胡锤介绍，为了营造尽可能真实可信的体验，技术人员通过与中国历史文化专家合作和对实际演员的真实动作进行动态捕捉，再现了一些皇家生活场景。

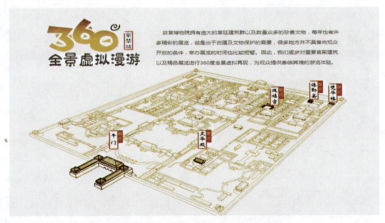

图5-32　故宫博物院全景虚拟漫游

3）特点及设计要点

贴近观众，效果好。因此设计的时候要重视观众的意见和建议。

课后练习与思考题

1. 博物馆展陈程序包括哪些内容？

2. 博物馆陈列方式有哪些？

3. 博物馆陈列动线设计有哪几种？

4. 历史类博物馆展陈特点有哪些？

第**6**章
博物馆旅游产品开发模式

【章前引言】

　　一个博物馆就是一部物化的自然界和人类社会的发展史。人们通过对文物与历史对话，可以穿越时间和空间的阻隔，纵观自然界和人类历史发展的风雨历程。本章节主要介绍博物馆旅游产品构成、类型及特点、博物馆旅游的生命周期及特点、博物馆旅游产品的开发理念及对策。

【内容结构】

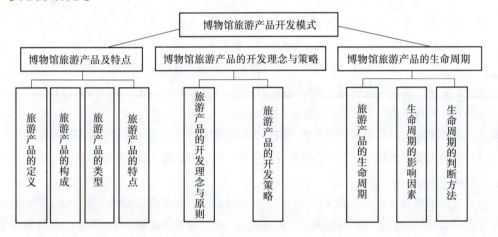

教学资源

【学习目标】

理论学习目标

1.掌握博物馆旅游产品的生命周期及特点。

2.理解博物馆旅游产品开发的理念与原则。

3.掌握博物馆旅游产品开发的策略。

4.掌握博物馆旅游生命周期影响因素。

实践应用技术目标

1.利用博物馆旅游产品开发理念，进行博物馆旅游产品设计与开发。

2.掌握博物馆旅游生命周期判断方法，预测博物馆旅游的阶段性特征及其发展趋势。

6.1 博物馆旅游产品及其特点

6.1.1 博物馆旅游产品的定义

狭义的博物馆旅游产品，是指博物馆经营者依靠博物馆藏品、设施、服务等，为博物馆参观者提供的满足其参观活动的服务的总和。这里的参观活动是指在博物馆这个建筑实体之内的参观活动，是博物馆运营主体通过其经营和布展方式，把其收藏的藏品展示给参观者，并通过其设施和服务满足参观者需求的过程。从这个层面上理解博物馆旅游产品，更多的是强调博物馆经营者向参观者提供的各种服务。虽然，作为博物馆吸引物的藏品依然是满足参观的核心利益的部分，但是博物馆的服务和理念往往能提升参观者感知体验，能够使参观者获得更大的满足感。

广义的博物馆旅游产品，是指博物馆通过各种展示方式和手段，使旅游者参观或接触博物馆藏品或其复制品，从而获得的博物馆文化的体验。从某种意义上说，博物馆旅游产品是博物馆文化的传播载体。具体而言，包括：

博物馆可以通过各种方式推广博物馆文化，并不仅仅局限于博物馆建筑实体内的参观游览。博物馆藏品复制品及其衍生品同样可以体现博物馆文化，所以博物馆旅游产品不仅包括博物馆藏品，也包括其复制品和衍生品。

博物馆旅游产品归根结底是博物馆提供给旅游者的一种文化体验和享受。博物馆不可能把藏品提供给旅游者，但旅游者会出于喜爱或欣赏的动机购买具有象征意义的复制品或纪念品。

广义的博物馆旅游产品强调博物馆文化传播功能，这是博物馆旅游的应有之义。博物馆通过接近人们生活、符合人们审美情趣的方式，以藏品或复制品为核心，把博物馆文化传播给观众。这种传播方式的有效性和广泛性是博物馆实体参观所不能达到的，是文化得到最大化传播的方式。

6.1.2 博物馆旅游产品的构成

同其他旅游产品一样，博物馆旅游产品也有自身的层次性。博物馆旅游产品划分为核心价值、外形载体、延伸部分三个层次。

核心价值：旅游者的好奇心的满足、知识的增长以及研究价值的获得。

外形载体：博物馆旅游产品的外在表现，能够使核心利益借以依托使旅游者需求得以实现的载体，包括博物馆的建筑风格、藏品价值、项目策划、服务质量、展现方式等。

延伸部分：博物馆游览者所获得的附加利益或服务，表现为解说系统的完善、信息的通达性、设施的齐备性、游览过程的安全性、标识的人文化等。

6.1.3 博物馆旅游产品的类型

依据不同的划分依据，博物馆旅游产品可以分为不同的类型。

1）性质划分

从产品的综合性方面将博物馆旅游产品划分为单一博物馆旅游产品和综合博物馆旅游产品。

（1）单一旅游产品

以往博物馆旅游主要是以文物展览为主，产品比较单一。即使改变，也只是文物数量的增加或减少，而不是活动主题或文化传播角度的改变。

（2）综合旅游产品

综合旅游产品包涵两层含义。一是博物馆与其他旅游产品的捆绑，可以将博物馆融入旅游线路设计或文创项目，形成联合效应。二是随着"旅游消费模式升级（从单一观光旅游到综合休闲度假）、景区发展模式升级（从单一开发到综合开发）、地产开发模式升级（从传统住宅地产到综合休闲地产）"三大升级共同作用的结果，博物馆旅游综合体概念出现。博物馆旅游综合体融合了观光、游乐、教育、体验等多种旅游功能，可以激发新的经济增长点。

2）内容划分

从产品的内容上将博物馆旅游产品划分为展示类博物馆旅游产品、活动类博物馆旅游产品和服务类博物馆旅游产品。

（1）展示类产品

展示类产品以博物馆所拥有的收藏品为主要参观内容，为旅游者展示历史过程、文化内容或者历史事件等。展示类产品是博物馆旅游地提供的基本旅游产品，属于传统的观光类旅游产品。

（2）活动类产品

活动类产品一般出现于民俗博物馆或者科技博物馆内，游客可以主动参与或体验其旅游产品，也属于单一旅游产品。

（3）服务类产品

讲解服务是博物馆内常见的旅游服务类型，也是影响博物馆旅游声誉的重要旅游产品。当然，现在的博物馆都在朝着综合体的方向发展，所以在博物馆内同样存在餐饮服务、娱乐服务（图6-1）等。

图6-1 英国维多利亚和阿尔伯特博物馆内的 V&A 咖啡馆

（4）旅游商品

博物馆商店是依托博物馆进行商业活动的场所，是促进博物馆增收的重要方式，是博物馆旅游者旅游体验的重要组成部分。目前，博物馆购物性商店的经营范围很广，从人们旅行必备的衣食住行，到独具博物馆特色的旅游文化用品、书籍、旅游纪念品等。伴随旅游者消费需求的增多，博物馆商店的经营范围还在不断拓宽。博物馆商店的发展是博物馆市场化建设中的必然趋势，也是发展文博旅游业不可缺少的重要环节。

知识链接

五大世界级博物馆商店

①MoMA 纽约现代艺术博物馆商店：MoMA 商店有各种最具创意和前卫思潮的设计品，其产品被视为"设计业趋势的晴雨表"。

②The Met 纽约大都会艺术博物馆：博物馆在每一个展厅旁都设置了契合主题的购物区，可以为观众和游客及时"补充（文化延展）能量"。

③V&A 维多利亚与阿尔伯特博物馆：店内的商品全部以博物馆内跨越两千年的不同风格、地域的展品为灵感，与设计师合作，打造出普通人生活中亲近的艺术设计品。

④British Museum 大英博物馆：打造书店、儿童商店、纪念品商店和收藏品商店四大主题商店，满足不同观众和游客的需求。

⑤The Louvre 卢浮宫：结合馆藏文物，将传统与现代结合，进行旅游纪念品开发。

（5）其他旅游产品

博物馆内还有其他的一些旅游产品，如在生态博物馆内的民族风俗表演、在文物研究博物馆内举办的研讨会等。

3）市场划分

从客源市场的角度，将博物馆旅游产品划分为专业型博物馆旅游产品、大众型博物馆旅游产品和教育型博物馆旅游产品。这种划分方法几乎囊括了狭义博物馆旅游产品的所有类型。

（1）专业型博物馆旅游产品

专业型博物馆旅游产品是博物馆针对某个专业研究人员或工作人员设计推出的旅游产品，如在综合性博物馆中推出文物保护技术研讨会，在行业博物馆内推出业内学术讨论会等。

（2）大众型博物馆旅游产品

大众型博物馆旅游产品是博物馆旅游的主打产品，其面对的是大众化的游客群体，而不是具有某一方面专业知识的专业人士。随着博物馆旅游的发展，博物馆必将面对越来越多的大众游客。因此，这种旅游产品始终占据博物馆旅游产品中的重要地位。

（3）教育型博物馆旅游产品

由博物馆的教育功能发展出的旅游产品。自20世纪70年代以来，博物馆就经常会策划一些学习、体验、实践的活动，提高游客的文化认知和文化自信。虽然这种产品未必增加博物馆的经济收益，但对博物馆旅游地的宣传却作用巨大，能够带来很强的社会效益。

教学案例 ·················· ○

1. 西安半坡博物馆的"史前工场"

"史前工场"（图6-2）是西安半坡博物馆于2013年推出的大型青少年文化体验项目。活动以西安半坡博物馆深厚的文化底蕴为依托，全方位、立体式地向广大青少年呈现了6 000多年前半坡先民的生活画卷。开办至今，史前工场已举办活动500余场，接待海内外游客超过2万人。"史前工场"包括钻木取火、石器捆绑、原始绘画、植物锤染、陶器钻孔、神奇尖底瓶、原始房屋、原始服装秀等活动。2014年，史前工场又修建了新的活动场地——"陶工场"，筹备开展了"埙陶渐染体验式音乐会"，将6 000年前的半坡村落远古之声和陶器的素雅之美带回半坡。同时积极配合全国中小学的"研学旅行"活动，大明宫小学、西安交大附小等十几所学校，近3 000名学生来到史前工场，体验了原始人的生活。2015年，史前工场活动又走出博物馆，走进高校，在复旦大学、南京航空航天大学等全国知名的高等学府举办了形式多样、异彩纷呈的适合大学生的教育体验活动。史前工场在全国众多博物馆教育项目中脱颖而出，获得了"中国博物馆教育项目示范案例"的殊荣。

图6-2　搭建史前房屋（图/侯智）

2.湖南省博物馆的"教师沙龙"

"教师沙龙"是湖南省博物馆与长沙市教育局、长沙市教育科学研究院、教师联合会等机构合作成立的教育工作者组织。该组织旨在让更多的教育工作者了解博物馆，利用博物馆的教育资源，积极运用于自己的教育、教学及研究当中，使博物馆资源与学校教育切实结合，加强中华传统文化对广大青少年的影响力，培养更多的历史、艺术爱好者，使学校的素质教育取得更好的成效，进一步发挥博物馆的社会教育职能。

迄今为止，湖南省博物馆已成立了两个"教师沙龙"组织，它们分别是2006年7月成立的"长沙市历史教师沙龙"和2008年9月成立的"长沙市美术教师沙龙"。至今，两个组织的人员队伍已发展到近500人。湖南省博物馆组织沙龙会员开展了一系列活动，包括展览观赏专场、研讨会、主题讲座、文化考察等，成效显著，得到了教师群体及中小学生的认可与肯定。同时，湖南省博物馆与沙龙会员通力合作，编写教师文化包，内容包括教育资源包、教师指南、学生工作纸、学生学习册等，为教师将博物馆资源切实运用到自身教育教学当中提供了大量的文化资料。

4）表现形式划分

依据表现形式将博物馆旅游产品分为以下四类：

（1）展示类产品

展示类产品是指存在于博物馆建筑实体内的，以藏品的展示为吸引物的博物馆旅游产品。它又可以分为传统静态展示类和现代动态展示类旅游产品。

（2）要素依托型产品

要素依托型产品是指博物馆旅游产品与某一旅游要素，如酒店、景区、商场等，进行某种程度的联合，共同开发博物馆旅游文化，形成依托型的综合博物馆旅游产品。根据依托要素的不同，这种产品又可以划分为多种类型，如博物馆主题酒店、主题景区、主题商场等。

（3）业务拓展型产品

业务拓展型产品又称外延型博物馆旅游产品。这种博物馆旅游产品是指由博物馆经营实体，通过开发与博物馆相关的新的业务类型，拓展经营渠道，以获取经济利益的产品形态。这种博物馆旅游产品是在传播博物馆文化的同时，以获得经济利益为目标，是博物馆产业化经营的一种重要形式。国外大型博物馆目前主要的开发形式有博物馆餐饮业、衍生购物品业和教育培训等。

其中，第二、第三种产品类型，是基于传统博物馆而派生出的博物馆文化产品类型，因其由博物馆开发新项目而形成的产品类型，又可统称为项目型博物馆旅游产品。

6.1.4 博物馆旅游产品的特点

博物馆旅游产品除具有一般旅游产品的特点之外，也有自身的特点。

1）文化的高度集中性

博物馆本身就是一种浓厚的文化积淀，博物馆的藏品无论是以真品还是复制品的形式出现都是对文化的一种诠释，是引导人们进一步接近文化的直接吸引物。旅游者的博物馆旅游活动可能同时包含了对绘画艺术、书法艺术、雕刻艺术、传统工艺和现代工业流程等多种文化的体验和学习。

2）与游客需求的高度融合性

博物馆旅游者的游览愿望是进行一次文化体验，游览的目的性和指向性较强。而博物馆旅游本身就是一种文化展示的代名词，博物馆旅游产品是与游客需求指向高度融合的产品形式。

3）受季节性影响较小

博物馆旅游产品不像观光度假等旅游产品一样有明显的淡旺季，它受季节的影响较小，因为人们对文化的需求是一种长久的精神需求，不会随意波动。

6.2　博物馆旅游产品的开发理念与策略

6.2.1　博物馆旅游产品的开发理念

理念是行动的先导，博物馆旅游产品的开发应具有明确的理念支撑才能摆脱传统旅游发展的困境。

1）文化理念

对博物馆旅游产品进行开发，首先需要把握的是文化理念。所谓文化理念就是在开发设计过程中把握产品的文化内涵，以展示和传播博物馆文化为最终目的。从根本上说，博物馆旅游产品是一种文化产品，提供给旅游者的是一种文化享受。因此，博物馆旅游开发应该在保护传统文化的前提下，打破单一开发形式的束缚，用所有能够传播博物馆文化的开发方式为博物馆旅游业所用。

2）休闲理念

在国外，博物馆已经成为人们日常休闲游憩的主要场所，博物馆的休闲性得到了大众的广泛认可。休闲经济时代的博物馆，要着重突出其休闲娱乐性，以"寓教于乐"的方式宣传教育，以高雅的文化氛围提升休闲产品的层次，为休闲事业的发展提供更多、更具知识性、更有潜力的高层次的景观，为社区提供更优质、更具文化氛围的场所。同时，休闲性理念也是博物馆文化走进百姓生活，实现"亲民化"的重要途径。

3）体验理念

随着旅游者消费心理的日趋成熟和工作压力的增大，人们越来越需要释放压力、愉悦身心、暂时摆脱工作环境的旅游经历，渴望旅游过程中的体验性和参与性。我国博物馆旅游业之所以门庭冷落，很大一部分原因就是博物馆的体验性、参与性不足。博物馆旅游可以增加体验性项目，不仅能够丰富旅游者旅游体验经历，提高对博物馆旅游过程的评价，提升参与性项目的文化品位，还能拓展经营渠道，增加营业收入，摆脱单一性的经费来源。

博物馆产品开发的体验性理念，要求在旅游产品的开发过程中着重强调产品的体验性、参与性，在藏品的呈现形式、游客感知环境以及服务设施的运用等方面进行参与性设计。

4）品牌化理念

品牌是企业的无形资产，品牌化经营是现代企业的经营理念。在西方发达国家的大型博物馆经营中，品牌的授权许可经营费成为博物馆的收入来源之一。人们对于拥有大型博物馆品牌的产品有很高的信任度和青睐性，著名品牌博物馆的纪念品成为人们购买文化纪念品的首选。

品牌化经营理念是博物馆走向市场，寻求良性发展的重要途径。在经营过程中，博物馆应着力打造精品项目，形成自身的文化和品牌特色，以高品质的文化产品和优质的服务赢得观众。除此以外，还应该在开发复合型产品方面强化品牌意识，对连锁经营的文化产品加强品牌质量监督，进行品牌标识系统建设等。

6.2.2   博物馆旅游产品的开发策略

1）旅游体验模式

（1）展示方式体验模式

展示设计就是利用一定的空间环境，采用一定的视觉传达手段，借助展具设施，将特定的信息和内容展示于公众面前，达到指引观众或游客、传达信息、沟通信息等主要目的，并以此对游客或观众的心理、思想和行为产生重大影响。而体验式展示则是秉承"以人为本"的理念，不仅要满足观众或游客的视觉体验，而且要调动观众或游客的五感，从而让观众或游客获得精神的愉悦感和满足感。

（2）体验氛围营造模式

体验氛围营造模式首先要注重物质情境（图6-3）的营造。第一，应该根据观众在馆内的走动路线进行设计，对服务区域进行调整优化和氛围营造。通过合理的功能分区设置，使馆内展台、展柜、展板数量、大小趋于合理，使观众动线顺畅。第二，在馆内，要利用灯光、色彩对观众形成视觉冲击，营造引发观众思考的氛围。第三，需要进行既简洁又有深度的讲解，激发观众探索的欲望。

图6-3　中国丝绸博物馆的物质情境营造

其次，是情境体验氛围的营造。以观众内在的情感需求为诉求，通过展陈激发和满足观众的情感体验，努力为他们创造正面的情感体验。

最后，意境体验氛围的打造。应该聚焦观众的个性化需求，为不同年龄、不同职业、不同文化背景的观众提供个性化服务。

通过营造特色氛围，不仅可以提高博物馆的口碑，而且可以在某种程度上起到吸引游客、吸纳资金的作用。

（3）举办大型展览或巡展模式

巡展，又称巡回展览，是以流动的形式将大量馆藏文物呈现给不同地区观众观赏的过程。也可以说是短时间内按一定巡展路线，将馆藏展品（文物复制品占比较多）及其他辅助产品带离博物馆，走进不同区域的流动展览。巡展，是促进文化交流传播和博物馆"走出去"的重要体现，也是广大人民群众对"美"、对"艺术"追求的产物。

知识链接　·······················○

四川博物院的"大篷车"

四川博物院"大篷车"流动博物馆于2009年11月筹建，2010年2月10日正式成立。"大篷车"流动博物馆作为四川博物院的一个常设机构，属于全国首创，是四川博物院经过实地调研，在充分了解我国现有博物馆发展状况基础上的一项重要举措。"大篷车"流动博物馆以车辆为载体，把文物展览办到边远山区、民族地区、革命老区，办到普通公众的家门口，让更多的群众享受博物馆的文化服务，把厚重的历史文化知识和爱国主义教育以通俗易懂的方式和朴实的言语传达给参观者。"大篷车"流动博物馆集文物展示、多媒体互动、传统展板等丰富的展示内容和互动内容为一体，活动内容为展览地观众量身打造，旨在让观众有所见、有所闻、有所学。

（4）增设人性化服务设施模式

在增设人性化服务设施过程中，需要坚持人性化、开放性、智能化的原则，可在博物馆的休息区、就餐区、卫生区等地增设人性化服务管理，提供人文关怀。比如更新标识系统、搭建遮阳棚、增设直饮机、扩大物品寄存空间、增设并优化停车位、重新规划观众入口与出口、改善排队领票窗口及周边环境、开放数字博物馆体验馆、儿童体验中心、读书吧、风味餐厅和咖啡厅等。在展厅中，增加观众互动设施，比如及时更新 Wi-Fi、手机 App 导览、官方微博、微信、手机语音导览等，增加体验项目，提供"游＋购＋娱＋吃＋行"及相关服务、创意项目、特色活动等。比如故宫博物院将 4 座建于乾隆年间的冰窖改造成"冰窖餐厅"，为 300 多人提供就餐服务。同时保留冰窖原有空间形态和墙面，使游客在进餐的同时获得历史文化的熏陶。积极调整男女卫生间比例，将其调整至 1 : 3，有效解决女卫生间排队问题，节约游客时间。

在坚持人性化、开放化的同时，也要积极迎合发展趋势，利用高科技手段，提供智能化设施。在博物馆内，运用互联网、声光电等科技手段，营造特定的氛围，给观众带去强烈丰富的视觉冲击和感官体验，使公共空间更加智能化。比如法国卢浮宫博物馆 2012 年 5 月引进"任天堂 3DS"掌上视频游戏控制导游系统。该系统表现为一个可实时定位的交互式地图，使游客随时知悉其在馆内的具体方位，并可依据游客的不同要求直接引导其前往想观赏的某一件或几件展品。

知识链接 ·················· ○

任天堂 3DS

任天堂 3DS（日文：ニンテンドー 3DS，英文：NINTENDO 3DS），是日本任天堂公司于 2011 年推出的第四代便携式游戏机，属任天堂 DS 后续机种，2011 年 2 月 26 日在日本上市。利用视差障壁技术，让玩家无须佩戴特殊眼镜即可感受到裸眼 3D 图像。该平台向下兼容任天堂 DS 软件。通过这种方式，博物馆可以为游客提供更好的旅游体验。

2）旅游要素整合模式

（1）"博物馆＋景区"模式

我国博物馆业先驱张謇先生创建我国第一家博物馆——南通博物苑时，就希望"展馆与园林结合，室内陈列与露天展示并重，静止的标本与活生生的动植物相映，中国传统意识与西方理念交融"。近年来，有很多博物馆尊重客观，打造满足于社会大众需求的景区型博物馆，以景区促进博物馆发展，以博物馆品味增强景区的文化内涵，形成博物馆与景区的优势互补。南京博物院于 2014 年被批准为国家 4A 级旅游景区，但在社会上的定位首先还是博物馆。而同为 4A 级景区的南京中国近代史遗址博物馆，在社会上的知名度主要还是依靠"总统府""国民政府"等遗存，而被更多地视为"总统府"景区。

景区型博物馆的发展应该因地制宜，不能机械教条地照搬传统博物馆的组织模式，注重和加大对社会、观众的服务力度，组建专门的部门进行策划、研发、服务和管理。对博物馆的考核也应多元化，以其特色为核心，一些传统指标可淡化减弱，通过特色指标的确定和考核，为博物馆打造特色景区铺好路，为博物馆营造更好的创新发展氛围。

（2）"博物馆＋酒店"模式

中国文化消费指数（2017）表明，我国文化消费综合指数持续增长，由 2013 年的

73.7 增至 2017 年的 81.6，年平均增长率为 2.6%。一级指标中，文化消费环境和满意度指数呈稳步上升趋势。为了满足这一需求，酒店业开始纷纷与博物馆结合，打造新的文化体验氛围，在酒店入住过程中为客人提供深度的文化体验。例如，近几年大英博物馆与酒店行业合作，在我国的上海、青岛、杭州等地纷纷布局，抢占差异性文化主题市场。2018 年 7 月 26 日，尚美生活集团旗下中端酒店品牌兰欧酒店在上海 1862 时尚艺术中心宣布，即日起兰欧将与大英博物馆进行一系列深度战略合作（图 6-4），共同打造中国的酒店艺术 IP。

图 6-4　大英博物馆授权酒店展示的展品（王洵／摄）

当然，除了和博物馆合作打造艺术 IP 外，酒店行业将来也会通过其他方式丰富艺术在酒店空间内的呈现形式，让酒店的内容与更多的艺术元素做到融合与再生长。比如皮影、书画展、现代当红艺术 IP 入驻、陶瓷、花艺等一些"轻艺术"文化交流活动，让住店客人拥有与众不同的旅居体验。

（3）"博物馆＋主体商场"模式

为了应对当今商业环境下的创新，可将文化与商业、事业与产业、传统与当代有机融合，不仅形成文创产业在商业领域的对接窗口与传播平台，更可以实现文博资源与公共基础设施的有效衔接和平台资源共享。近些年，一些商场与博物馆发现了二者结合的可行性，并尝试让博物馆展览走进商场，利用商场庞大的人流和博物馆丰富的文化资源，提升商场品味的同时，拉近博物馆与公众的距离。

2017 年 9 月 16 日，一场名为"奇妙的进化之旅"（图 6-5）的展览在北京长楹天街商场拉开了序幕。此次展览是由中国古动物馆和龙湖长楹天街合作举办的一场科普展览，也是中国古动物馆的首次商业科普展览。中国古动物馆是中国科学院古脊椎动物与古人类研究所下属单位，具有丰富的藏品资源和强大的学术支撑。而龙湖长楹天街是集百货、餐饮、超市、服装等一体的大型购物中心。

当然，博物馆与商业机构的合作，开展经营性活动，不得违反博物馆的宗旨。在这类商业合作中，博物馆必须把握自身的主动性，保证公益性和非营利性的同时，也必须坚持展览内容的科学性和严谨性。商业机构通过娱乐的方式调动公众对博物馆知识的兴

图6-5　中国古动物馆和龙湖长楹天街合作科普展览

趣和热情，这一点是值得肯定的。但需要注意的是，我们不能过分夸大娱乐在博物馆教育中的作用。娱乐只是博物馆传递知识的手段，内容的严谨依旧要由博物馆把控，才能真正实现博物馆的使命。

正如原故宫博物院院长单霁翔接受采访时曾说："博物馆是非营利组织，不以营利为目的，但是不以营利为目的并不是不能营利，而是你通过营利使你的力量更强，把营利的这些收益用于文化传播、用于公众事业。"

> **课堂讨论**
>
> 当博物馆与酒店、商场融合发展时，多被社会诟病，你觉得应该如何更好地协调博物馆发展与博物馆形象维护之间的关系？

3）跨界融合模式

目前研学已经与户外拓展、科技旅游、文化旅游及乡村旅游等结合，呈现出四类研学旅游基地类型，构成了研学市场重要的产品体系。而不同类型的博物馆与各种类型的研学旅游有着一定的关联性，为研学旅行提供了新思路。

（1）研学旅行

①研学旅行的类型

第一类是营地研学。

青少年拓展基地以专业化的户外拓展营地为主，营地多建立在远离市中心的自然环境中，营地内除餐厅、宿舍等基本生活设施外，还配备拓展场、竞技场等训练设施，以及医务室等辅助保障设施。

第二类是科技研学。

科技研学旅行目的地主要是通过高科技手段来静态展示或体验方式实现科技教育的目的地。一般科技研学旅行目的地主要包括展馆类、科研类和科技园区类。其中展馆类主要以知识普及类博物馆、科技馆为主，拥有占地面积较小、投资金额适中、内容灵活、复制性强等特点；科研类主要依托高科技企业、科研单位的实验室、生产工厂为载体，复制性差；园区类载体则主要是动物园与植物园，科技含量相对较低，占地面积较大。

第三类是农旅研学。

目前以农业为主题的研学旅行基地主要分为两大类型：一类是以现代化农业示范基地、农业研究院、农业示范园等为代表的农业研究型载体；另一类是以农庄、田园综合体等为代表的田园体验型载体。

第四类是文化研学。

我国历史悠久，文化资源丰富，各类文化类研学旅游目的地众多，每年参加文化类研学旅游活动的青少年学生数量处于领先地位。其中以红色文化、民族文化类占据绝大多数。

②博物馆研学旅行的路径

研学旅行是国家推行素质教育的重要形式之一，博物馆是研学旅行课程中最重要的一个教育场所，对于丰富学生的课外知识起着至关重要的作用。

首先，要构建综合的研学教育系统。

博物馆是研学活动开展的主要场所，有大量的学生受众，所以需要学校、政府等不同部门的共同参与，构建研学教育系统，承担研学旅行管理的责任。

对博物馆而言，一是要组建专门的研学旅行团队。专门负责本博物馆一切研学旅行相关接待事宜，可以自己组建或者和学校、研学机构进行合作，要确保拥有讲解员、课程导师、志愿者等多样化的人才，提供高质量的博物馆研学服务。二是要推进博物馆研学基地、营地的建设。在尊重教学质量的基础上，创新博物馆研学教育形式，深挖当地博物馆的研学资源，并根据学校的培养方式对博物馆研学内容进行改造升级。根据全国研学旅游示范基地名单和省级推荐名单来看，目前，中国有百余家场馆类研学旅游基地（见附录）。三是需要强化内外监督机制。建立研学旅行相关的制度和标准，每年至少要召开一次研讨会，探讨这一年以来研学目标方向相关的经验和教训，并及时更新相关博物馆研学标准，做好反思和改进。同时，也可以为研学从业者和主管部门提供参考和依据。

其次，加大研学精品课程的开发。

研学课程在研学旅行活动的实施过程中占据灵魂地位，要想让博物馆研学真的"活"起来，首先就要做好研学课程的开发。博物馆教育是教科书的一个补充和延伸，可以折射出一个国家、地域和城市的文化轨迹。对于青少年等人群来说，博物馆略显沉闷，因此要尽可能地设置一些有趣的、带有互动、探究、体验感的深度课程，让博物馆变得好玩起来。目前，重庆红岩联线组织的"红色小记者"、首都博物馆等组织的"燕国达人"活动、杜甫草堂博物馆开展的"草堂一课"等，取得了良好的社会效益。

博物馆研学旅行
活动设计

教学案例 ....○

> "红色小记者"研学旅行体验营是汇集重庆地区的名师、名记、名编、名导等力量倾力打造的一个研学旅行品牌活动。以"小记者，大世界，小角色，大作为"为教学宗旨，

旨在为广大青少年学生提供一个圆"记者梦"的平台。特别是经过系统体验，掌握新闻采访、写作、摄影等方面专业知识和技能，开阔视野、拓展知识、增长才干、提升自信，当一名合格、优秀的小记者，提高青少年的媒介素养能力。

"燕国达人研学游"即喜欢燕国历史文化、探寻燕国历史遗迹的达人以横跨京津冀三地，文化资源丰厚的古燕国文化为主线，共同探寻、挖掘、研究京津冀地区古代历史文化遗迹。本活动旨在实现博物馆与旅游跨界联合、不同区域文化协同发展的一次有益尝试，打造一个全新的"博物馆＋旅游"的发展模式。

"草堂一课"项目（图6-6）以"千年传承，诗歌育人"为宗旨，以"春风化雨，润物无声"为理念，依托杜甫草堂博物馆与四川杜甫研究学会强劲的专业学术支撑，利用馆内丰富的文物遗迹和书香浓郁的教学氛围，探索以诗歌文化向传统文化辐射的青少年社会教育模式，构建具有杜甫草堂特色的博物馆社会教育重要实践平台。目前，"草堂一课"教学内容包括两大系列、七大板块、二十多门课程，涵盖诗歌、书法、绘画、音乐、古建、园林、考古、鉴赏、礼仪、民俗等诸多方面。

图6-6　杜甫草堂的草堂一课

体验活动，根据不同学生对知识的接受能力，进行有针对性的讲解。此外，在研学课程主题的选择上也要严谨。要根据学生的年龄层次、受教育程度对主题充分细分，充分发挥博物馆自身的优势作用，开展知识性、趣味性、参与性、创新性较强的体验活动。根据不同学生对知识的接受能力，进行有针对性的讲解。

③建立科学的研学评价系统

2017年，国家文物局印发《国家文物事业发展"十三五"规划》，其中提到要提升博物馆教育教学质量，强化文化教育结合，提高博物馆对青少年的教育功能，定期开展中小学生博物馆教育活动，推出多项博物馆教育精品项目和示范活动。

不管博物馆研学过程会如何进行，科学的研学评价系统是必须要构建的。利用量化的评价方法，评价研学规模、活动、效果是否符合标准；关注学生体验和感受，同时注重研学过程的体验与交流；了解研学过程结束后学生的素质发展情况等都是重要的评价指标。

（2）博物馆文创产品的设计与开发

2015年国务院颁布的《博物馆条例》中提出，鼓励博物馆挖掘自身藏品内涵，与文化创意、旅游产业相结合，开发衍生产品，增强博物馆自身发展能力。这标志着博物馆行业迎来了全新的发展时期。2016 年 3 月，文化部发布的《关于进一步加强文物工作的指导意见》中又指出，大力发展文博创意产业，深入挖掘文物资源价值内涵和文化元素，更加注重实用性，更多体现生活气息，延伸文博衍生产品链条。2016 年 11 月，博物馆与社会文物司下发《关于公布全国博物馆文化创意产品开发试点单位名单的通知》（文物博函〔2016〕1799 号）按照试点先行、逐步推进的原则，在 92 家国家级、部分省级和副省级博物馆中开展符合发展要求、以满足民众文化消费需求为目的的文化创意产品开发试点，在开发模式、收入分配和激励机制等方面进行探索，逐步建立起博物馆文化创意产品开发的良性机制。

博物馆文创，全称"博物馆文化创意产品"。目前，产学研界对它的称呼包括博物馆文化产品、博物馆衍生品、博物馆纪念品、博物馆商品等。在实际运用中，对这几个概念没有严格的区分。联合国教科文组织将其定义为具有传达意见、符合于生活方式的消费物品。我国台湾地区在《2010 台湾文化创意产业发展年报》中将其界定为可以传达意见、符号及生活方式的消费品，不一定是可见可触的物体，具有文化性、精选性、创意性和愉悦性，是文化创意产业中相当重要的一环。

河南大学文化产业与旅游管理学院宋朝丽博士在借鉴有关文创产品诸多定义的基础上，认为文创产品是指将文化思维与创意思维相统一，运用到产品的设计生产中，生产出具有符号意义、美学特征和人文精神的产品，并将产品推向市场，以期实现一定的经济效益。

文化创意产品具有三个特征：一是文化属性，文创产品以文化为出发点，又以文化为目标，实现文化的创造性发展；二是创意属性，文创产品强调个性和创新，以新的创意增加产品的附加价值；三是市场属性，文创产品具有独立的知识产权，最终要推向市场并实现其商业价值。

①文化创意产品分类

A. 旅游纪念品

旅游纪念品，顾名思义即游客在旅游过程中购买的精巧便携、富有地域特色和民族特色的工艺品、伴手礼，并让人铭记于心的纪念品。基于博物馆馆藏之源，可以打造文化礼品、办公用品、家居饰品、土特产品（酒、茶、药材等农副产品）等。

B. 动漫游戏

动漫游戏产业顾名思义，即为动画（Animation）、漫画（Comic）、游戏（Game）三者的统称，因此也有取三者英文首字母称其为 ACG 产业。"动漫游戏产业"因其具有低能耗、低污染、高产业价值、多就业机会等特点与优势，被誉为 21 世纪的朝阳产业。

2006 年起，美国 20 世纪福克斯电影公司先后推出 3 部《博物馆奇妙夜》，利用数码特效"复活"了博物馆中的文物展品。这一举动开启了博物馆与动漫电影的结合之路。其实，早在 1981 年，上海美术电影制片厂根据敦煌壁画《鹿王本生》的故事创作了《九色鹿》，无数人通过这部动画片知道了莫高窟、看到了敦煌壁画。近年来，让文物活起来的理念深入人心，"博物馆＋动漫"的做法越来越普遍。2016年，成都博物馆的肖飞舸带领团队策划"漫说文物"系列，将成都博物馆的国宝级文物石犀牛与经穴髹漆人像做成了动画短片，把专业生僻的学术介绍文字转换成幽默的旁白和"萌萌哒"的漫画，"高冷"的文物也一下子变得活泼起来。通过移动互联网的爆炸性传播，博物馆"圈粉"无数。

C. 影视音像

也可以将博物馆馆藏文物与 DV 作品、歌曲创作、影视制作、音像制作、广告帖片（图6-7）进行融合。

图6-7　文物海报

D. 传媒出版

通过报刊发行、图书出版、影视剧本、书稿交易、电子出版物等方式，传播博物馆文化。例如近年来影响力比较大的《新博物馆理论与实践导论》（珍妮特·马斯汀）、《作为知识生产的美术馆》（王璜生）、《两个故宫的离合》（野岛刚）等图书，为博物馆能做什么、怎么做等问题提供了全新的解答。

E. 创意设计

将文物元素融入网络设计、包装设计（图6-8）、工业设计、影视广告设计、平面广告设计、文案策划、展览设计制作等方式，宣传和推广中国传统文化。

图6-8　三星堆青铜面具电脑包设计

F. 工艺美术

可以博物馆文物为原型，设计制作民族工艺品、民俗用品、民间艺术品、首饰、雕塑、钱币卡、古家具、玉石器、陶瓷、刺绣、金属（金、银、铜等）器件、砖雕、木雕、玻璃制品（饰件、摆件、挂件）等文物复制品。如 2013 年，国宝级工艺美术大师、中国唯一"黄金细工制作工艺"传承人王殿祥，以故宫博物院的多款文物为原型，以 999 千足金为原料，手工打造黄金重器《龟鹤延年金摆件》《招财进宝金宝鼎》《锦上添花富贵金瓶》，堪称"文物黄金再造"。

G. 书画艺术

以馆藏文物为原型，复制国画、书画、书法、水彩画、油画、古籍碑帖等。

②文化创意产品设计必备元素

功能特性应该成为博物馆旅游文创产品设计的核心概念。功能可以划分为实用、认知、审美等几个方面。

第一要素：实用功能性元素。

实用功能反映在产品的技术性能、环境性能和使用性能上。技术性能是产品技术内涵的表征，主要取决于产品技术的选择。环境性能反映产品与环境的协调状况，主要涉及生态和环保方面问题。产品的使用性能是实用功能的重要方面，也是艺术设计的着重点之一。

第二要素：审美功能要素。

审美功能是通过产品的外在形态给人以赏心悦目的感受，唤起人们的生活情趣和价值体验，使产品对人具有亲和力。旅游纪念品的审美表现应与地方文化特色相协调，围绕实用和认知功能来展开，并最终通过对其造型语言的设计来获得。

第三要素：造型语言要素。

造型语言是传达各种信息的符号。每一种产品都以特有的符号组合向人们传递着各种信息，使产品的流通成为一种文化的传播方式。文创产品的造型语言，不仅可以使纪念品发挥它的认知功能，使消费者明确了解这个纪念品出自哪个国家、地区，哪种文化，哪种工艺，有何典故等，而且可以充分发挥它的审美功能，给人以亲切温馨的感受和对生活意义的感悟等。

第四要素：文化要素。

文创产品要把握各种文化的独特性与时代性。文化是在适应环境的条件下产生的，不同的民族和地区会形成不同特色的文化。我国是一个多民族国家，不同的地域具有不同特色的文化，如齐鲁文化、巴蜀文化、楚文化、徽文化、吴越文化、两广文化等，每一种文化类型都有特定的构成方式及其稳定的特征。博物馆文创产品若想充分吸引消费者，毋庸置疑，在设计时凸显特定地区的独特文化内涵是必不可少的。

第五要素：艺术创造性要素。

同时，文创产品设计也要重视艺术创造。文创产品设计，一定意义上也是技术和艺术的有机结合。要在符合科学技术规律的基础上，发挥产品的物质功能和形式的审美表现力。

第六要素：市场接受度要素。

文创产品必须考虑市场的接受程度，形成设计上的卖点。设计具有市场定向作用，设计师要从模糊的市场需求中把握方向，为市场开拓提供明确目标。因此，在设计文创产品之前，需要对文创产品市场进行全面调研。

③文化创意产品的设计的流程与方法

A. 寻找亮点

使用头脑风暴法，带领设计团队从不同角度、不同层次、不同方位大胆展开想象，尽可能标新立异，与众不同。头脑风暴可以充分发散思维，联想一切自己感兴趣或者好玩有意思的文化元素。

B. 明确设计理念

根据头脑风暴的结果，探寻其中的内在分类，去掉不可实现或者不可进行的创意点。对头脑风暴的关键词整理筛选，挑选有价值有意义的设计点。

C. 思考设计载体

将设计理念或者创新点运用到合适的载体上，不仅是表象的融合，更是产品内在含义的体现。

D. 提炼设计特征

将传统特征提炼概括，赋予新应用。

提炼和概括是以减法的方式，删除繁杂的、非本质的部分，保留和完善最具有典型意义的部分。包括：

第一种：包括文化元素基本文化特征的变形、变色、变式、变意在内的变异修饰。

第二种：打散再构。通过分解重新组合或打散原形组织结构形式，移动后重新排列。也可以选择优美的部分或者合适的角度分切，保留最具特征部分。比如在三八妇女节期间，利用"敦煌诗巾"小程序制作一条方巾（图6-9），便是利用打散的敦煌文化符号进行再重构的过程。

图6-9 "敦煌诗巾"（学生作品）

第三种：借形开新。借助一个独特的外形，或具有典型意义的样式进行新图形塑造。其中，形象模仿法较为常用。

形象模仿（图6-10）顾名思义就是对文化艺术形象进行直接模仿，根据产品本身的特性对文化艺术品形象进行加工和整理，使产品的艺术性和实用性更加融合，成为一件完整的文创产品。

图6-10　越王勾践剑和青铜立人像书签（图/悦游礼）

第四种：异形同构。实际上是一种组合方式，通过组合元素不断变换、不断配对重组，促使新图形产生。主要有异型同构、图文同构、中西文同构三种。比如纹样的图文同构法的运用。

纹样运用（图6-11）顾名思义是指对文化艺术形象的纹路、图案、式样等元素进行提取运用到文创产品衍生品的开发设计当中去。纹样运用又可以分为整体纹样运用和局部纹样运用，比如南都繁会图案的眼镜布就是典型的整体纹样运用。

图6-11　南都繁会图案眼镜布（图/南京市文化和旅游局）

第五种：承色异彩。借鉴传统色彩的配色方式进行设计，或打破传统色彩的局限，对局部色彩予以变换。

对任何产品，色彩可以给用户提供视觉上的直观感受，是一种很重要的表达方式。对文创产品来说，不仅涉及色彩搭配的审美，而且可以通过色彩来表现文创产品的文化内涵（图6-12），展现文化艺术形象的时代、地域、文化等特征。可以提取现有的文化艺术形象经典的色彩或者配色方式，进行搭配和设计，从而设计出更优质的文创产品。

图 6-12　故宫文创产品（李韵、郭红松、马列 / 摄）

课堂讨论··········○

请上网查阅一款你喜爱的文物表情包，并说出你喜欢这一表情包的原因。

E. 开展设计探索：情境设计，深化细节，效果图制作。

除以上方法以外，文创产品设计还可以通过引用地域文化独特象征性的特性来进行文创产品设计制作，在衍生品外观上呈现出地域特性、人物特性、某种文化特性（文化IP）等。

课堂讨论··········○

凭借"来自故宫的礼物"这一口号，故宫淘宝不仅创造出年销量 10 亿的惊人成绩，还一跃成为社交媒体上的文博头号"超级 IP"。你是如何看待"卖萌与魔性齐飞"的博物馆文创手段的？

4）GM-TCD 模式

（1）GM-TCD 模式的含义

GM-TCD 模式的命名，是大博物馆（General Museum）、旅游综合体（Tourism Complex Development），五个英文的首字母组合而成的。大博物馆旅游综合体开发（Tourism complex development of general museums，GM-TCD），是指在一片大规模的地区范围内建立一个文化空间，该文化空间依赖一定的物理空间，以文化及文化衍生物为基础，以博物馆集群为核心功能构架，以旅游开发为先导和主要功能方向，并结合博物馆旅游休闲产品体系及其他更多业态进行规划建设的博物馆式综合体发展模式。它是通过对文化旅游资源的创新、重塑、整合和补充开发等方式，形成具有一种或多种文化主题，兼容文化旅游或其他多种旅游方式，集教育、研究、休闲、娱乐、度假、商业等多种功能的博物馆文化综合开发方式。这一开发方式的结果是塑造出一个 GM-TCD 地区，该地区既包括赋予传统博物馆新的旅游功能，也包括对有潜在博物馆旅游资源的地区进行多重旅游功能的开发。通过这样的规模效应和集聚效应，推动 GM-TCD 模式的发生、发展。

（2）GM-TCD 模式的基本结构

①辅助引导

任何可以对旅游者产生吸引力的有形或无形文化要素均是 GM-TCD 模式开发可依托的核心资源。面对现代休闲市场需求，GM-TCD 模式通过重塑、创新、补充开发整合这些核心文化旅游资源，打造一个或者多个独特的博物馆核心吸引物。这些核心吸引物可以是一个地区独特的文化所形成的各种文化主题的博物馆集群；可以是文化打造的特色衍生物（景区、公园、城市公共文化空间）；也可以是一些文化旅游休闲项目，如传统历史街区（图6-13）、特色工业园区、民俗文化村等。通过这些吸引物的打造，可以使 GM-TCD 地区景观化、生态化、环境化、艺术化，充满文化气息。

图6-13　西津渡历史街区——"中国古渡博物馆"（梅璎迪／摄）

②主体支撑

一定规模的核心吸引物形成核心吸引力中心，它是吸引人流、提升 GM-TCD 地区人气的关键，它的主要目的就是为整个开发地带来客源，形成最初的消费者。但要构建一个博物馆文化休闲目的地来留住消费者，就需要创造更多的博物馆文化综合休闲产品来满足消费者的需求，主要包括博物馆式的景区、公园、主题酒店群、图书馆、咖啡吧、城市公共文化空间等。实际上，就聚集各种博物馆文化休闲业态，形成了休闲聚集中心。这是 GM-TCD 开发模式的关键和主体功能部分，规划设计好将会极大地提升博物馆旅游的品牌价值和土地价值。

③辅助延伸

主体功能部分的打造提升了 GM-TCD 地区的人气及品牌价值，创造了一定的资金流，但要真正创造影响力、扩大消费、提升 GM-TCD 地区的价值，实现博物馆文化旅游获取的开发收益，就必须创造延伸发展中心，包括博物馆式的休闲地产、主题娱乐、特色餐厅、主题商场、特色商街的开发，进行博物馆产业化、市场化经营，形成城市博物馆文化综合服务产业集群，从而实现环境、经济、社会等多方面的综合效益。

（3）GM-TCD模式的形成机制

①博物馆主体旅游区塑造

博物馆旅游业的发展必须以吸引人的馆藏品作为发展中心，才能受到旅游市场的关注。该种以吸引物为中心的发展模式叫作主题发展模式。博物馆按照主题发展模式，可以建设相应的主题旅游区。首先可以挖掘博物馆所在地的文化价值，打造独特的地区文化。其次，博物馆可以根据当地的市场需求、政策管理、竞争实力等综合评估，把握主题旅游区的核心经济与发展价值。

教学案例

中国博物馆小镇——安仁

中国博物馆小镇（图6-14）项目坐落于四川省成都市大邑县安仁镇。中国博物馆小镇的主要项目板块包括：以树人街、裕民街、红星街三条民国老街为核心的民国风情街区；以刘文彩庄园、刘文辉公馆、庄园新天地、崔永元电影传奇馆为核心的庄园体验区；以新建的诸多现代博物馆相互串联，点缀于人工湿地湖面的博物馆岛；以中国最大的民间博物馆群为主题的建川博物馆聚落；以石木器古玩交易市场、文化创意产业研发和生产基地为主的文博产业园区；以林盘庄园、新派公馆、金景田园、斜江水岸为主的文化旅游地产项目区。

图6-14 中国博物馆小镇

②博物馆、地方政府与开发商合作

我国大部分博物馆中的藏品及文化资源均属于国有性质，文物的保管等大都需要国家和地方财政进行拨款予以支持。一般要进行博物馆旅游开发，均需地方政府批准。由于地方政府需要为博物馆藏品的保管提供大量资金，因此如果能调动各个方面力量积极参与博物馆旅游开发，不仅可以减轻地方政府财政的压力，而且也拓宽了资源的来源渠道。在此情况下，地方政府应该联合博物馆与旅游产业开发商共同致力于大博物馆区的开发，这样既可以促进博物馆旅游产业的发展，又可以获取大量保护博物馆藏品的资金。

③博物馆与旅游业联合发展

事实证明，博物馆与旅游业并不是没有关系的、两个独立的个体。在发展过程中，博物馆可以将所有具有游览、观赏、学习价值的因素均转变为旅游的发展内容之一。博物馆当中含有大量不同时代的珍贵藏品，具有文化价值、历史价值、观赏价值和学习价值。旅游业与博物馆的相互融合，不仅能为博物馆旅游业开拓一定旅游市场，更能通过与旅游景点酒店、旅行社之间的相互配合，为游客传授文化与历史知识，获取相应的经济利益。

④公共产品与私人商品组合开发

"大博物馆旅游综合体开发"模式不仅提高了博物馆文化资源的利用率，而且使得博物馆外部的私人产品受到重视。博物馆内的所有资源均属于共有资源，仅能进行参观、游览和学习。仅仅依靠公共产品将会使博物馆旅游区内的资源利用效率低下，出现资金运作不佳等现象。若通过博物馆旅游的发展积极引进私人商品，如酒店、休闲馆等，将能提高博物馆周边旅游资源的利用率，为博物馆旅游区的发展提供可持续发展的动力。

6.3 博物馆旅游产品的生命周期及其影响因素

博物馆旅游产品的生命周期，是指博物馆旅游产品从设计推出到退出旅游市场的过程。生命周期阶段特征可以显示旅游产品在市场中的发展状况及趋势。旅游产品属于服务性产品，以市场学对于产品生命周期的描述，标准的旅游产品生命周期也应该包括投入期、成长期、成熟期和衰退期四个部分（图6-15）。

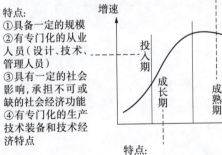

特点：
①强盛：成熟产业规模空前,地位显赫,人气旺盛,产品普及程度高
②生产能力接近饱和状态,市场需求饱和,供求矛盾不大,买方市场出现
③成为支柱产业,其生产要素、产值及利税份额在国民经济中占有较大比重

特点：
①具备一定的规模
②有专门化的从业人员（设计、技术、管理人员）
③具有一定的社会影响,承担不可或缺的社会经济功能
④有专门化的生产技术装备和技术经济特点

特点：
①生产能力大量过剩,开工严重不足,产品老化,产量负增长,产品供过于求
②利润率下降,严重亏损,财务状况恶化
③退出现象大量发生
④重要产业或者大面积的产业衰退可能引起经济波动
⑤产业的衰退可能出现"复兴"或"中兴",但是最终逃不出衰落的命运
⑥产业的衰退期延续时间最长

特点：
①经历了一个充实和完善的过程
②它是产业选择的过程,符合市场的需要,合乎扩张条件的产业会在这一阶段走向成熟
③有大批企业转产加入该行业,投资者大量进入,投资流动频繁,促进产业规模的扩张

图6-15 产业发展周期图

6.3.1　博物馆旅游产品的生命周期

投入期时，博物馆推出新的展览，增加新的活动，建成新的旅游服务设施，推出新的服务等。在新的旅游产品还未被市场了解和接受时，博物馆旅游产品销售量增长缓慢。单独的博物馆旅游地由于前期的资金投入、初期的管理难度大、销售收入低的影响下，旅游利润少。

投入期是博物馆将新的旅游产品在旅游市场上推出的时期。这一阶段，博物馆对新产品的宣传力度不断加大，产品销售量虽然小，但总量却在不断增加。

成长期是指随着博物馆的不断宣传，博物馆推出的新产品拥有了一定的知名度，消费者对产品逐渐熟悉。博物馆旅游地对新产品的运作逐渐成熟，成本费用不断下降，而旅游利润不断提高。

成熟期指的是博物馆观众或游客总量越来越接近潜在的市场游客量，产品的市场需求量已达或接近饱和状态，销售量达到或接近最高值，后期的销售增长率趋于零，甚至出现负增长。成熟期是旅游产品衰退的前期，其主要的特征是旅游市场已经达到了最大范围，没有新的产品宣传方式。

衰退期指的是旧产品已经不能为博物馆带来经济利润和社会效益，只能维持产品开发和维持的成本，甚至会带来亏损。虽然也有重游游客的销售量，但是由于新竞争产品的出现，旧产品应该退出旅游市场。

6.3.2　博物馆旅游产品生命周期的影响因素

李尘在《博物馆旅游地的生命周期》一文中从旅游地发展演化的角度，对博物馆旅游产品生命周期的影响因素进行了详细分析。他认为，旅游资源、旅游地的经营能力、旅游（地）环境、旅游业环境、旅游市场及突发的危机等因素对博物馆旅游地生命周期影响比较大。

1）旅游资源

博物馆旅游地的旅游资源包括博物馆的馆藏文物或其他收藏品、旅游设施，以及博物馆代表的历史、风俗、科学、艺术等文化内涵。旅游资源是旅游地形成的基础，因此，旅游资源对博物馆的旅游生命周期具有决定性的作用。

（1）旅游资源的独特性

博物馆旅游地拥有的旅游资源越独特，旅游生命周期过程会越长。独特的旅游资源使博物馆拥有较高的旅游吸引力，在此旅游资源基础上生产出来的旅游产品，吸引的旅游市场范围很大。旅游市场潜力越大，越有利于博物馆及时推出新的旅游产品。而且，以独特旅游资源生产的旅游产品很难被模仿，较少出现博物馆的竞争者。例如北京大兴区，庞各庄镇的西瓜博物馆，是迄今为止国内外唯一现存的西瓜博物馆。展厅的面积大约为三百平方米，巧妙地运用了古老而现代的表达手法、布局风格将源远流长的西瓜史话、牵肠挂肚的西瓜情话、博大精深的西瓜文化联系为一体，相映成趣，展示了西瓜文化漫长的发展历程，与整个园区巧妙结合，构成了一部非常有代表性的历史底蕴与现代时尚的西瓜文化经典。再如，祁门红茶是中国十大名茶中唯一的红茶，也是世界三大高香红茶之首，颇受英国女王和王室青睐，产自安徽省祁门县。邓小平同志曾称赞道："你们祁红世界有名。"而祁门红茶制作技艺也入选国家级非物质文化遗产。中国祁红博物馆就是全面展示祁红的起源、历史和荣耀，以及品质特征、加工工艺、品饮和文化的特色博物馆。博物馆由千年一叶、神奇茶境、精工细作、风云际会、蜚声四海、红色梦想、品饮时尚等七大展厅组成，充分展示了祁门红茶所成就的传奇往事和至高无上的荣耀。同时，博物馆的举办者祥源集团，将其打造成一个集采摘、制作加工、品茗、购茶于一体的多功能综合旅游休闲度假区，做到了经济效益与社会效益的双丰收。

（2）旅游资源的市场应变性

旅游资源的市场应变性是指旅游资源对市场变化的反映程度，博物馆的旅游资源是否能够及时适应市场的变化，能不能根据市场需求及时生产出新的旅游产品，决定于其旅游资源的市场应变性。为了给各地博物馆提供市场信息，"博博会"应运而生。"博博会（MPT-EXPO）"全称"博物馆及相关产品与技术博览会，是由中国政府主办的中国唯一大型专业国际博物馆及相关行业双年展会。自2004年至今，已成功举办八届，它传递了博物馆社会教育、科技应用、传承文化、文物保护、文创产业等众多方面的发展势态，为文物博物馆行业的交流搭建了平台。参加"博博会"，可以让博物馆及时把握市场脉搏，及时推出适合市场的新产品。新旧旅游产品不断交替，从而延长了博物馆的旅游生命周期。

2）旅游地的经营能力

旅游地经营者的旅游经营能力是决定旅游生命周期的重要因素。旅游地的经营能力，包括对旅游产品的营销管理、旅游服务的质量管理、旅游地的财务管理等。博物馆的旅游生命周期是由市场需求和博物馆市场营销共同作用的结果。因此，旅游营销的手段越强，旅游生命周期也就越长。除此之外，旅游地经营者对旅游地的质量管理也是延长旅游产品生命周期的保证。

3）旅游（地）环境

博物馆的旅游环境容量会影响旅游者在博物馆进行旅游活动时的感受。旅游环境容量越大，博物馆可以发展的潜在游客市场就越大。此外，博物馆旅游环境质量的好坏也影响着旅游者的旅游感受。在高质量的旅游环境中，博物馆的旅游产品才能够发挥出最佳的吸引效果，延长博物馆的旅游生命周期。

4）旅游业环境

（1）旅游地的可进入性

旅游地的可进入性强，有利于快速向市场推出新的旅游产品，促进新旧旅游产品的更替和衔接，加强博物馆在同类旅游地中的竞争力，提高旅游地拓宽旅游市场范围的能力。虽说大部分博物馆选址于市区，可进入性强，但仍有些博物馆地处偏僻之地，导致无人问津现象的发生。如昆明二战军品博物馆自建成开放以后，很快就陷入了无人问津的尴尬局面。一方面，博物馆位置较为偏僻，很少有人愿意来。另一方面，作为一家纯粹个人创建的民间博物馆，免费开放不仅没有收入，每年3万余元的维护费用还要全部由出资人负担。由于经费不足，想宣传也心有余而力不足。此外，即便可进入性条件强，但博物馆不能及时创新旅游产品，也会导致观众慢慢流失。

（2）旅游竞争环境

博物馆的旅游生命周期会受到旅游竞争环境的影响。旅游竞争环境是指博物馆所在的旅游接待区域中，有可以与博物馆竞争的其他博物馆旅游地，或者其他具备吸引力的旅游地。存在竞争关系的旅游地之间会产生互替或抑制的作用，当博物馆在竞争中处于劣势时，其客源会被其他旅游地抢夺，导致博物馆旅游生命周期的缩短。

（3）旅游产业环境

旅游接待地区的旅游产业链发达，地区拥有完善的接待服务设施和服务体系，是博物馆旅游产品质量的保证。如果博物馆所在的旅游接待地区不能提供住宿、餐饮等旅游服务便利设施，也会对博物馆旅游的生命周期造成一定影响。

5）旅游市场

博物馆旅游地的旅游市场范围大小，是影响旅游地旅游生命周期的一个重要因素。旅游市场范围越大，旅游产品的更新速度就越快，旅游地的旅游生命周期也就越长。在产品设计和开发前，博物馆必须对市场进行调研，针对不同的市场需求提供不同的产品。如果旅游地为了迎合异质市场需求，同时推出多种旅游产品，则会导致旅游地经营费用的过度增加，造成利润的下降。如果在不同的时间段推出这些产品，又会导致博物馆旅游地在一个时期内的旅游市场范围过小，从而产生较少的利润。

6）社会环境

社会环境是指博物馆旅游地所处的旅游接待区域的整体环境，包括地区的经济条件和投资环境、区域旅游业的总体状况、地区政府对于旅游开发的态度和制订的相关政策、旅游接待地区居民对于旅游开发的态度等。

博物馆所在旅游接待地区的社会经济条件和博物馆的旅游生命周期也有着密切的关系。首先，良好的社会经济条件有利于旅游接待地区建设完善的旅游服务设施。当地政府和其他机构有能力将资金投入到博物馆，能够保证其旅游产业顺利发展。其次，经济发达的地区凭借现代化的建设或知名度，吸引大量外来人员，其中不乏旅游参观者。最后，经济发达地区的居民文化素质相对较高，到博物馆参观的可能性相对较大，并且有众多多次重游博物馆的游客。地区的社会经济条件决定了当地居民的出游率，影响博物馆旅游的生命周期。

随着博物馆旅游产业的发展，博物馆的资金投入方式发生了巨大变化，博物馆开始吸收来源于个人或者集体的资金，并期望产生利润。良好的投资环境可以保证新产品的适时开发和营销工作的顺利运转，会延长旅游生命周期。

7）突发的危机因素

突发危机因素，即一般所说的不可抗力，指的是不能预见、不能避免并不能克服的客观情况。不可抗力的来源既有自然现象，如地震、台风，突发公共卫生事件，也包括社会现象，如军事行动等。突发危机因素对于博物馆的影响明显，会给博物馆带来社会效益、品牌形象和经济利益等方面的损失（具体可见第9章内容）。例如2020年初，全国范围内爆发了新型冠状病毒这一具有强传染性的疾病风暴，导致整个国内的旅游业瘫痪，博物馆旅游地也未能幸免。

6.3.3 博物馆旅游产品生命周期的判断方法

对于博物馆旅游生命周期的判断指标，主要有三个：旅游地的游客接待量、旅游地的旅游收入及旅游利润率。在一般的评判方法中，多采取游客接待量指标，也就是一个旅游地所有旅游产品的销售量。游客接待量是最直观的指标，数据容易得到，且可以直接进行变化趋势分析。虽然旅游地的旅游经营也要考虑旅游收入和旅游利润的大小，但这两个指标的变化趋势滞后于游客接待量。

1）销售增长率判断法

销售增长率判断法是以博物馆旅游地销售增长率的大小判断旅游生命周期阶段的方法。这个方法的判断程序简单，但是采取这个办法，需要提前确定每个阶段的增长率区间，而对于区间的确定往往依靠经验，预测得到的游客接待量与实际数量相差较大。如智研咨询根据2016年和2017年全球在线旅行销售额及游客量数据，对2017—2022年全球在线旅游销售规模变化趋势做出了判断（图6-16）。

图6-16 2017—2022年全球在线旅游销售规模变化趋势

2）普及率判断法

普及率指的是在某一个时间点上，博物馆的游客接待量在此时所有博物馆旅游地的总游客接待量中所占的比例。但是这种方式是建立在旅游地未来发展趋势良好的基础之上，持比较盲目的乐观态度。因为有的旅游地出现的时间很短，普及率没有增长就下降了。

世界主题公园权威研究机构美国主题娱乐协会（TEA）与第三方旅游行业研究及咨询机构美国 AECOM 集团联合发布了 2018 年全球主题公园和博物馆报告。从亚太市场来看，2018 年中国博物馆在访客量上整体表现出色，榜单前 20 名中（表 6-1）中国地区博物馆占据了 14 席。中国国家博物馆 2018 年共接待访客 861 万人次，比 2017 年上涨 6.8%，是最受欢迎的亚太地区博物馆。北京的中国科学技术馆 2018 年参观人次达440 万人次，排名第二。杭州的浙江省博物馆参观人数达 420 万人，排名第三。中国政府在博物馆投资和博物馆文化活化中的一系列努力卓有成效，亚太地区最受欢迎的 20 家博物馆中出现三张中国博物馆的新面孔，多家中国博物馆访客增幅都达到两位数。湖南省博物馆迁入新馆后向公众开放仅一年，很快进入亚太地区最受欢迎的 20 家博物馆之列，排名第六。

在 20 家亚太地区最受欢迎博物馆中，有 11 家博物馆免费向公众开放。整体来看，11 家免票博物馆 2018 年参观人次总数呈正向增长，而收费博物馆总参观人次则下滑了3.2%。不过报告认为，造成这一差距的原因主要是博物馆的区位所致。与 2017 年相比，取决于这些博物馆的临时性展览受欢迎程度，而并非收费与否。

表 6-1　2018 年亚太地区参观人数前 20 名的博物馆

排名	博物馆	所在地	参观人次 / 万人	增长率 /%	是否免费
1	中国国家博物馆	北京	861	6.8	是
2	中国科学技术馆	北京	440	10.5	否
3	浙江省博物馆	杭州	420	14.4	是
4	台北故宫博物院	台北	386	-13.0	否
5	南京博物院	南京	367	11.2	是
6	湖南省博物馆	长沙	360	新开	是
7	上海科技馆	上海	354	-11.1	否
8	甘肃省博物馆	兰州	350	4.5	是
9	韩国国立中央博物馆	首尔	330	-5.1	是
10	维多利亚国家美术馆	墨尔本	320	11.5	是
11	国家自然科学博物馆	台中	296	-5.0	否

排名	博物馆	所在地	参观人次 / 万人	增长率 /%	是否免费
12	陕西历史博物馆	西安	280	3.7	是
13	东京都美术馆	东京	279	2.4	否
14	成都博物馆	成都	278	-7.3	是
15	国立艺术中心	东京	272	-8.9	否
16	国立自然科学博物馆	东京	246	-5.4	否
17	东京国立博物馆	东京	243	11.5	否
18	苏州博物馆	苏州	234	17.0	是
19	中华艺术宫	上海	230	-9.8	否
20	重庆中国三峡博物馆	重庆	224	6.1	是

数据来源：国际主题公园行业机构主题休闲娱乐协会、中商产业研究院整理。

3）类比判断法

类比判断法是参照同类旅游地的旅游生命周期曲线，对目标旅游地进行周期阶段判断的方法。一个新的博物馆开展旅游产业，可以参照旅游发展较长久的博物馆的旅游生命周期曲线，分析其旅游生命周期阶段的特征，判断指标的变化，以此来判断新博物馆所处的旅游生命周期阶段。这种方法比较简单易行，但是对参照的博物馆有许多的要求。如类型是否相同，发展是否受到不可抗力因素的干扰等。如果所参照的博物馆并不能够代表所有博物馆，或者是某一类博物馆的发展趋势，则参照其就失去了意义。

课后练习与思考题

1. 博物馆旅游产品的分类。
2. 博物馆文化创意产品设计的理念与对策。
3. 博物馆旅游产品的周期特征。

第**7**章
博物馆旅游产品营销

【**章前引言**】

　　旅游业是一项靠知名度、美誉度和市场认知度来吸引游客的特殊产业。在博物馆旅游产品营销过程中，应该紧跟形势，采取"传统营销＋新型营销"的矩阵营销方式，扩大博物馆的社会影响力。本章节主要介绍博物馆旅游产品营销的特点、博物馆旅游市场的细分、博物馆旅游产品营销的传统手段和新型手段，致力于博物馆旅游市场的顺畅运营。

【**内容结构**】

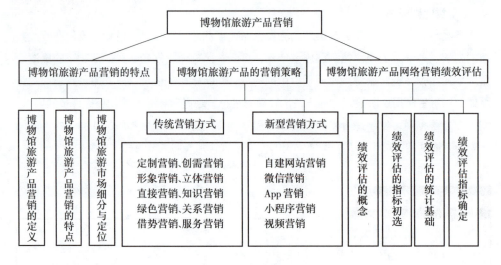

【**学习目标**】

理论学习目标

1.掌握博物馆旅游市场细分的标准。

2.掌握博物馆旅游市场营销的传统手段和新型手段。

实践应用技术目标

1.根据博物馆旅游市场调研方法对本地区代表性博物馆进行市场调研，然后撰写一份市场调研报告。

2.分析博物馆微信营销、App 营销、小程序营销、视频营销等新型营销方法的优劣，然后为本地区代表性博物馆提供一份营销方案。

7.1 博物馆旅游产品营销的含义与特点

7.1.1 博物馆旅游产品营销的含义

根据营销学理论，营销是计划和执行关于商品、服务和创意的观念、定价、促销和分销，以创造符合个人和组织目标的交换的一种过程。博物馆主要是以实物性的陈列展览、信息服务以及讲解、讲座、博物馆商品出售等辅助手段来实现其信息传播和教育功能的场所。从本质上讲，它是一个非营利性的组织，在其经营中承载着社会教育的使命。

因此，博物馆旅游产品营销是博物馆根据自身的特点，借用市场营销的理论与方法，组织生产、推介合适的博物馆"产品"，来满足观众需求和社会要求，实现博物馆社会教育使命为核心的综合性过程。

7.1.2 博物馆旅游产品营销的特点

1）营销目的的不同

企业进行营销的目的相对单一，主要就是实现经济利润。而博物馆营销的根本目的是实现博物馆的社会效益，经济效益只是作为实现社会效益的一种必要手段。强调博物馆营销，并不意味着可以舍本求末地追逐经济效益，而忽略对公众进行教育这一基本职能。所以在营销的根本目的上，企业和博物馆有着本质差别。

2）营销目标市场的差异

企业产品的目标用户相对来说比较固定，具有较高的同质性，而博物馆的目标观众群则比较宽泛。从广义上说，所有国民都是博物馆的目标观众，有些博物馆甚至包括海外观众。尽管某些特定的博物馆有特定的观众群，但并不能排斥其他的观众，因此博物馆的"用户群"具有复杂性和多样性，需要博物馆工作人员因人而异地调整本馆的营销策略，满足不同观众群的口味与需求。

3）营销"产品"的不同

企业以向用户提供自己生产的产品、服务作为创收的重要途径，用户对此满意，企业就有较好的经济效益。其产品与服务相对单一，且主要是为了满足用户的物质性需求。而博物馆的"产品"，至少包括了博物馆环境、藏品、展览、活动项目、社交活动、博物馆商店等，其产品琳琅满目，主要是为了满足观众精神上的需求。这是企业传统产品无法与之媲美的地方，也是博物馆在网络日益发达的资讯社会还能存在和发展的一个重要原因。

4）营销结果评估方式的差异

企业营销是否成功，是可以通过具体的"量"来衡量，只要看它的利润指标就可以一目了然。而博物馆营销的评估方式就比较复杂，不仅包括一些通过调查得知的观众参观数量等显性材料，还包括观众感受、社会总体评价等隐性因素，这使评估难以量化，所以博物馆营销的评估方式比企业营销的评估方式更加复杂细致。

7.2　博物馆旅游市场的细分与定位

市场细分是建立在对旅游者行为特征进行充分研究的基础上，将其按照趋同属性进行分类，然后进行针对性开发的一种策略。

7.2.1　博物馆旅游观众市场细分

博物馆旅游者市场细分是根据博物馆旅游者的行为特征，按照其人群特质和出游诱因，即促使其做出参观决策的主要因素来进行划分。

1）家庭市场

家庭化旅游是旅游业发展的重要趋势。随着独生子女的增多，家长把更多的期望倾注到了孩子身上，因此，希望通过博物馆旅游增加孩子的见闻、培养其文化修养。同时，伴随着城市休闲旅游的发展，越来越多的家庭把博物馆作为重要的城市休闲场所（图7-1），倾向于通过博物馆旅游来达到增强家庭成员之间沟通、增进亲情的目的。在旅游产品的购买过程中，家庭成员之间的意愿和建议，成为影响旅游决策的重要因素。

图 7-1　基诺族博物馆家庭型观众（井辉辉 / 摄）

这类市场的旅游诱因主要是增长家庭成员的文化知识和加强沟通增进亲情。此类市场的开发应该注意提供足够的亲子空间和活动项目，设立鲜明的主题，增强文化趣味性，并提供充分的休闲服务设施。

2）学生市场

学生市场是目前博物馆旅游市场的主力军。由于青年学生正值文化知识的学习阶段，对知识和文化有强烈的求知欲，又加上闲暇时间充分，从而成为目前博物馆旅游的主要市场。

学生市场开发具有独特的特点。针对学生的个性特点，开发既蕴含丰富的文化科学知识，又富有趣味性、参与性、生活化的产品类型，达到既能引起青年学生的兴趣，又能寓教于乐，使学生从简单的生活场景中明白科学道理的目的。上海博物馆的李智建议，针对儿童（0～12岁），必须从具体的实物入手，以游戏互动的教育方式为宜；针对少年（13～18岁），应以"体验"为主，加强参与性、趣味性和引导性，培养少年的主观能动性和创新意识。针对大学生（19～22岁），应重研究和自我教育，以提高教育活动的"专业性"和"学术性"为主；针对成人（22岁以上）应采用"以人为本，雅俗共赏"的方针为主。

3）老年市场

据国家统计局发布的人口数据来看，截至2019年底，60周岁及以上人口25 388万人，占总人口的18.1%，其中65周岁及以上人口17 603万人，占总人口的12.6%。针对2.5亿的老年市场，要进行积极开发。目前，虽然博物馆旅游老年市场的开发还不太成熟，但其绝对是极具发展潜力的市场。退休老年人闲暇时间较多，出游愿望强烈，而富有挑战性的长途户外旅游项目又不适合老年人的身体状况，因而，开展以博物馆为主题的文化旅游是适合老年人状况的旅游形式（图7-2）。但是，目前的开发手段并不成熟，老年人的博物馆情结依然淡薄。

图7-2　明尼阿波利斯艺术学院"发现你的故事"

这类市场开发的特点是要针对老年人的经历，开发能展示其经历过的重大事件和场景的项目，采用编年式的叙事手法，引起老年旅游者的情感共鸣。在场馆和旅游项目中，设置方便老年旅游者参观游览的服务设施，旅游项目和场景的结点设置应疏松有致，以满足老年旅游者的身体需要。

4）专业人士市场

专业人士市场包括专业文化知识研究者、需要进修的学校专业教师和社会上需要参加某项技能培训的人员。目前这一市场的人群数量相对较少，但是在国外，已经有相当大的市场规模，究其原因，这主要与国内的博物馆旅游产品供给不足有关。

这类市场开发的特点是要设计符合人员需求的高知识含量的产品和项目，丰富产品展现形式，如讲座、培训班、户外营地、艺术临摹等。由于这类人群大多拥有事业工作，空闲时间相对较少，且工作压力较大，因而产品设计应该注重时间上的灵活性，并赋予学员之间充足的交流减压机会。

7.2.2 博物馆旅游等级市场细分

根据参观者对博物馆文化的渴求和理解程度，将博物馆旅游市场划分为低端市场、大众市场和高端市场三种类型。

1）低端市场

低端市场是指对博物馆旅游兴趣不浓厚，游览目的不明确，处于消磨时间、过路、凑热闹等目的的参观者，其做出参观决策的偶然性和随意性较大，对参观活动的预期较小。伴随着免费开放，这类市场的人群数量不断增多，是博物馆旅游的潜在市场。对这类市场的开发，应该注重趣味性和生活化，逐渐引起参观者的兴趣，使其变为博物馆的忠实公众。

2）大众市场

大众市场是指对博物馆旅游有较强的预期，有较为明确的游览目的，并渴望通过博物馆旅游获得一定体验的人群。这部分人群占博物馆旅游者的大部分，是博物馆旅游的主体市场。博物馆旅游开发者应该加强对大众市场的研究，把握大众旅游者的旅游消费倾向，根据其消费特征进行产品开发和项目设计。

3）高端市场

高端市场是由成熟的博物馆旅游者组成的，他们将博物馆旅游视为日常休闲方式，通过进行与博物馆有关的活动，实现自身休闲放松和提升自我的目的，是博物馆的忠实观众。对于高端市场，博物馆旅游开发应着重设计和开发成熟的博物馆旅游产品，为旅游者提供实现自我价值的体验和经历。

7.3 博物馆旅游产品的营销策略

7.3.1 博物馆旅游产品的传统营销方式

近年来，博物馆营销理论和实践发展迅速，在许多方面都有了新的突破。把握这些发展趋势，对于开展博物馆营销活动，是必要而有益的。

1）定制营销

定制营销指的是将每一位顾客都视为一个单独的细分市场，根据个人的特定需求来进行市场营销组合，以满足每位顾客的特定需求的一种营销方式。博物馆前期通过市场调研获取市场数据，在技术分析下了解市场需求。在此基础上，通过对不同年龄、不同需求的精细划分，在掌握消费心理的基础上投放出一定量的广告推广，获得特定人群的支持。

2）创需营销

创需营销即博物馆根据生产创造消费的原理，以消费者（观众）为中心，努力挖掘他们的潜在需求，在此基础上开发出新的文化产品，并通过一系列促销活动，在观众心目中建立起强烈而美好的印象，刺激和培养观众观看和购买的欲望。如重庆歌乐山博物馆为满足青少年革命传统教育需要，推出《红岩魂》展览，并在全国各地巡展，为上亿人提供了深刻的革命传统教育，开拓了博物馆文化产品的市场，获得了良好的社会效益。

3）立体营销

立体营销是用立体思维来指导博物馆市场营销，从而突破了传统单线思维或平面式思维的束缚。博物馆立体营销在传统营销（组合好的展览、降低门票价格、进行一定宣传）的营销战术基础上，树立大市场营销观念，充分利用博物馆的地位、优势建立各种公共关系，运用报刊音像等现代化宣传手段，形成一个多角度、多方位、多层次的有机整体。如北京自然博物馆就充分运用立体营销方法，它通过采取多方法、多方位地与国内外 50 多家博物馆和相关单位建立了合作关系，实行博物馆文化产品的征集、研究、展教三位一体的立体营销思路，形成了一种超常规的良性发展优势。

4）直接营销

最初，博物馆的直接营销只有上门组织观众和直接邮寄宣传品两种形式，现已发展成集会、演讲、报纸杂志、广播电视宣传、网络、电话、电子订票等多种形式的集合。首先，由博物馆向大众发出展馆陈列展览的信息。然后，博物馆再向那些有需要的单位或个人直接寄发重点展品目录和图片。正如史蒂芬·威尔（Stephen Weil）在《博物馆与公众》一文中预测，在21世纪上半叶，"博物馆与公众的关系将会发生180度大转变，那时将是公众占据优势地位，而不是博物馆。"

5）知识营销

知识经济正在改变着市场营销法则。当前不少高档次的传统型博物馆观众流量不足，是博物馆改革和发展的难题。解决它，靠"知识营销"。以科学普及为先导，从培养公众的知识能力下手，发挥博物馆的终身教育功能，拓宽观众市场。知识营销是高层次的竞争手段，它所涵盖的范围之广、程度之深，还需要博物馆界在改革实践中加以摸索领悟。

6）绿色营销

绿色营销是指把环境保护观念融入博物馆营销管理之中，要求博物馆在确定和生产文化产品时，做到经济效益、环境效益与社会效益三者有机结合。在非再生资源匮乏、生态环境恶化的当今社会，绿色营销的呼声益发高涨。采用绿色营销方式，要求博物馆在展品的征集保管、研究开发、展出主题和组织观众方面充分考虑环保要求，尽可能开发出"绿色含量"高的文化产品来。博物馆绿色营销是一个复杂的营销过程，需要开展一系列工作，包括搜集绿色信息资料、征集绿色展品、拟订绿色计划、进行绿色定位、开发绿色展览、进行绿色宣传、塑造绿色形象、加强绿色管理。

7）关系营销

不要把博物馆的市场营销看作个别的、间断的、暂时的交易活动，而应该是看作一种连续的、长期的、稳定的、互利的市场营销伙伴关系，并要通过建立、保持、发展这种良好关系获得长远利益。它不再是站在博物馆一方出发，采用观众"走进博物馆就是赢"的策略，而是从双方关系角度出发，着眼于建立博物馆与学校、企业与观众团体的良好稳定的伙伴关系，最终建立起一个主体共生、关系密切的网络。

8）借势营销

顾名思义，"借势"就是指借助人家开创的市场优势，重新构造自身优势；或顺应观众市场趋势，抓住机会，引导博物馆文化产品的开发。根据十三届全国人大一次会议审议的国务院机构改革方案，国家旅游局将和文化部合并，成立文化和旅游部。文旅融合，强调"宜融则融，能融尽融，以文促旅，以旅彰文"。文化是内容，旅游是场景，两者结合就是文旅运营。文旅融合观念和文旅运营思维已成为国家层面的战略思维。在这一形势下，博物馆旅游将获得更大的发展动力，形成良性发展势头。

9）服务营销

随着观众需求趋向的变化，服务因素在博物馆观众市场中成为竞争的新焦点。博物馆接待人员应该在提供行为道德、优质服务、文明用语和多元化的高品位服务形式的同时，创造舒适优美的环境，展示良好的精神风貌，以满足观众艺术欣赏和增添生活情趣的需求。不仅要帮助观众保持参观博物馆的美好记忆，而且要满足其探索和学习、休闲、社交的需要。

7.3.2　博物馆旅游产品的新型营销方式

在互联网飞速发展的时代，"互联网＋"作为时代的产物，赋予了每一个行业新的生命力，充分利用它可以获得无限的资源整合以及不受时间、空间限制的运营渠道。互联网＋博物馆的步伐已大步迈开，博物馆旅游产品的营销因而也有了好的去向。

1）网站营销

所谓营销型网站就是为实现某种特定的营销目标，将营销的思想、方法和技巧融入网站策划、设计与制作中的网站。营销型网站整合了各种网络营销理念和网站运营管理方法，不仅注重网站建设的专业性，更加注重网站运营管理的整个过程，是企业网站建设与运营维护一体化的全程网络营销模式。

对各大博物馆及其相关文化企业而言，可以根据主要的馆藏资源或文化产品类型进行网站定位，选择适合的网站风格，塑造自己的品牌。

在主页上设置专门的推广位（图7-3），对主打产品通过与时俱进的营销活动进行推广，吸引观众、游客或商家的瞩目，让大家参与其中。

图7-3　安徽省博物院官网

博物馆拥有自己独立的网站在优化推广上占有一定的优势，可以充分利用各搜索引擎资源来达到营销目的。在网站的栏目规划和页面设计中，需要提供人性化的服务方式，比如网站的通信方式、交通路线、参观须知、参观的时间和一些讲解的收费标准。

博物馆网站应该与时俱进，对访问博物馆网站的用户进行细分，不同类型的客户诉求点是不一样的。根据网站用户的不同类型，可以分别从大众和专业人员的两类群体角度设置栏目，搭建普及区和专业区两个子网站。

但值得注意的是，自建网站的成本要高得多，涉及人员和软硬件等多个方面。除了要解决客观因素之外，还要解决网站管理维护问题，才能更好地达到营销效果。

2）微信营销

微信营销是伴随着微信的流行而兴起的一种网络营销方式。微信不存在距离的限制，用户注册微信后，可与周围同样注册的"朋友"形成一种联系，用户可以订阅自己所需的信息；商家也通过提供用户需要的信息，推广自己的产品，从而实现点对点的营销。通过导览管理系统、资讯统计和线下活动管理、会员信息管理、会员互动管理等功能模板为观众或游客提供服务，实现营销、促销产品的目的。

2020年，新冠肺炎疫情防控期间，展览中止，场馆关闭。各大博物馆除向观众公告闭馆信息外，还纷纷通过微博、微信等新媒体平台在线发布展览资源、藏品信息、研究成果等，以满足闭门居家的民众的精神需求。比如，国家博物馆微博推出话题"国博邀您云看展"，连续向微博粉丝提供线上展览及解读。南京博物院推送的微信《闭馆的南京博物院，却有一处为你24小时开放！》，将馆内资源整合为线上展览实录、线上社教活动、线上非遗展演与线上文创设计四个板块，提供了文字、图片、展厅视频等丰富的信息，弥补了观众无法到馆的遗憾。

课堂讨论 ·················· ○

请结合上述案例，谈一谈博物馆"云展览"这一模式的优点与不足。

3）App营销

App营销指的是应用程序营销。随着移动互联网技术的发展和数字化时代的来临，人们对信息的载体需求发生了巨大变化，博物馆实体藏品需要转换为数字化的电子媒介。国外一些博物馆在数字化和移动化上早有动作，例如法国卢浮宫的"卢浮宫HD"、美国纽约大都会艺术博物馆的"The Met"、英国大英博物馆的"The British Museum"，这些App制作精美，用户体验较好；国内一批博物馆也迎头赶上，如故宫博物院的"每日故宫""故宫展览"等App（图7-4）；其他博物馆也开发了一些具有代表性的App，如"北京鲁迅博物馆""苏州博物馆""六朝博物馆""陕西历史博物馆"等。目前，博物馆App有以下几种类型。

一是藏品介绍型。

这类App以图片展示为主，通常会附有详细的背景介绍及馆藏位置说明，有的自带语音功能，制作精美，可以使用户足不出户游遍博物馆，但普遍缺少互动，只是支持用户将喜欢的文物图片通过邮件或社交软件进行分享，比较适合具有一定历史人文基础、专注了解文物的用户群。典型的有卢浮宫的"Musée du Louvre"、日本的"e-Museum"、故宫博物院的"Touch China"等。

二是导览讲解型。

此类App更关注用户在博物馆内的实地体验，把用户手中的移动设备变成便携讲

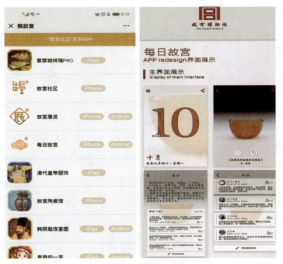

图7-4 微故宫与每日故宫

解器。有的还提供博物馆内部的楼层地图和导航定位功能，用户可以通过手机或其他移动设备上的摄像头自主导览参观，例如卢浮宫的"Louvre Audio Guide"、中国国家博物馆的"文博任我行"。有的通过手机摄像头在展品处的标识激活相关内容，获取讲解短片，同时还提供浏览中的分享功能。例如美国自然历史博物馆的"Beyond Planet Earth Augmented Reality"、中山舰博物馆的"手机导览"等。

三是互动游戏型。

此类App通过猜谜、卡牌等一系列简单的小游戏，把相关内容以寓教于乐的方式呈现。比如台北故宫博物院的"国宝设计竞赛"，推出了互动绘画、测验答题等内容；纽约大都会博物馆的"Faking It"，要求用户在两张照片中找出伪造的一张，这些照片素材都是馆藏珍贵的资料，让用户看到历史的"本来面目"，游戏选定了超过40组照片配合猜谜游戏，告诉用户为何这些历史照片被"动刀"了；还有专门为小朋友设计的"MoMA Art Lab"绘画软件，孩子们可以基于画图板，通过勾画不同线条、色块，完成属于自己的一幅当代艺术画作。此外，还可以解构名家作品，根据不同提示了解原作的创作过程。

知识链接 ⋯⋯⋯⋯⋯⋯⋯ ◯

世界九大博物馆App应用

①大英博物馆British Museum Visitor Guide；

②e-Museum；

③卢浮宫Musée du Louvre；

④台北故宫博物院National Palace Museum Visitor Guide Taipei；

⑤古根海姆博物馆Guggenheim Museum；

⑥美国大都会艺术博物馆The Met Museum；

⑦普拉多博物馆Prado Museum；

⑧每日故宫；

⑨每日环球展览iDaily Museum。

4）小程序营销

微信小程序是一种不需要安装下载即可使用的应用。用户触手可及，入口丰富，用户扫一扫或搜一下即可打开应用，小程序是与微信订阅号、服务号、企业号并行的体系。这种"即开即用，用完即走"特点的微信小程序，创新了博物馆行业的服务方式，是传播博物馆服务和文化的便捷高效途径之一。微信小程序在博物馆中的应用，将会为博物馆文化的传播开辟出新渠道、新路径。

> **知识链接** ⭕
>
> **博物馆小程序**
>
> ①端门数字馆；
> ②敦煌诗巾；
> ③博物官；
> ④恐龙博物馆；
> ⑤博物小馆自然市集；
> ⑥假日博物馆；
> ⑦六朝博物馆；
> ⑧千里驰援。

5）视频营销

视频营销是指主要基于视频网站为核心的网络平台，以内容为核心、创意为导向，利用精细策划的视频内容实现产品营销与品牌传播的目的，是"视频"和"互联网"的结合，具备二者的优点。

一是文博类视频活动策划。

首先，《我在故宫修文物》《国家宝藏》通过创新内容、明确产品定位，满足了现代观众对文化知识的好奇与期待。采取让明星成为流量通道、吸引更多年轻观众，让受众更广。通过占领微博、微信、B站等社交平台，激发普通民众参与体验的热情。这种视频营销的方式为文博资源的传播与利用带来了极大的发展空间。

其次，自从抖音、秒拍、快手之类的视频网站逐渐走入百姓生活后，短视频营销这一种新的营销形式逐渐受到营销商的青睐。近两年来，短视频平台与博物馆频频联手，为营销带来了新的渠道与活力。2018年5月，中国国家博物馆、湖南省博物馆、南京博物院等7大博物馆与抖音平台联手推出文物创意短视频《第一届文物戏精大会》。4天时间，累计播放量突破1.18亿次，点赞量达650万，分享数超过17万，这一播放量相当于大英博物馆2016年全年参观总人次642万的184倍。过亿次的播放量充分体现了短视频这一新兴网络文化的"吸睛"力。2020年，为迎接5.18国际博物馆日，腾讯新闻向全国各大博物馆研究员、讲解员、高校文博、历史、考古专业师生及其其他文博达人发出号召，策划了"博物馆短视频达人季"知识快闪活动。获奖人不仅可以与腾讯新闻频道建立长期合作关系，拥有专属扶贫权益，而且还可以以文化体验官身份参与博物馆热门展览的体验活动。

二是文博类视频直播。

直播营销是指在随着现场事件的发生、发展进程同时制作和播出节目的营销方式。该营销活动以直播平台为载体，达到企业品牌的提升或是销量增长的目的。2020年，新冠状肺炎疫情防控期间，博物馆和文化机构纷纷闭馆。为了应对这一危机，直播成了博物馆亮相的新方式。"云游博物馆"成了新的看展模式，博物馆展品成了直播平台上的"明星"。

据不完全统计，目前、快手、新浪、腾讯、一直播、淘宝等或依托博物馆原有平台或开设账号，开启不同面向的直播。比如，"一直播"依托各博物馆官方微博，除了定时上线直播外，还开设"文博公开课"，将学者讲座视频在平台上播放。淘宝直播主要依托博物馆在淘宝开设的文创店，主播在讲述文物细节的同时，也介绍其如何演化开发为文创产品。

此外，各大博物馆也纷纷直接开启直播模式，比如故宫博物院的"云上故宫"、布达拉宫的直播秀、西安碑林的脱口秀、敦煌揭秘壁画临摹现场、山东博物馆的文物修复、良渚博物馆的探秘活动等。通过直播，线上博物馆在承载历史文明之时，也融入了当代文明。

课堂讨论

随着5G时代的到来，应该如何利用5G技术更好地开发和利用博物馆资源？

7.4 博物馆旅游产品网络营销绩效评估

7.4.1 旅游网络营销绩效评价

"绩效"是出自管理学的一个词，指在特定时间内，组织中的个人或群体可描述的工作行为以及可测量的工作结果，并且组织会结合其过去工作中的表现，指导其进一步改进、完善，进而可以预计该人或该群体在未来特定时间内所能取得的工作成效总和。评价，则是根据明确的目的来测定对象系统的属性，并将这种属性变为客观定量的计值或主观效用的行为。

旅游网络营销绩效评价是指运用一定的定量化和定性化指标及评价方法，对开展旅游网络营销的旅游企业的各个方面进行评价，以期总结和改善旅游企业的旅游网络营销活动。

7.4.2　网络营销绩效评价指标

网络营销绩效评价是对一个时期网络营销活动的总结，也是制定下一阶段网络营销策略的依据。对网络营销效果进行综合评价的体系主要包含以下四个评估指标：

1）平台页面设计评估指标

博物馆旅游网络营销平台设计时应该兼顾人性化、安全性和可拓展性和适应性等功能。平台页面设计不仅应该考虑到观众使用的简洁方便，更要注意信息安全保障和观众访问、平台的响应速度等。

2）平台推广评估指标

无论是网站、微信、App、小程序还是直播平台在网络营销目标人群中的知晓比例及其在搜索引擎中的排名，都对各平台的访问和使用有着重要影响。

3）平台使用评估指标

平台使用评估可以通过独立访问数、页面浏览量、注册用户数、用户访问量等形成的网络日志进行评估。

知识链接

表7-1　在线营销分析工具一览表

序号	在线营销分析工具
1	免费工具有 Minitigo、Achoo
2	收费工具有 Inspectlet、Celebrus、IVR、Qubit、网娱智信、优点数据、Leadon、EverString、快火箭、舟谱数据、供天下、易订货、订货宝、商情宝、Aqdata、自动化营销系统、盈鱼 MA 自动化营销系统

4）平台品牌价值评估指标

网络品牌必须有可认知的网络存在形式，如域名、网站、通用地址等，可以通过一定手段和方式向用户传递信息并获得顾客忠诚度。

通过以上四个方面对网络营销效果进行综合评估，可对线上营销策略进行调整和改善，持续改进观众服务质量。

7.4.3　网络营销绩效评价的统计分析基础

建立评价指标体系后，应该按分析评价指标收集数据。

1）网上客户调查

直接向网络观众展开调查。在各平台上发布调查问卷，或向客户发送调查问卷的电子邮件，咨询观众或游客对某一板块的意见与看法，听取观众或游客的意见。

2）专家评审

针对博物馆旅游开发过程中的专业性问题，应该邀请专家进行解读和评审，从专业角度对博物馆旅游营销中每一种营销方式的效果做出专业评价。

3）观众或游客与专家评审相结合

将一手搜集的资料与专家评审相结合，可以更好地取长补短，可以更为真实地反映博物馆旅游营销的现状和效果。

7.4.4 网络营销绩效评价指标体系的确立

在经过专家咨询、数据分析、指标修改等步骤后，最终确立博物馆旅游网络营销评价指标体系，见表7-2。

表7-2 博物馆旅游网络营销绩效评价指标

目标层	一级指标	二级指标	三级指标
博物馆网络营销绩效优度	博物馆旅游网络评价绩效 A1	平台设计 A11	栏目设置 A111
			页面视觉效果和风格 A112
			检索功能 A113
			分类导航功能 A114
			信息更新频率 A115
			信息的实用性 A116
		平台性能 A12	功能的全面性 A121
			平台的访问速度 A122
			与顾客交互的便利性 A123
		平台流量 A13	独立访问者的数量 A131
			日均点击量 A132
		网络安全性 A14	网上支付安全 A141
			网上交易安全 A142
	博物馆效益绩效 A2	社会效益 A21	观众观看率 A211
			观众点赞率 A212
			观众认识度 A213
		经济效益 A22	销售收入增长率 A221
			效率利润增长率 A222
			旅游产品定价 A223
			旅游产品促销效果 A224

续表

目标层	一级指标	二级指标	三级指标
博物馆网络营销绩效优度	博物馆旅游观众关系 A3	观众服务 A31	服务响应速度 A311
			在线咨询服务质量 A312
			观众反馈评价 A313
		物流配送 A32	运送速度 A321
			博物馆旅游文创产品的完整性 A322
		观众忠诚度 A33	观众的注册数量 A331
			观众积分效度 A332

参考来源：刘丕业 . 旅游网络营销绩效评价研究 [D]. 沈阳：沈阳师范大学，2014.

课后练习与思考题

1. 传统的博物馆营销方式有哪些？

2. 新式博物馆营销方式有哪些？

第**8**章
博物馆旅游人才及其必备素质

【章前引言】

新时代各项事业的竞争与发展归根结底是人才的竞争与发展。人才作为博物馆事业发展的基础与中坚力量，对博物馆事业的发展起着至关重要的作用。在文旅融合的背景下，博物馆和旅游业相辅相成，这也对培养文旅融合的复合型人才提供了新思路。本章节主要介绍博物馆旅游专业人才的类型及其必备素质，以期可以为博物馆旅游业更好的发展储备人才。

【内容结构】

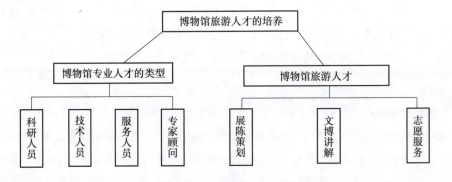

教学资源

【学习目标】

理论学习目标

1.了解博物馆旅游人才的类型。

2.掌握博物馆旅游人才来源的途径。

实践应用技术目标

1.对比陈列设计中需要的相关必备知识，检验自身陈列设计中存在的问题与不足。

2.根据文博讲解词的撰写方法，尝试撰写一篇文博讲解词。

3.运用文博讲解的技巧进行一段模拟讲解。

8.1　博物馆专业人才类型

　　《简明不列颠百科全书》将博物馆的人员大致可分为科研、技术和服务三种。科研人员包括馆长、保护管理人员（保管员、助手）及教育、保护和修复方面的专家，一般要接受适应博物馆需要的大学教育。如有可能，还需要接受博物馆学、教育学、保护和修复的专业训练。技术人员包括制图员、陈列品编目人员、文献资料编目人员、图书管理员、安全人员、中级修复员，应具有各自技艺的专业资格。此外，陈列品编目人员原则上还应接受陈列技巧等方面的专业训练。服务人员包括讲解员、维修人员和秘书等，也应各有一定的科学文化水平。

8.1.1　科研人员

1）博物馆馆长（director）

　　博物馆馆长，博物馆的行政首长。其一定要具备相关管理经验、专业知识和相关文物保护和开发法律知识。对内负责博物馆的业务、学术研究、经费、安保等行政工作，对外代表博物馆。主要工作包括制定规章制度、筹集经费、开发项目。

2）博物馆藏品管理人（curator）

　　博物馆藏品研究、管理人员。负责藏品的征集、研究、管理、保护、注销。参与博物馆行政管理或展览陈列事务。要具备特定类别藏品的专门知识和解释有关藏品的能力，能阐释、传播有关藏品的知识；要掌握拣选、保护、修复和陈列藏品的知识。

3）教育工作者（educator）

　　负责组织、实施、评估博物馆的教育活动。掌握专业教育和社会教育的知识，通晓博物馆教育的方法。了解有关博物馆观众学习的知识。具备根据不同教育对象组织特定学习活动的能力，可熟练运用多种教育工具。

8.1.2　技术人员

1）藏品登录员（register）

　　负责藏品资料的搜集、整理和登记，负责协调监管涉及藏品的其他业务活动。具备设计和填写藏品管理文书的能力，掌握藏品登录的规范和方法，掌握藏品保存和存放的知识。掌握关于博物馆藏品版权、博物馆知识产权的知识。了解保险业务和装运、运输的知识。

2）藏品保存技术人员（conservator）

负责对藏品的科学保存，对藏品保存环境的监测和营造，对藏品科学保存技术、材料、方法的研究。具备特定藏品的知识，具备关于特定藏品蜕化和保护的知识与技能，能组建相关的实验室。

3）陈列设计师（designer）

负责博物馆陈列的设计、制作和管理。系统学习和掌握设计的知识和技能。了解博物馆陈列的特点。具备有关博物馆陈列的室内环境、照明、色彩、安全、藏品保存的知识和能力，展览管理的知识和能力。

8.1.3 服务人员

1）文博讲解人员

讲解员是宣教工作的主力军，要求具备一定水平的文化素质、专业知识和基本技能，既要有良好的语音语貌，还应具备一定的研究和写作能力。

2）志愿者（volunteer）

志愿者指的是"自愿进行社会公共利益服务而不获取任何利益、金钱、名利的活动者"，具体指在不为任何物质报酬的情况下，能够主动承担社会责任而不获取报酬，奉献个人时间和助人为乐行动的人。博物馆志愿者负责博物馆的日常管理、资料整理、展馆讲解等辅助工作，需要具备较好的专业知识和专业技能。

3）安保人员

安保人员指负责保障博物馆文物安全、博物馆秩序稳定的人，需要具备安全保障意识和安全保障技能。

8.1.4 馆外专家顾问团队

博物馆的专业人才一直存在缺失和不足的现象，借助外力就显得尤为重要。聘请一些行业和高校内具有丰富的实践经验和较高学术水平的专家担任学术顾问、专家团队深入到业务的各个方面，包括陈列展览、文化创意产品开发、文物鉴定、修复等，建立起有助于博物馆内涵式发展的"专家库"。通过长期良好合作，发挥好专家团队的智库作用。

8.2　博物馆陈列策展人员的必备素质

"博物馆为社会服务、为观众服务，其中心环节就在于陈列、展览。陈列、展览的效果如何，很大程度取决于陈列艺术设计的水平。"（《博物馆陈列艺术—序》马自树）博物馆陈列设计是一门综合性极强的艺术，它不仅综合了多种学科艺术，还涉及各种学科知识，包括历史学、考古学、建筑学、社会心理学、人体工程学、视觉环境学、技术美学等。一名合格的博物馆陈列设计师在专攻自己专业领域的同时，也必须贯通以上学科并用于展览设计中。

8.2.1　具备室内设计师的专业素养

室内设计包括对建筑内部硬装和软装的设计。设计师需要对建筑内部的空间、色彩、材料、光影、装饰、绿化等做相应设计。博物馆的陈列设计师需要掌握室内设计中的设计要素来设计展览，从空间布局到材料的选择，从灯光设计到氛围的营造，从细部装修到展柜布置，从园林布置到雕塑场景。这些要素在陈列设计中都广泛应用并贯穿其中。因此，室内设计的专业知识是一名合格陈列设计师必须具备的。

8.2.2　具备平面设计师的专业素养

需要掌握二维空间中各种元素的设计和布局设计，其中包括字体设计、版面编排、插图和摄影的采用等；所有内容的核心在于传达信息、指导观览等，它的表现方式主要是通过印刷技术达到的。

一般而言，博物馆陈列设计中平面设计占较大工作内容，例如说明牌设计、图文板式设计（图8-1）、标题的设计以及多媒体设计等。尽管平面设计在整个展览工程的预算中所占比例很小，但展览中大部分信息传达都是靠平面设计来完成的。例如说明牌中可以包括展品的名称、体量、年代、用途、特性等内容。图文版中包括具体的展品内容，可以由插画、照片、文字等不同形式组成。优质的展版设计会带给人愉悦的参观享受，也把展览信息准确地推送给观众。平面设计中的总体设计则要符合整个展览的基调、色调、特性，这就需要设计师全面把关。

> **课堂讨论**⋯⋯⋯⋯⋯⋯⋯○
>
> 展览说明牌怎样设计才更符合未来观众的需求？

图 8-1　安徽百年老字号展板设计（学生作品）

展品说明文字的写作是一项看似简单、实则技巧颇多的基本工作，但目前国内很多展览在展览说明牌的设计和制作上并不用心。干枯的文字让文物更加冰冷，拉大了与观众的距离。展品的语言是抽象的，博物馆应当做一些翻译和解释，帮助观众更好地理解展品。因为观众不仅想了解器物名称等基本信息，而且对于文物背后的历史信息同样有获取的需求。他们想知道为什么这件文物要在这里展示。在这方面，恰当的文字阐释正好能发挥作用。

8.2.3　了解多媒体设计相关知识

现代设计人员掌握计算机辅助设计软件是基本的要求，这是现代设计实效性的体现。在设计过程中，设计师可以通过效果图（图 8-2）找出设计中的不足，及时进行改正，缩短设计过程。展览的策划者如果不具备这些基础知识，便不能很好地与具体设计人员沟通，达不到应有的设计表现力，展览也就做不好。

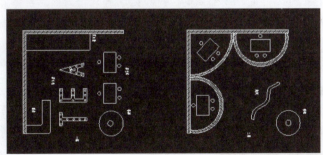

图 8-2　茶博会某展位平面图（学生作品）

对施工图纸拥有较强的分析能力，是进行施工监督的基础。在进入到施工布展阶段后，只有各种图纸，才是布展的指导文件。有些具体问题，只有在图纸上才看得出来，而且要在图纸上改正。难以想象一个不懂图纸的设计人员，如何指导工人施工，并在施工后对工程进行验收。

8.2.4　掌握人体工程学理论

在博物馆展览设计中，人体工程学理论贯穿始终。设计师需要把展品视点放在科学范围内。博物馆陈列设计师根据展品的体量、材质、构造的不同来设计展柜、体块、托架等。因为人体最佳的视觉区域是自身身高的 20 ~ 40 cm，因此指示牌一般设计为宽度为 30 cm，长约 80 cm，要确保观众能够在一定范围之内清晰辨识指示牌上的内容，且能够在最短的时间内找到标识牌，促进其指示作用的扩大化。博物馆的展示空间净高度通常保持在 4 m 以上，因此，展品的陈列高度应当控制在 350 cm 以下，一般博物馆会将高度设置在 100 ~ 350 cm。若每件展品都需要观众抬头欣赏或者弯腰看，显然都是不合适的，也不符合以人为本的原则。

8.2.5　熟练运用力学相关知识

布展时，陈列设计师必须对展品的固定方式进行全方位思考。很多托架在布展前就已经制作完成，所以设计师必须得弄清楚展品的着力点在哪里，才能完成挂、站、吊的任务。比如当展品太重，壁龛的承重不够时，就可以考虑把展品与壁龛的接触面放大，增加接触面积，来增加承重力。再如挂墙上展品超过 25 千克（一般木龙骨墙承重为 25 千克每点），就需要在墙的龙骨中间加固，或者增加展品与墙面的受力点，增大墙面分力。

8.2.6　掌握照明设计相关知识

陈列照明包括整体照明、局部照明、气氛照明等几个方面。整体照明不能太强，局部照明需要高于整体照明，气氛照明可以由设计师自由发挥。博物馆陈列设计的照明不仅在照度上提出要求，还需要在展品的材质上考虑。有些展品对光特别敏感，如字画、标本、丝织品等，光照不大于 50 lx。但实际达到此照度很难，博物馆可以应用感应灯的方式处理；对光比较敏感的纸类书画、竹器、木器制品、动物标本等，光照应控制在 150 ~ 180 lx；对光不敏感的陶器、玻璃制品、金属等，光照可以控制在 300 lx 左右。

> **知识链接** ⚬
>
> **照度**
>
> 照度是表示被光照的某一面上单位面积内所接收的光通量，其单位为勒克斯（lx）（图 8-3）。光通量是衡量光源的发光效率的一个物理量，单位为流明（lm）。提高照度可以使用大功率光、增加灯具数量、利用直射光等。

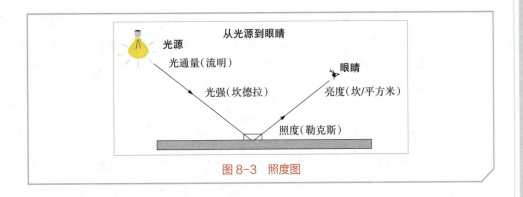

图 8-3 照度图

8.2.7 了解社会心理学相关知识

博物馆陈列设计需要想观众所想，抓住观众的兴趣点，考虑到观众的注意力、想象力、参观动向和对展览的态度等方面。陈列设计师在做展览前，首先要对展览进行定位，考虑好所做的展览针对哪类社会人群来参观或学习之用，是面向艺术爱好者，还是面向大众，找到该人群的兴趣点，并挖掘出相关信息，再匹配相关要素进行设计。

8.2.8 具备与参展各方沟通的能力

要想成功举办展览，最主要的是做好人员的协调工作。办展过程中，博物馆不可避免地要与各服务商进行沟通。比如就设计草图与设计小组每位成员进行探讨，从中找到一些考虑不周全的地方。尤其是那些非常熟悉某种空间的专业设计人员，他们有较好的设计心得和体验，可以提出非常有价值的参考意见。与施工方人员进行沟通，可以保证施工质量。与观众沟通，可以更好地把握博物馆旅游市场的需求导向，提供更好的陈列作品。

一个好的陈列展览，既要将所展示的展品表述清晰，获得甲方领导及观众认可，又要将其展示特点表达清楚，不失应达到的艺术效果。这是每个展览策划人必须做到的，也是一个展览成功与否的关键。

8.3 文博讲解与讲解员的必备素质

讲解工作，是博物馆宣传推介的一个重要组成部分，是观众同展览近距离接触和交流的一座桥梁，有画龙点睛之作用。19 世纪末，随着博物馆教育职能的发展，观众要求从博物馆获得更多的知识。在这种情况下，美国波士顿美术博物馆于 1906 年开始设立讲解人员，称为 Docent。主要负责讲述陈列品的名称、性质、时代等有关资料，受到参观者的欢迎，引起博物馆界的重视。中国最早倡议提供讲解服务的，是南通博物苑的创建者张謇。1905 年，他向清政府建议在京师建设帝室博物馆时，就提出"遴派视察员，招待员，用为纠监导观之助"。

8.3.1 博物馆讲解的概念

博物馆讲解是以陈列为基础，运用科学的语言和其他辅助表达方式将知识传递给观众的一种社会活动。讲解员是沟通博物馆、纪念馆与社会的桥梁和纽带，也是博物馆、纪念馆的代言人。讲解服务的质量与水平直接影响到观众的受教育和参观质量，影响到博物馆、纪念馆的窗口形象，甚至影响到一个地区和国家的形象。因此，如何培养讲解员，特别是培养优秀的讲解员，在博物馆、纪念馆社教事业中起着关键作用。一个优秀的讲解员，不仅要有丰富的知识底蕴，还要有得体的仪容仪表。

8.3.2 博物馆讲解词的撰写

讲解词是对展览、历史文物、摄影图片和生产实物等进行讲解说明的一种文体，它的功能是对陈列展品做解说。除了说明展览的宗旨、主题及影响外，还要讲述展品的故事和展览内容，对展品作具体解说，并指出其历史的、科学的、社会的价值和意义。通过讲解员的讲解来感染观众，目的是使观众了解被阐释的展览内涵。撰写高质量的讲解词对博物馆、纪念馆的社会教育工作至关重要。

1）撰写讲解词的基本原则

讲解词是讲解员从事讲解的基本依据，其语言文字水平的高低直接关系到讲解效果。讲解词应该做到思想性、科学性、知识性、艺术性和针对性的统一。要观点正确，脉络清晰，史物结合，言之有据，简明扼要，有情有趣，对象明确，程度适宜。

（1）科学性

科学的目的就是揭示各种现象的客观规律和解释各种现象的本质。在撰写过程中应尊重历史和科学，严格地按照事实和人文记录全面地归纳整理，防止随意编撰；在必须美化或艺术加工时，也要有依据；必须充分而准确地体现文物、标本陈列的价值内蕴，不只是历史价值、科学价值，还包括审美价值。特别是在引用名言警句时，还要充分考虑讲解效果和引文的准确性。

（2）可施讲性

在充分写出展览主题思想之外，要考虑到讲解词的可施讲性，即适合于实际讲解的需要。讲解词应根据文物、照片或展板等的实际说明，编写讲解的顺序，要求逻辑清晰。还应注重书面语与口语的恰当运用，讲起来顺口，听起来悦耳。

（3）可接受性

观众是信息的接受者和阐释者。讲解词写得好不好，要靠实践来检验，靠观众来评判。针对不同年龄、职业、参观目的、文化层次的观众，编制不同的讲解词，并采取不同的态势技巧、参观线路等。

2）撰写讲解词的基本结构

讲解词一般由前言、主体、结语三大部分组成，其中主体内容可再细分为若干个分支结构。当年，毛泽东同志在讲到谋篇布局时曾说："写文章要讲逻辑。就是要注意整篇文章，整篇讲话的结构，开头、中间、尾巴要有一种关系，要有一种内部的联系，不要互相冲突。"

（1）前言

讲解词的前言有很多种表达方式，诸如提问式、引导式、开门见山式、追溯式、评议式、引用式等。一般而言，前言的创作应既热情又简要，以吸引观众的注意。

（2）主体

古往今来写文章都要求"有物有序"。"有物"是指言之有物。从材料上紧扣主题，突出重点，精心选择。应该从大量的材料中经过精心比较、筛选、提炼，从中选取最能说明问题的素材，这有助于表现主题而又使事实生动感人，展开细写，起到事约意丰、以一胜十的效果。

"有序"即有条理。有条理，就得注意结构层次的安排，讲究章法。可以运用多种手法来表现主题，强化主体。可采用多种表达方式相互结合。比如叙述不光有顺叙，还有倒叙、插叙。倒叙能使行文活泼，引人入胜；插叙可使文章有起有伏，有急有缓。

（3）结尾

讲解词的收笔讲究功效，要寄托深意，具有韵味。有一个引人入胜的开头，必然要有一个响亮有力的结尾与之相映。

课堂讨论

文博讲解词和旅游导游词之间的异同有哪些？

"彩凤鸣岐"古琴讲解视频

8.3.3　博物馆讲解的方式

讲解方式是否有效直接关系到博物馆展览能否体现其艺术价值。

1）导览叙述型讲解

讲解员按照陈列顺序引导观众参观，依次进行讲解，这样可以完整流畅地讲完整个陈列内容。这种方法的特点是弹性较大，是一种普遍有效但相对保守的讲解方式，适用于接待零散的观众。

2）教学型讲解

这主要是面向学生或儿童的一种讲解方式。要有效地将博物馆作为学生的校外课堂，参照学校的授课方式用更生动和更多元的方法进行讲解。讲解方式切记不能过于拘谨和严肃，讲解中注意使用亲和的语言和表情来适度调整学生的情绪，避免讲解氛围的沉寂。建议采用互动或设置悬念的方式来集中学生的关注度。

3）概括型讲解

先集中地、概括地介绍展览的主题，使观众首先明白将要参观的是什么内容并对参观产生兴趣。这种方法适用于接待较大规模的团体，有效提高讲解效率。

4）讨论式讲解

讲解员与观众边看边讲，不时进行交谈、讨论。在讲解对象为某方面专家时，讲解员还可以向服务对象交流请教相关的知识，因此这也是讲解员获取知识的一种途径。这样的讲解方式适用于接待人数较少但目的性较强的专业人士或者学者专家型观众。

8.3.4　博物馆讲解员的服务礼仪

1）接待礼仪

讲解过程中讲解员的仪容仪表和动作直接体现出讲解员的专业性，讲解员在讲解过程中要在站、走、引领等动作中不停变换，每一个动作都要做到标准自然。

当讲解员自然站立时，双肩要自然向下垂放，收腹挺胸，下颌要微微向后，双手交叉放在小腹前，并且面带笑容向参观者讲解，体现出讲解员的专业性。当参观时间还没有到时，讲解员需要站立在门口处等候参观者。此时，讲解员应以标准的站姿迎接参观者，向参观者点头问好。

在讲解过程中，要沿着直线向前走，并保持昂首挺胸，双脚尽量落在一条直线上，走路的步幅为日常走路的步幅。若是女性讲解员穿着裙装，步幅要适当减小，步行的速度要不快不慢，与大部分参观者保持一致，不可急速前进给参观者造成紧张感。若是在工作中遇到紧急事件时，讲解员不可惊慌，要安抚参观者的情绪，使用小步快走的方式行走，时刻规范自己的行为。

引领是场馆讲解员日常工作中不可或缺的一项工作。引领采用的是手部引领，为此，讲解员需要注意的是自己的手势。首先，讲解员要保持手部的卫生，定期修剪指甲，保持指甲干净、平整。使用指甲油的女性讲解员需要注意的是，指甲油的颜色不可过亮。进行引领时，讲解员将右手抬高，与胸部相齐即可，手心向上，手指并拢，微微向外伸展，身体侧向参观者。在讲解过程中，要注意观察参观者的表情，从中掌握参观者的聆听情况。

在施讲中，讲解员不可避免地会运用面部表情来配合讲解词的有声表达，有意或无意地影响着讲解情境。在施讲过程中，应做到避免矫揉造作，力求自然、大方、得体。讲解员的体态除自身条件外，给观众的总体形象应是和蔼可亲、彬彬有礼、落落大方、不卑不亢、自然洒脱、健康向上的优美形象。站立方位可面对观众也可侧身而立（图8-4），总的原则是以观众为中心，不影响观众视线又便于观众观察和施讲。在施讲中，肢体各部位配合要自然适度。

图8-4　中国邮政邮票博物馆讲解员（图/中国快递协会）

手势语言在无声语言中占有特殊地位，它既具有体态语言的动感，又具有表情语言的情绪性。手势语言的正确使用，无疑对表情达意起着深化作用，人们在交谈中往往不由自主地运用手势来表明或强化所表达的意图。讲解中的手势语言有以下作用：其一，指明观众参观目标。手指的方向要和自己的视线与目标三点连成一线，准确地指向目标。切不可随便将手一扬，使观众不知所向。其二，对讲解物的特征进行形象地比喻和形容，如面积、体积、重量和结构形态等，以加强观众对讲解物的理解，从而留下深刻印象。其三，传达讲解员自身的情感，如对文物、标本、景观、事件进行讲解时，带入自身的正确情感可以激发观众情感意识的共鸣。手势的运用要和身体各部位配合和谐，不可僵硬也不能随意夸张。否则，适得其反。

2）礼貌用语

讲解过程中要使用标准的普通话，做到思路清晰、语言流畅，通过语言的停顿、重音、语调等变化，增强语言感染力。它贯穿到讲解的全过程，微妙地影响着观众的情绪及施讲效果。

要求讲解员在工作中要采用礼貌用语，讲解时语言流畅，声音洪亮，对待参观者的态度端正。在讲解过程中，讲解员要习惯使用"请""谢谢""对不起"等各种礼貌用语，并正确地称呼参观者，称呼是对参观者表示尊重。同时，这也是拉近讲解员与参观者距离的一种方式。为此，讲解员要注重称呼是否恰当。

称呼时，可以根据职务进行称呼，当不知道对方的具体情况时，可以采用常用的"先生""女士""同志"等进行称呼；若是集体参观，可以使用单位名称和群体代称称呼，如"XX学校的老师"。

另外，讲解员还需要随机应变。在讲解过程中，讲解员必然会面对参观者的提问。若是所提出的问题自己无法回答时，则应表示抱歉，切勿胡乱回答。当发现参观者需要帮助时，讲解员要积极主动，对参观者表示理解，并认真倾听参观者的话，给予解决措施。

投诉是讲解员工作中难免会遇到的一个问题。为了避免投诉事件的发生，在工作中，讲解员要注意观察参观者的情绪。当参观者情绪异常时，讲解员首先要耐心倾听，接受参观者的意见，勇于承担自己的责任，努力采取解决问题的方法，确保服务质量。

3）仪容仪表

仪容仪表是礼仪接待最基本的要求，也是讲解员给参观者的第一印象，讲解员要体现出专业性，必须严格要求自己的仪容仪表。

首先是仪容外貌。讲解员要打造整洁得体的形象。在头式的打理上，女性要将长发盘起，男士要做到头发前不压眉和不压颈，给人一种简洁大方的感觉。

女性讲解员在工作前需要化淡妆，淡妆不但能够营造一个良好的形象，并且能够影响到参观者的聆听质量，而男性讲解员打理面容时，需要保持面部清洁，不留胡须。

在工作过程中，防止自身出现不文明的行为，例如挤眉弄眼、手插口袋等行为。

其次是保持衣着服饰整洁得体。由于讲解员工作的时间往往比较长，着装若是不经过细致打理会出现各种问题，给参观者留下不良印象。为此，讲解员应时刻保持衣着干净，熨烫平整，在接待工作开始前应对照检查自身情况。

博物馆等地一般要求参与接待工作的人员穿着制服上岗。在衣服的选择上，女性讲解员的选择范围比较广，但挑选衣服时要严格遵守三个原则，即身上衣服的颜色不可超过三种颜色，合理进行主色与辅色的搭配。而男士讲解员的衣服主要以黑白为主，需要注意的是袜子与皮鞋的搭配，袜子与皮鞋保持相同颜色。

除此之外，讲解员还需要注意话筒的佩戴和充电，因为话筒的佩戴直接影响到讲解员的解说质量。话筒需要佩戴在讲解员左胸口袋的地方，并且确保话筒传声的合理距离，一般保持两指的距离即可；同时，讲解员在讲解前应注意话筒或扩音器的充电问题，保证讲解过程中电量充足。

8.4 博物馆志愿者的选拔与志愿者服务

志愿者队伍是博物馆工作人员的重要组成部分。博物馆可以扩大志愿者招募的范围，采用媒体宣传、主动走访、接受咨询相结合的方式，按照"自觉自愿"的原则，广泛招募志愿者，组建本馆的志愿者团队。志愿者可以来自社会的各个阶层、各个行业、各个年龄。根据志愿者的专业知识、职业特点、文化层次、服务志向、兴趣技能，对每一个人进行明确定位，把他们充实到各个部门里去，尽量让他们都能工作在最能发挥自己作用、最能显示自己能力的岗位上，做到人尽其才。

8.4.1　博物馆志愿者的招募

志愿者（图 8-5）的招募应由专门的职能部门牵头，与有志愿者需求的相关部门一起共同完成。根据博物馆的性质和岗位需要，可以下设保卫、保洁、讲解、文案、设计等组别，每个组别的负责人可以从志愿者中产生，负责工作任务的安排和联络，构建层级管理体制。博物馆既是社会公众活动的重要场所，也是风险易发场所，对于文物和观众安全，志愿者服务的岗位有着明确的要求：

①热爱博物馆事业，具有良好的思想品质和职业道德，具备较强的服务意识和奉献精神；

②服从博物馆统一管理和调配，遵守博物馆相关规章制度和工作纪律；

③具备某一种或多种岗位能力，能够提供长期的志愿服务；

④接受岗前统一培训，考核合格后方可上岗。

图 8-5　故宫博物院志愿者团队

8.4.2　博物馆志愿者的培训

博物馆志愿者培训有通识培训、专业培训和岗位培训等多项内容。

1）通识培训

通识培训主要是介绍博物馆知识、志愿者知识、活动理念、行为规范、传统文化、中国历史、基本礼仪、应对紧急情况等方面内容，培养志愿者的博物馆意识、公益意识、服务意识、形象意识和责任意识。通过此项培训，让志愿者了解博物馆相关知识、志愿者知识、服务内容等。

2）专业培训

专业培训主要是根据志愿者具体服务岗位进行培训，如相关展厅专业知识、讲解服务、观众服务等。主要介绍岗位的基本知识、工作任务、业务流程、紧急情况处理措施和团队管理等方面内容，使志愿者熟悉其工作职责及范围，掌握相关专业知识及技能。

3）岗位培训

岗位培训主要是让志愿者参加实践培训，通过实践检验培训效果及存在的问题，并及时纠正，达到最佳服务效果。

8.4.3　博物馆志愿者的服务内容

博物馆是为社会公众提供藏品展示欣赏和休闲娱乐的地方，观众的参与度相对较高，有许多博物馆志愿工作机会可以提供给广大志愿者。

1）公文处理

博物馆日常管理中会处理大量文件、报告和制度汇编，有文字功底和公文处理能力的志愿者可以与博物馆人员共同整理文件资料、撰写材料报告和完善制度汇编，也可以远程上岗完成公文处理。

2）展厅疏导

在节假日期间或重大活动现场，博物馆往往会滞留大量参观观众，志愿者可以协助博物馆保卫人员共同维持展厅参观秩序，有效疏导现场观众。

3）清洁卫生

清洁展柜玻璃和展厅外立面，打扫、收集展厅垃圾，美化博物馆参观环境，同时向观众宣传文明参观。

4）观众服务

面向观众提供场馆介绍、指引，解答观众提问；发放观众问卷调查，统计参观情况；协助观众参与展厅互动体验项目；帮助观众寄存和提取包裹；提醒观众参观注意事项等。

5）展厅讲解

招募满足不同层次观众需求的讲解志愿者，以及外语专业的讲解志愿者，可以为观众提供多个角度、多种语言的讲解服务。

6）媒体制作

配合博物馆完成官网、微博、微信公众号等媒体平台内容的编辑撰写；完成展览讲解录音，活动拍照、录像和日常维护工作。

7）展览设计

协助博物馆展览人员从事展览大纲的撰写和形式设计，以及展览读物的编辑出版。

8）文创开发

参与博物馆文创产品的设计开发。

课后练习与思考题

1. 简述博物馆旅游人才的类型。
2. 简述博物馆陈列设计人员应该具备的素质。
3. 文博讲解员应具备哪些素质和能力？
4. 简述博物馆志愿者的工作职责与范围。

第**9**章
博物馆旅游危机管理

【 章前引言 】

　　随着博物馆更深层次地融入当今社会生活，博物馆危机的外延不断扩大，危机的情形和种类不断增多。掌握博物馆危机的特征和成因有助于更好地认识危机的内涵。根据危机发展演变的周期，可以更好地采取预防措施，减少危机造成的损失，消除危机带来的影响。

【 内容结构 】

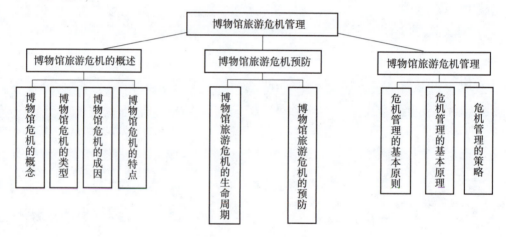

【 学习目标 】

理论学习目标

1.了解博物馆旅游危机的特点与成因。

2.了解博物馆旅游危机的类型与表现形式。

3.掌握博物馆旅游危机的预防机制。

4.掌握博物馆旅游危机的处理方案。

实践应用技术目标

1.利用博物馆旅游危机预警系统的构建方法，为本地区博物馆提供一份旅游危机预案。

2.根据博物馆旅游危机的处理方法，分析故宫博物院处理"奔驰车事件"的步骤与方法。

9.1　博物馆旅游危机的概述

9.1.1　危机的概念

危机一词早已有之，如《晋书·诸葛长民传》中有"贫贱常思富贵，富贵必履危机"的记载。但古代文献中的"危机"多指危险、祸事的发生。与现代意义上所指危机还是有所不同。危机管理研究的先驱查尔斯·赫尔曼认为，危机是一种情景。具体地说就是其决策主题的根本目标受到威胁，在改变决策之间可获得反应时间有限，其发生也出乎决策主体的意料。长期从事危机管理研究的专家斯蒂芬·巴顿认为，危机是一个会引起潜在负面影响的具有不确定性的大事件，这种事件及其后果会对其组织及其成员、产品、服务、资产和声誉造成巨大的损害。

因此，凡是与博物馆有关并且能影响博物馆旅游项目正常运行的各种不良及潜在危害性的事件均可称为博物馆危机。博物馆危机管理又名博物馆风险管理，是指如何在一个风险的环境里将风险降低和消除的管理过程。

9.1.2　危机的类型

1）社会因素危机

这里主要指因经济秩序和社会宏观环境变化而导致的危机。如社会经济衰退、游行示威、罢工罢市、政治动乱以及恐怖威胁和战争等（表9-1）。这些来自社会环境的巨大冲击，是任何机构都难以抗拒的，称为不可控制的危机或（社会性）不可抗力。但组展者如能从国家政府部门提前获得危机信息，则可采取应急措施把危害降到最低。

博物馆旅游危机
类型

表9-1　博物馆社会因素危机案例一览表

编号	社会因素类型	教学案例
1	经济衰退	2009年3月，因为经济危机的影响，纽约大都会艺术博物馆所获捐赠由去年的29亿美元骤降至21亿美元。为此，博物馆关闭了分布在美国其他城市的15家分馆，只保留了纽约的8家分馆照常开馆。而且还在2009年7月1日前砍去了约250个工作岗位，约占博物馆工作人员总人数的10%

续表

编号	社会因素类型	教学案例
2	政治动乱游行示威	2013 年 8 月 14 日起,埃及警方对前总统穆尔西支持者实施的清场行动在全国引发大规模示威游行和暴力冲突。冲突造成大量人员伤亡的同时,也使一些教堂、博物馆和考古遗址遭到不同程度的损毁。其中,位于首都开罗南部明亚省的马拉维博物馆损失最为惨重。据当时埃及媒体的报道来看,极端分子对马拉维博物馆的馆藏文物进行了洗劫和破坏,并企图将博物馆付之一炬。据粗略计算,在当时该馆展出的 1 089 件文物中,有 1 040 件被盗走,剩余文物多被严重损坏
3	恐怖主义	2015 年 11 月,巴黎遭遇恐怖袭击之后,法国的旅游业受到了严重的打击,卢浮宫的游客数量也大幅减少。2016 年,卢浮宫总共接待了 730 万游客,大大低于 2014 年的 930 万。当时,中国游客减少了 31%,日本游客减少了 61%,美国游客减少了 18%
4	战争	1937 年"卢沟桥事变"爆发,日本对中国博物馆事业的破坏从东北向华北、华东和华南等地区扩展。1938 年 5 月,河南开封陷落。河南省立博物馆一度成为日军驻扎的兵营,馆内文物、设施惨遭破坏,日军强索暗劫,被掠夺的文物和拓片碑刻等难以计数
5	疫情	2020 年新型冠状病毒爆发,中国五千多家博物馆令行禁止,前所未有地一律闭馆。一些博物馆投入巨资打造的展览和文创产品未能实现预期效应,无论是公益类还是景区类博物馆都承受了巨大损失。在全民抗击疫情的同时,文化产业人也在积极地探索各种可能性,积极探索各种"云"形式

2)运作因素危机

在博物馆旅游运营中,知识产权侵权问题一直是展览活动的"雷区"。随着博物馆在社会生活中的作用和影响力不断增长,博物馆藏品、展览、商标等无形财产的社会效益和经济效益逐渐显现,一些侵权事件时有发生。国家博物馆、上海博物馆、成都金沙遗址博物馆等曾屡屡卷入相关纠纷中。博物馆相关著作权、商标权、专利权、域名等知识产权保护问题(表 9-2)日益凸显。因运营过程中的各种失误、临时展览定位不当、宣传推广效果不佳、人力资源及人员结构不合理使博物馆面临着多重考验等。这些都属于博物馆在运营层面上的危机。比如,因出租馆舍举办私人婚礼而引发公众对国家博物馆公共性的质疑、南京市博物馆馆长因"借文保单位给房企做活动"停职引发舆论热议、故宫博物院的"错字门"事件、杭州博物馆成为综艺节目《奔跑吧,兄弟》的录制秀场、南京城墙成为法拉利展台,甚至出现南京清代老宅因地产项目野蛮施工差点被毁等事件。

表 9-2　博物馆运作因素危机案例一览表

编号	知识产品保护类型	教学案例
1	著作权	与藏品相关的复制权(包括印刷、复印、拓印、录音、录像、翻录、翻拍)、发行权、出租权、展览权、放映权、信息网络传播权、摄制权、改编权、翻译权、汇编权等则属于著作权人对其作品具体享有的著作财产权。 案例:吴冠中先生生前将其代表作《一九七四年·长江》等3幅作品无偿捐赠给国家,由故宫博物院永久收藏。该作品未曾有复制品在外流通,即使吴冠中先生的后人对该画享有著作财产权要复制也仍要经收藏该画的故宫博物院同意才能实现
2	商标权	①"明孝陵"等商标被杭州一家制造公司注册并拍卖。 ②浙江的"十里红妆"商标发生了7年的纷争。 ③西安兵马俑被注册为马桶商标。 ④河南博物院镇馆之宝"莲鹤方壶"被注册为酒类商标
3	专利权	汉景帝阳陵博物院分别设计了"世界上最早的茶叶""千古一叶"两个LOGO,于2016年7月向国家版权局申请"世界上最早的茶叶""千古一叶"两个著作权专利,并于2016年10月获批。汉景帝阳陵博物院通过这两个著作权专利授权尝试,于2016年获得了6万元的授权费收益 图 9-1　汉阳陵博物馆申请专利
4	域名	2010年7月,成都博物院收到了一张来自成都市中级人民法院的传票,三个自然人状告成都博物院在互联网上使用的"金沙遗址博物馆"和"jinshasitemuseum.com"等中英文域名,构成侵犯原告第4183608号注册商标专用权的行为,要求禁止成都博物院在互联网上使用合法持有的域名,并赔偿损失。作为成都三大文化品牌之一的金沙文化首度对簿公堂,在法庭上打响了知识产权的保卫战

课堂讨论 .... ○

　为了减少运营危机,博物馆是不是应该减少或停止与其他产品或活动的合作力度?

3）自然因素危机

自然因素危机指由自然因素引起的危机，如地震、海啸、台风或暴雨、洪水等重大自然灾害（表9-3）。这是办展者无法抗拒的（自然类）不可抗力，当属不可控制范畴。为了防范这些危机，博物馆管理者一定要加强与政府相关管理部门的信息沟通，一旦获悉，定要"宁可信其有，不可信其无"。博物馆组织活动要做好时间调整，及时更改展览日期或变更场地甚至终止活动，从而避开危机的发生。

表9-3　博物馆自然因素危机案例一览表

编号	自然灾害类型	案例
1	火灾	① 2018年9月2日晚上，拉丁美洲最大的自然历史博物馆之一的巴西国家博物馆遭大火侵袭。火灾虽未造成人员伤亡，但馆藏的2 000多万件文物一夜之间化为灰烬，仅有10%得以幸免。巴西总统Michel Temer当时在推特上痛心地表示："二百年来的努力、调查和知识毁于一旦，这对所有巴西人来说都是悲伤的一天。" ② 2019年4月15日下午6:50，正搭起脚手架进行维修工程的巴黎圣母院遭遇大火，滚滚浓烟遮蔽了塞纳河畔的天空。火势蔓延速度很快，难以控制。在紧张围观的人群注视下，巴黎圣母院标志性的尖顶被烧断，坍塌倒下。火灾发生后，法国总统马克龙取消了当天的全国讲话，紧急赶往现场，并在推特上表示："被火焰吞噬的圣母院，是整个国家的情感"
2	地震	① 2011年10月23日，土耳其东部发生7.2级地震。凡城博物馆受到较为严重的破坏，馆藏的一些珍贵陶器在地震中摔碎。 ② 2015年，尼泊尔地震不仅造成数以千计的人口死亡，还有很多历史遗迹也受到不同程度的损害。由于地处地震中心地带，具有历史意义的尼泊尔廓尔喀博物馆在这次地震中损毁严重。廓尔喀博物馆馆长卡鲁娜·拉伊说："这是一场大破坏，博物馆的屋顶已经完全掉落了。我不知道需要多少时间才能修好它，也许是2年，也许是3年。"
3	台风暴雨	2019年8月9日，杭州西湖博物馆馆长潘沧桑紧急召开工作会议，及时传达省委市委及名胜区防汛抗台紧急工作会议精神，全面落实抗击"利奇马"台风工作，并进行全馆安全大检查
4	洪水	① 2010年7月20日上午12时，重庆嘉陵江、渠江流域的广安区、岳池县、华蓥市、武胜县的35个乡镇的文物遭到淹没和损毁。 ② 2016年6月3日，法国遭洪水侵袭。塞纳河在数天的大雨后，堤防出现缺口。巴黎卢浮宫博物馆紧急宣布闭馆，并声称将不断移置珍藏文物到塞纳河河水不能触及的地方

4）安全因素危机

这里指除社会因素和自然因素外的安全问题，如工作人员粗心大意、场馆和展位设施故障所引起的危险、盗窃、抢劫、爆炸等。这些危机的产生大多属于管理层面的问题，理应加强管理，制定博物馆各项管理职能和规章制度，不断提高博物馆管理人员的综合素质和与会者的文明素质。

表 9-4　博物馆安全因素危机案例一览表

编号	安全因素类型	案例
1	盗窃	外来盗窃： ① 1983 年 10 月,17 岁少年许某孤身一人潜入湖南省博物馆,盗走了马王堆汉墓出土文物 31 件、复制品 3 件、线装书 4 本。被盗文物里,包括两件素纱禅衣。 ② 2011 年 5 月 10 号,石某没有用任何的高科技手段,偷取了故宫博物院 9 件珍贵文物。 ③法国的枫丹白露宫,是收藏圆明园古董最多的一家博物馆。2015 年的 3 月 1 号,盗贼仅仅用了 7 分钟时间就偷走了 15 件文物。其中包括中国流失的无价之宝铜胎掐丝珐琅麒麟等物。 ④ 2017 年 3 月 27 日,一伙劫匪闯进柏林的博德博物馆,偷走了一枚重达 100 千克的大金币。这个"大枫叶"金币是加拿大发行的纯金纪念币,面值高达 100 万美元,市场价更高达 450 万美元。 ⑤ 2020 年 3 月 30 日,位于荷兰拉伦市的辛格博物馆从格罗宁格博物馆租借的荷兰画家梵·高 1884 年的画作《纽恩南春天里的牧师花园》30 日凌晨被盗。调查显示,盗贼在当地时间 30 日凌晨 3 点 15 分破门而入,当警察听到报警器响赶到现场时,盗贼已经逃离。受荷兰新冠肺炎疫情的影响,辛格博物馆此前一直处于关闭状态。没有其他画作失窃。目前,警方正在全力调查。 监守自盗： ⑥山东省青州市博物馆中,有一件镇馆之宝,即明朝万历时期的一份状元殿试卷真迹,全国独一份,可谓价值连城。然而,1991 年 8 月,这张珍贵的状元卷丢了！最后的调查结果竟然是博物馆安保人员林某监守自盗。 ⑦ 2006 年,美国堪萨斯州威奇托市一家航天博物馆的馆长从自家博物馆中盗窃。盗窃的藏品包括"阿波罗 15 号"飞船上用来记录数据的磁带、总统座机"空军 1 号"上的仪表盘、宇航服的组件、一个月球标本袋和被宇航员带入太空的私人物品
2	抢劫	1990 年 3 月 18 日,两名盗匪直接进入加德纳博物馆 81 分钟之后,13 件作品被盗走。这批被"业余玩家"盗走的作品到现在都没有被寻回,这场盗窃事件至今也还没有画上句号。一开始,博物馆悬赏 100 万美元想要找到这一批名画,1997 年增加到了 500 万美元,2017 年,又把赏金提高到了 1 000 万美元

续表

编号	安全因素类型	案例
3	爆炸	① 2004 年 7 月 30 日上午 9 时许，位于千叶县九十九里町的沙丁鱼博物馆突然发生爆炸，部分屋顶和墙壁被炸飞，造成 1 名女职员死亡，1 名男职员全身烧伤。由于爆炸发生在开馆前，馆内还没有参观者。追查原因，爆炸可能是空调故障引起的。 ② 2014 年 9 月 3 日下午，美国内华达州里诺市内华达特里维尔探索博物馆（Terry Lee Wells Nevada Discovery Museum）内发生爆炸，造成 13 名人员受伤，其中 7 名是儿童。英国《每日邮报》报道称，当时博物馆的讲解人正在给大家展示用化学物质模拟制作出来的"烟龙卷风"，在化学物质混合过程中失误，变成了化学火焰
4	倒塌	① 2001 年 6 月 24 日上午 9 点 40 分左右，在淄博市博物馆一展厅内，正在施工中的金属吊顶突然落下，将正在观看画展的十多名学生和家长砸伤。 ② 2020 年 1 月 17 日，梵蒂冈博物馆入口处的天花板上突然有一部分灰泥坍塌，导致 1 名美国游客被砸伤
5	人为破坏	2017 年底，一个名为"兵马俑：秦始皇帝的永恒守卫"的展览，正在美国费城富兰克林科学博物馆展出。美国一名叫哈纳的男子，在 2017 年 12 月 21 日，参加博物馆内举行的一场晚间聚会时，偷偷溜进了已经闭馆却没有锁门的展厅，与兵马俑自拍，随后还折断了一个兵俑的左手拇指，放入自己的口袋带走

9.1.3　危机的成因

对一个具体的组织而言，危机的成因无非包括组织外部环境的变化和组织内部因素的失衡两大类。同样，博物馆危机的成因也包含两大类。外部因素和内部因素又都包括了人为和非人为两种情形。据此，博物馆危机的成因一般被分为以下四类：

1）馆内人为因素引发的危机

图 9-2　原承德博物馆馆员李某

馆内人为因素引发的危机主要是指博物馆内部管理不善引发的危机，包括管理制度、组织变动、管理技术、内部管理环境等层面。其中，藏品管理不善包括如藏品的接受、移交、出库及日常等级制度不健全，藏品保存环境不当，藏品修复、仿制、检测或拍摄过程中的操作失误等情况；对人的管理包括对馆内人员的管理和对参观者的管理两方面，如进入库房手续不完备，管理人员监守自盗（图9-2），管理层的廉洁自律意识不足，库房和展陈室内无人定期检查，设备缺少固定人员管理，正常管理和经营活动界限与责任不清晰；展览中存在信息错误，讲解工作怠慢；对游客不当行为阻止不到位，对参观者的意外事故无人问津等情况。

2）馆内非人为因素造成的危机

馆内非人为因素造成的危机主要包括博物馆内由于建筑、设备、线路突然损害，计算机出现故障或瘫痪、光线或化学污染等因素导致的危机。

3）馆外非人为因素导致的危机

馆外非人为因素导致的危机主要指馆外自然环境的变化为主因所造成的博物馆危机。比如地震、台风、洪涝、泥石流的发生对博物馆造成的直接破坏或间接影响。如在汶川大地震中，四川大学博物馆受损严重。地震后，摆在工作人员眼前的是繁重的修复工作。地震中受损文物共计160余件，其中仅瓷器就占了150余件，严重损毁的有75件。经镂刻、堆雕工艺制作的文物修复难度极大，单件文物的修复时长就达到三四个月。为了防止搬运过程中的损伤，这些修复后的受损文物已经很少再拿出来展览了，一般观众再也无缘得见。

4）馆外人为因素产生的危机

馆外人为因素产生的危机是由博物馆以外的人为因素相互作用并与博物馆发生联系后给博物馆带来的危机。此类危机诱因复杂，包括范围比较广。比如恐怖袭击、地区社会经济发展滞后、环境破坏、博物馆与周边民用、商业建筑的空间距离太近导致盗窃或火灾、经济危机、媒体曝光和公众投诉等。

9.1.4　危机的特点

1）突发性

火灾、冰雹、洪水、地震等危机往往是不期而至，令人措手不及。危机的发生有时会在博物馆毫无准备的情况下瞬间发生，使人们无所适从，带来的是混乱和惊恐。

2）破坏性（危害性）

危机的突发性会给场馆带来损失，有时这种损失是不可估量的。损失可能是有形的，也可能是无形的。有形的损失可以衡量，如危机会造成机器设备、场馆建筑等的毁坏，导致资金流失甚至人身伤亡。无形的损失难以衡量，如危机破坏场馆的形象、声誉，由此给博物馆带来的负面影响可能在很长一段时间内都难以消除。

3）不确定性

危机事件具有很大的不确定性，人们很难判断它是否会发生，也很难预测它发生的时间、地点、规模以及危害性有多大，范围有多广。博物馆管理者、展陈活动组织者、文博讲解员等依据以往经验做出预测，但有些危机事件只会发生一次，人们依据以往经验和统计规律去判断往往会做出错误的预测。

4）紧迫性

博物馆危机的紧迫性主要体现在时间紧迫、资源匮乏等方面。博物馆危机的发生是突然的，而且危机的发展也非常迅速，随着危机的发展，危机造成的损失会越来越大。时间紧迫体现在危机发生后博物馆管理者必须在有限时间内做出反应和决策，否则就会陷入被动局面。资源匮乏体现在危机处理过程中，博物馆必须投入一定人力、物力和财力应对已经发生的危机。如果缺乏可供支配的资源或资源的整合能力不足就会使危机形势变得更加紧迫。

5）双重性

危机的本质在于危险性与机会性同在，危机的危险性在于：危机发生往往威胁博物馆旅游目标的实现，有的甚至危及博物馆，尤其是中小博物馆、民用博物馆的生存与发展。危机的机会性在于：一方面危机暴露了博物馆自身管理的弊端，使博物馆可以迅速发现自身的不足，能对症下药，实施有效补救措施；另一方面，博物馆在危机中成为公众注意的焦点，危机处理得当，可以迅速提高博物馆的知名度和美誉度。

6）舆论关注性

博物馆危机事件往往会吸引大量的媒体和记者，危机事件的爆发能够刺激人们的好奇心理，常常成为人们谈论的热门话题和媒体跟踪报道的内容。博物馆越是束手无策，反应越慢，危机事件越会增添神秘色彩，引起各方的关注。

7）信息资源紧缺性

信息匮乏指的是危机发生后，博物馆面对危机的冲突可能出现信息渠道不畅或信息混乱和无序状态，会加重危机处理的紧迫性。危机发生突然，要求决策者必须做出快速决策。在时间有限的条件下，混乱和惊恐的心理使获取相关信息的渠道出现瓶颈效应，决策者很难在众多信息中发现准确的信息。

9.2　博物馆旅游危机预防

9.2.1　危机的生命周期

1）酝酿期

酝酿期是危机处理的最佳时期。在这个阶段，处理危机成本低，并且可以将危机造成的伤害降到最低。

2）爆发期

爆发期是突破危机的预警防线。博物馆旅游危机进入爆发期后，危机事件本身将产生放大效应，会威胁到博物馆品牌的生存和发展。如果不控制的话，将产生严重后果。

3）扩散蔓延期

在扩散蔓延期，危机将进一步扩散。如果不能立即处理，影响范围与强度会变得更严重，对其他领域产生连带影响，有时会冲击其他领域，造成危机扩散升级。

4）减弱消失期

在减弱消失期，危机经过管理，得到有效控制，公众和媒介的关注逐渐减弱，波及范围逐渐减小，危害性降低，危机逐渐减弱和消失。

9.2.2　危机的预防

1）树立危机意识

危机意识是一种对博物馆旅游环境时刻保持警觉并随时做出反应的意识，也就是随时要注意辨别和捕捉危机前兆的意识。平时，"居安思危"的意识应贯穿于博物馆旅游整体运营管理过程中，让工作人员认真对待博物馆旅游活动的各项工作，提高危机警惕性。

2）构建危机预警系统

它是指建立指标性预警系统或电子预警系统来对监测的信息进行分析和研究，及时发现和识别潜在的或现实的危机因素，以便采取预防措施，减少危机发生的突然性和意外性。例如烟雾报警系统、红外侦测系统。

首先，它能够为博物馆提供准确的预警信息，预防危机事件的发生，将可能发生的危机消灭在萌芽状态。其次，它有利于博物馆在危机发生前做好准备且及时采取应对措施，降低危机给博物馆带来的影响。最后，它可以大大降低危机的管理成本，确保博物馆旅游活动的如期进行。

（1）建立信息监测系统

建立信息监测系统的目的是为博物馆旅游危机应对提供有效的信息。该系统的主要功能是利用各类技术和手段，及时、准确地取得相关有用信息，因为信息的收集是进行危机信息管理的基础。危机预警的本质是危机信息的监控和传播管理，因此，博物馆要及时捕捉、收集相关信息，加以分析处理，对危机管理做到心中有数。

（2）完善信息识别系统

通过信息监测系统监测到的信息复杂多样，需对信息进行认真识别和分析，获取相关有价值的信息，通过信息来确定可能存在的危机。这样可识别活动中存在的危机有哪些，以及这些危机的危害性，帮助制订危机解决措施，为危机诊断提供基础。

（3）要定期、不定期开展自我危机诊断

博物馆旅游活动组织者要进行自我诊断，准确捕捉到博物馆旅游危机的征兆，从这些征兆中预测可能发生的危机，并迅速做出反应，对可能爆发的危机采取预控措施。同时，按照法定程序向观众发布危机的有关信息，引起观众的警觉，是减少危机损失、防止危机演变升级的关键。

（4）制订危机应对预案和模拟演习

进行模拟演习是通过假定危机发生而由有关人员进行针对性的模拟操作，用于评估博物馆应对危机的准备程度。一旦危机发生，博物馆旅游活动组织者可以较好地指挥处理危机，将危机应急方案和应急计划按模拟演习的设定得到实施，把损失控制在最小范围内。

3）建立危机保障机制

（1）建立危机管理机构

危机爆发后的第一时间内，应建立由馆内主要领导和能力较强并富有危机处理经验的人员组成危机处理机构，对危机统一处理。

（2）制订危机管理工作程序

危机管理工作程序应该包括以下几个步骤：

①深入现场，了解基本情况。在了解情况过程中，要确定危机发生的时间、地点、详细经过、初步原因、事态发展和公众的反应等。

②启动应急预案，迅速隔离险境并及时控制损失。危机应急预案应该提供危机发生后处理应对的总体思路、基本程序、方法，给出组织管理流程框架、应对策略选择标准及资源调配的原则。

③拟订危机处理对策和步骤。根据危机发展态势和危机初步控制情况，拟定危机处理的目标，详细步骤、危机沟通的对象和方式、危机善后处理等信息。

④调动馆内力量，采取处理行动。

⑤加强内外沟通，及时向馆内人员传达危机信息及危机处理的进展，通过正式渠道向外发布信息。对内沟通可以避免馆内人员获取间接信息并随便发表意见；对外沟通一是要向上级部门进行汇报，二是要通过正式渠道告知关注危机的社会公众和媒体，以免媒体道听途说，陷博物馆于被动局面。

（3）明确主管领导和成员职责

实施精细化管理，提高管理效率，明确博物馆馆长、危机处理小组、各级工作人员的职责与义务，共同致力于危机的解决。

9.3 博物馆旅游危机管理

9.3.1 危机管理的基本原则

1）主动性原则

主动性原则是指危机发生后博物馆要主动、迅速出击，勇于承担责任。消极逃避会损害博物馆形象，如不采取紧急有效措施，随时间的推移，博物馆形象会进一步降低，最终将使博物馆蒙受更大的有形损失，还可能会给博物馆带来人员流失或财产损失。

2）实事求是原则

危机出现后，坦诚的态度是最好的应对策略。不能向公众隐瞒实情，应实事求是说明情况，不回避问题和错误，并致以歉意，以赢得公众的同情和理解。危机发生时，应秉持诚实、诚恳、诚意的态度处理危机，求得公众的谅解。

3）速度第一原则

危机一旦发生，破坏和扩散速度特别快。作为危机的发生地——博物馆应该在获悉危机发生后的 24 小时内启动危机管理机制，并做好各项准备工作，如搜集各方言论，确认基本立场，以最快的速度把危机的真相通过媒介公正、客观、理性地告知公众，减少公众对危机的各种猜测、疑虑、恐慌，同时快速、正确地处理危机，减少或避免损失。

4）系统运行原则

危机发生后，应对危机进行系统化运作管理。博物馆高层要镇定自若，冷静处理，博物馆内部应迅速统一观点，对危机有清醒认识，并且成立危机公关小组，多方搜集信息，集中资源，果断做出决策，系统部署，付诸实施。

5）灵活运用原则

危机事件会随着情况的发展而不断地发生变化，原来的预防措施或解决方案就不能有效解决危机。为使博物馆的形象和声誉不再继续受到损害，危机处理工作必须视具体情况灵活地运作，随客观环境的变化有针对性地提出有效的解决措施和方法。

9.3.2　危机管理的基本原理

博物馆旅游危机中机遇与挑战并存，在带来负面影响的同时，也让旅游活动组织者重新审视自己、发现弊端，从而对症下药。如果处理得当，可以提升博物馆的形象。博物馆想要转危为安，抓住机遇，就必须掌握危机管理的基本原理——"RCRR 模式"。

1）预警 Readiness

预警就是在危机发生前，对可能发生的危机事件进行有效预测和预防。

2）沟通 Communication

危机发生后，各个部门和人员要极其重视与媒体、公众和上级部门的沟通。

3）反应 Response

危机发生以后，要杜绝惊慌失措，反应必须迅速、快捷，处理必须及时、正确。

4）恢复 Recovery

危机发生后要采取切实的挽救措施，使受危机影响的运营、设施尽快恢复到危机发生前的正常状态。

9.3.3　危机管理的策略

1）危机识别

避免危机发生是危机管理的第一道防线，活动前危机识别是危机管理的逻辑起点。危机识别过程包括危机信息的收集、整理、分析、确认。

2）危机评估

在危机识别之后，紧接着就需要对所识别的潜在危机进行适当评估，对即将发生危机可能造成的结果进行评估。对博物馆旅游危机进行评估，可采用 3 种方法：

（1）定性分析评估法

定性分析评估法是目前采用最广泛的一种方法，但带有较强的主观性，往往借助评估人员的经验和专业知识，或者业界的标准和惯例来完成。

（2）定量分析评估法

定量分析评估通过设定一套数量指标或统计分析来进行，用数量的方法来评估博物馆旅游危机可能发生的概率。

（3）定量和定性结合评估法

将定性和定量分析法结合起来共同对危机发生的概率进行评估。

3）危机处理

在旅游活动组织过程中，不管事前工作如何充分，现实操作中总是会有突发性危机出现，危机处理得当可以很好地保证展览活动环境免受或少受破坏。如何处理危机，将危机带来的损失降到最低，是危机管理的一项重要课题。

4）危机恢复管理

危机恢复管理的措施包括：成立危机恢复小组，及时沟通，对需要恢复的对象进行排序。在危机基本得到控制后，危机已不再继续造成明显损害，此时危机管理的重点应转向危机恢复管理，使博物馆旅游中的不同利益主体尽早地从危机中恢复过来，尽快地进入正常状态。

课堂讨论

请查阅 2020 年"奔驰车开进故宫"事件的相关材料，然后从危机管理的角度分析一下故宫博物院采取的处理方法和步骤。

课后练习与思考题

1.简述博物馆旅游危机的类型及成因。
2.简述博物馆旅游危机的预警机制。
3.简述博物馆旅游危机预警系统的构建方法。

参考文献

[1] 刘敦桢 . 中国古代建筑史 [M]. 北京：中国建筑工业出版社，1984.

[2] 张之恒 . 中国考古学通论 [M]. 南京：南京大学出版社，1991.

[3] 王宏钧 . 中国博物馆学基础 [M]. 上海：上海古籍出版社，1990.

[4] 国家文物局，中国博物馆学会 . 博物馆陈列艺术 [M]. 北京：文物出版社，1997.

[5] 严建强 . 博物馆理论与实践 [M]. 杭州：浙江教育出版社，1998.

[6] 邹瑚莹 . 博物馆建筑设计 [M]. 北京：中国建筑工业出版社，2002.

[7] 王庆瑜 . 大足石刻：世界文化遗产 [M]. 北京：中国旅游出版社，2003.

[8] 王志杰 . 汉代雄风：汉武帝与茂陵 [M]. 西安：三秦出版社，2003.

[9] 故宫博物院 . 孙瀛洲捐献陶瓷珍品 [M]. 北京：紫禁城出版社，2003.

[10] 谷维恒，潘笑竹 . 丝绸之路 [M]. 北京：中国旅游出版社，2003.

[11] 韩怡星，李光卫 . 古迹遗址游 [M]. 上海：学林出版社，2003.

[12] 李露露 . 图说中国传统玩具与游戏 [M]. 西安：世界图书出版公司西安分公司，2006.

[13] 赫斯蒙德夫 . 文化产业 [M]. 张菲娜，译 . 北京：中国人民大学出版社，2007.

[14] 肖芦，郭常明 . 展台创意设计优秀案例 [M]. 上海：上海人民美术出版社，2007.

[15] 齐玫 . 博物馆陈列展览内容策划与实施 [M]. 北京：文物出版社，2009.

[16] 文裁缝 . 绝版王陵：探秘帝王的地宫 [M]. 北京：九州出版社，2009.

[17] 张楠 . 中国文化知识读本·古代杂技 [M]. 吉林：吉林出版集团有限公司，吉林文史出版社，2010.

[18] 中国建筑工业出版社 . 民间住宅建筑：圆楼窑洞四合院 [M]. 北京：中国建筑工业出版社，2010.

[19] 于萍 . 展览与展示设计 [M]. 沈阳：辽宁科技出版社，2011.

[20] 张晓明，等 .2011 中国文化产业发展报告 [M]. 北京：社会科学文献出版社，2011.

[21] 马群杰 . 台湾地区文化产业与文化营销 [M]. 北京：科学出版社，2011.

[22] 王齐国，张凌云 . 文化产业园理论与实践 [M]. 济南：山东大学出版社，2011.

[23] 黄雅峰 . 汉画像石画像砖艺术研究 [M]. 北京：中国社会科学出版社，2011.

[24] 赵超 . 石刻史话 [M]. 北京：社会科学文献出版社，2011.

[25]《看图走天下丛书》编委会 . 走近世界著名陵墓 [M]. 北京：世界图书出版公司，2011.

[26]《看图走天下丛书》编委会 . 走进世界著名遗址 [M]. 北京：世界图书出版公司，2011.

[27] 张生军，李东 . 会展展示设计 [M]. 广州：中山大学出版社，2012.

[28] 刘峻 . 陷巢州长庐州 [M]. 北京：中国文化出版社，2013.

[29] 廖东，唐齐．解读土楼 [M]．合肥：黄山书社，2013．

[30] 寻胜兰，彭琬玲．新民艺设计 [M]．北京：北京大学出版社，2013．

[31] 娜塔莎·施埃德豪尔·弗拉金．恐龙大发现 [M]．北京：光明日报出版社，2014．

[32] 王玲．公共文化空间与城市博物馆发展——以上海为例 [M]．杭州：浙江大学出版社，2014．

[33] 北京博物馆导游地图 [M]．北京：中国地图出版社，2014．

[34] 北京市东城区旅游发展委员会．皇城脚下四合院 [M]．北京：旅游教育出版社，2014．

[35] 杨学成，陈章旺．网络营销 [M]．北京：高等教育出版社，2014．

[36] 邓云乡．北京四合院 [M]．北京：中华书局，2015．

[37] 单霁翔．大型考古遗址保护 [M]．天津：天津大学出版社，2015．

[38] 陈鲁梅，等．会展策划与管理 [M]．北京：化学工业出版社，2016．

[39] 胡志才．会展策划与管理实务 [M]．北京：经济管理出版社，2016．

[40] 高文．中国巴蜀新发现汉代画像砖 [M]．成都：四川美术出版社，2016．

[41] 陆建松．博物馆展览策划：理念与实务 [M]．上海：复旦大学出版社，2016．

[42] 张敦．聆听汉画：汉画像砖精品赏鉴 [M]．郑州：大象出版社，2017．

[43] 高巍．四合院 [M]．北京：学苑出版社，2017．

[44] 巫鸿，郭伟其．遗址与图像 [M]．北京：中国民族文化出版社，2017．

[45] 张灿强，闵庆文，吕娟，等．安徽寿县芍陂（安丰塘）及灌区农业系统 / 中国重要农业文化遗产系列读本 [M]．北京：中国农业出版社，2017．

[46] 姜波．中国俗文化丛书·四合院 [M]．济南：山东教育出版社，2017．

[47] 单霁翔．博物馆的市场营销 [M]．天津：天津大学出版社，2017．

[48] 朱海霞，权东计，焦南峰．大遗址文化产业集群优化与管理机制 [M]．北京：科学出版社，2018．

[49] 贾珺．北京四合院 [M]．北京：清华大学出版社，2018．

[50] 马炳坚．北京四合院建筑 [M]．天津：天津大学出版社，2018．

[51] 雷若欣．环巢湖古镇文化研究 [M]．合肥：黄山书社，2018．

[52] 探险之旅编委会．全球 100 个特色博物馆 [M]．北京：北京出版社，2018．

[53] 杰克·罗曼，凯瑟琳·古德诺，陆建松，等．博物馆设计：故事、语调及其他 [M]．上海：复旦大学出版社，2018．

[54] 朱叶菲．良渚遗址考古八十年 [M]．杭州：浙江大学出版社，2019．

[55] 李小强．中国石窟艺术——大足石刻史话 [M]．南京：江苏凤凰美术出版社，2019．

[56] 赵超．中国古代石刻概论 [M]．增订本．北京：中华书局，2019．

[57] 倪方六．中国盗墓史·古代人物卷 [M]．北京：中国国际广播出版社，2019．

[58] 郭雨桥．蒙古包：游牧文明的载体 [M]．郑州：中州古籍出版社，2019．

[59] 王嘉．拾遗记 [M]．王兴芬，译．北京：中华书局，2019．

[60]《博物馆概论》编写组.博物馆概论 [M].北京：高等教育出版社，2019.

[61] 陈凌云.博物馆文化创意产品开发研究 [M].上海：上海社会科学院出版社，2019.

[62] 湖北省博物馆.湖北省博物馆文化创意产品图录 [M].北京：科学出版社，2019.

[63] 席岳婷.国家考古遗址公园文化旅游研究 [M].北京：科学出版社，2020.

[64] 李福顺.张衡《西京赋》"水人"解 [J].社会科学战线，1980（3）：222.

[65] 安银海.世界图书馆之最 [J].图书馆界，1986（1）.

[66] 宋薇笳.宋代都市的百戏伎艺 [J].民俗研究，1992（3）.

[67] 李陈广.张衡《西京赋》与汉画百戏 [J].南都学坛，1993（1）.

[68] 孟雪梅.论先秦史官与古代图书馆事业的发展 [J].图书馆学研究，1999（2）.

[69] 苏东海.文博与关系的演进及发展对策 [J].中国博物馆，2000（4）.

[70] 张慧国.略谈博物馆发展史与博物馆现象 [J].文物世界，2000（5）.

[71] 余青，吴必虎.生态博物馆：一种民族文化持续旅游发展模式 [J].人文地理，2001（6）.

[72] 吴晟.宋代瓦舍的创设及其文化意义 [J].广州大学学报（社会科学版），2003（2）.

[73] 李瑛.我国博物馆旅游产品的开发现状及发展对策分析 [J].人文地理，2004（4）.

[74] 杨晓春.南朝陵墓神道石刻渊源研究 [J].考古，2006（8）.

[75] 罗明义.以科学发展观指导旅游景区规划与开发建设 [J].学术探索，2008（1）.

[76] 张文馨.汉代皇家典藏三地：石渠阁、兰台、东观 [J].兰台世界，2008（9）.

[77] 徐巧慧.南京地区南朝陵墓辟邪石刻探微 [J].装饰，2009（8）.

[78] 邹代兰，郑莉.宋代百戏的演出与禁毁 [J].电影评介，2009（9）.

[79] 文燕平，史佳华.网络营销绩效评价指标体系研究 [J].情报杂志，2009（11）.

[80] 刘德兵，陈少玲.浅析我国古代考古遗址旅游开发原则 [J].农业考古，2010（3）.

[81] 宋娴，忻歌，鲍其泂.欧洲博物馆教育项目策划的特点分析 [J].外国中小学教育，2010（7）.

[82] 郭洁，张颖.遗址公园地形地貌要素的设计与营造研究 [J].安徽农业科学，2011（13）.

[83] 郗文倩.张衡《西京赋》"鱼龙曼延"发覆——兼论佛教幻术的东传及其艺术表现 [J].文学遗产，2012（6）.

[84] 杨汤琛.文化符号与想象空间：晚清域外游记中的西方博物馆 [J].江西社会科学，2012（3）.

[85] 沈辰，毛颖.西方博物馆展览策划的理念与实践：从策展人（Curator）谈起——以皇家安大略博物馆为例专访沈辰先生 [J].东南文化，2017（2）.

[86] 王秀伟，黄文川.现代博物馆危机处理的流程与应急机制设计 [J].东南文化，2012（4）.

[87] 雷蓉，胡北明.非物质文化遗产旅游开发模式分类研究 [J].商业研究，2012（7）.

[88] 葛敏 . 如何撰写高质量的讲解词 [J]. 北方文学（下半月），2012（7）.

[89] 陈琴，李俊，张述林 . "大博物馆旅游综合体开发"模式研究 [J]. 生态经济，2012（11）.

[90] 王庆华 . 中西早期博物馆现象比较研究 [J]. 重庆科技学院学报（社会科学版），2012（21）.

[91] 郝晓玫 . 西汉国家图书馆石渠阁探源 [J]. 兰台世界，2012（30）.

[92] 李滨 . 试论现代博物馆危机管理的理论与实务 [J]. 博物馆研究，2013（1）.

[93] 单霁翔 . 浅析博物馆陈列展览的学术性与趣味性 [J]. 东南文化，2013（2）.

[94] 李飞 . 他山之石：博物馆助推中国近代社会变革 [J]. 中国博物馆，2013（3）.

[95] 何蓓洁，史箴 . 样式雷世家族谱考略 [J]. 文物，2013（4）.

[96] 肖克之，冯斌 . 博物馆精品陈列应具备的条件 [J]. 古今农业，2013（4）.

[97] 单霁翔 . 博物馆市场营销是一把"双刃剑"[J]. 故宫博物院院刊，2013（4）.

[98] 王秀伟，黄文川 . 对博物馆危机与危机管理的认识与思考 [J]. 文博，2013（6）.

[99] 单霁翔 . 提升博物馆讲解服务质量的思考 [J]. 敦煌研究，2013（6）.

[100] 王秀伟，黄文川 . 试论博物馆危机管理中的风险识别与评估 [J]. 博物馆研究，2014（1）.

[101] 易霜泉 . 《西京赋》中的汉代百戏考略 [J]. 北方音乐，2014（8）.

[102] 张冰 . 我国古代墓葬旅游开发的吸引因素与开发方式 [J]. 中外企业家，2014（35）.

[103] 陈宁骏 . 找准定位 打造景区型博物馆 [J]. 艺术百家，2015（S2）.

[104] 赖颖秦 . 北宋山水 大气磅礴——从郭熙父子的"郭家山水"到王希孟的《千里江山图》[J]. 美术大观，2015（11）.

[105] 付仲杨 . 丰镐遗址的制骨遗存与制骨手工业 [J]. 考古，2015（9）.

[106] 吴从祥 . 汉代兰台考辨 [J]. 兰台世界，2015（34）.

[107] 吕卓民 . 石峁古城：人类早起文明发展与环境选择 [J]. 中国历史地理论丛，2016（3）.

[108] 郑漫丽 . 考古遗址公园建设实践研究综述 [J]. 中华文化论坛，2016（7）.

[109] 曾留香，杨晓玲 . 博物馆危机与金沙遗址博物馆的创新改革 [J]. 成都师范学院学报，2016（8）.

[110] 张睿 . 文物古迹的命名应服从于文化本位 [J]. 中国地名，2016（10）.

[111] 赵翀 . 晚清时期南通博物苑与西方博物馆教育实践比较 [J]. 兰台世界，2016（14）.

[112] 段伟 . 样式雷图档与清代皇家建筑研究 [J]. 档案学研究，2017（2）.

[113] 柏安茹，王楠，马婷婷，等 . 我国博物馆教育课程设计现状及发展趋势 [J]. 电化教育研究，2017（4）.

[114] 肖凤翔，王金羽 . "样式雷"世家工匠精神培养的现代教育意蕴 [J]. 河北师范大学学报（教育科学版），2017（5）.

[115] 车诚，戚晓琳，马万祺，等 . 移动社交网络营销效果的影响因素实证研究 [J]. 中国管理科学，2017（5）.

[116] 孙周勇，邵晶，邸楠，等 . 陕西神木县石峁城址皇城台地点 [J]. 考古，2017（7）.

[117] 杨琨，杨伟 . "网络直播 +"：移动互联网影响下的品牌营销新模式 [J]. 出版广角，2017（10）.

[118] 刘子建，徐倩倩 . 基于打散重构原理的文化创意产品设计方法 [J]. 包装工程，2017（20）.

[119] 张晓晖 . 网红经济下直播营销的新趋向 [J]. 出版广角，2017（21）.

[120] 吕军，彭铄婷，李心宇，等 . 从十四届博物馆十大精品陈列展览看我国博物馆界陈列展览水平提升的轨迹 [J]. 故宫博物院院刊，2018（1）.

[121] 白云翔 . 关于手工业作坊遗址考古若干问题的思考 [J]. 中原文物，2018（2）.

[122] 熊杰，章锦河，周珺，等 . 中国红色旅游景点的时空分布特征 [J]. 地域研究与开发，2018（2）.

[123] 方云 . 跨学科视阈下的博物馆非遗类展陈——以"云泽芳韵土布展"为例 [J]. 东南文化，2018（2）.

[124] 钱兆悦 . 文旅融合下的博物馆公众服务：新理念、新方法 [J]. 东南文化，2018（3）.

[125] 陆建松 . 博物馆展览辅助展品创作和应用的原则 [J]. 博物院，2018（3）.

[126] 梁力 . 基于文学旅游视角的资源开发与体验营销 [J]. 社会科学家，2018（11）.

[127] 金洁 .《红楼梦》文学旅游目的地形象感知研究——基于 TripAdvisor 外国游客在线评论分析 [J]. 红楼梦学刊，2019（1）.

[128] 赵万永，陈祖愿 . "互联网 +"时代博物馆营销策略探析 [J]. 博物馆研究，2019（2）.

[129] 项福库 . 西南民族地区红军遗址资源旅游开发应遵循的基本原则——以湘鄂渝黔边区、川滇黔民族地区为例 [J]. 贵阳市委党校学报，2019（3）.

[130] 苏芃芃 . 新中国成立初期的博物馆和展览馆——以 1949 年至 1966 年新中国发行的邮票为研究对象 [J]. 博物馆研究，2019（4）.

[131] 张婵 . 如何编写博物馆讲解词的几点思考——以《鸦片战争》基本陈列讲解词为例 [J]. 中国民族博览，2019（4）.

[132] 潘静 . 博物馆教育的方向与路径——评《博物馆与教育——目的、方法及成效》[J]. 大学教育科学，2019（5）.

[133] 陈波，谢端 . 文化分层视角下民间文学资源旅游开发优化研究——以黄陂木兰传说为例 [J]. 华中师范大学学报（人文社会科学版），2019（6）.

[134] 高燕 . 新媒体时代短视频营销模式的反思和重构——以抖音短视频平台为例 [J]. 出版广角，2019（8）.

[135] 王丽霞 . 文学名著旅游资源产业化开发的地方实践与提升路径：山东例证 [J]. 改革，

2019（9）.

[136] 王敏 . 可被观光的风景：旅游文艺作品中风景叙事的意义生产 [J]. 艺术评论，2019（9）.

[137] 雷若欣 . 农业文化遗产元素在酒店软装设计中的运用 [J]. 黑河学院学报，2019（11）.

[138] 吴杰的 . 全域旅游背景下的旅游文化品牌设计——以宁夏博物馆为例 [J]. 艺术与设计（理论），2019（12）.

[139] 盛之翰，王美诗，张苉坤，等 . 文旅融合背景下南京博物院旅游贡献度研究 [J]. 东南文化，2020（1）.

[140] 苏芃芃 . 改革开放后邮票上的博物馆 [J]. 百年潮，2020（1）.

[141] 刘欢萍 . 古典文学作品中旅游文化思想的阐释——以《儒林外史》为例 [J]. 社会科学家，2019（11）.

[142] 卢小慧 . 南朝陵墓石刻新秩序的建立 [J]. 学海，2020（1）.

[143] 倪皓 . 浅谈学校博物馆开展公众考古教育的可行性——评《说说考古》[J]. 中国教育学刊，2020（1）.

[144] 董鑫 . 抖音短视频平台的品牌营销策略研究 [J]. 新闻爱好者，2020（3）.

[145] 解春凤 . 地域文化元素在文创产品设计中的应用 [J]. 包装工程，2020（8）.

[146] 王旭，胡瑞朋，祝汉华，等 . 非物质文化遗产的旅游价值和发展对策——以亳州市五禽戏研究为例 [J]. 山西农经，2020（7）.

[147] 于萍 . 博物馆旅游发展研究——以苏南地区为例 [D]. 苏州：苏州大学，2003.

[148] 李尘 . 博物馆旅游地的生命周期研究 [D]. 西安：陕西师范大学，2005.

[149] 严灵灵 . 旅游开发与中国传统建筑 [D]. 南京：东南大学，2007.

[150] 侯新艳 . 秦始皇兵马俑博物馆旅游产品特殊生命周期研究 [D]. 西安：西北大学，2009.

[151] 汤沐丽 . 艺术博物馆商店管理 [D]. 北京：中央美术学院，2010.

[152] 李俊 . 博物馆旅游的 GM-TCD 开发模式研究 [D]. 重庆：重庆师范大学，2012.

[153] 张瑜 . 旅游网络营销绩效评估研究 [D]. 延安：延安大学，2013.

[154] 刘丕业 . 旅游网络营销绩效评价研究 [D]. 沈阳：沈阳师范大学，2014.

[155] 彭玮 . 我国博物馆志愿者管理研究 [D]. 北京：中央美术学院，2014.

[156] 易丹妮 . 欧洲早期博物馆的兴起：背景与历程 [D]. 杭州：浙江大学，2014.

[157] 张映秋 . 博物馆商铺的研究 [D]. 南京：东南大学，2015.

[158] 贺传凯 . 中国博物馆营销体系研究 [D]. 郑州：河南大学，2016.

[159] 邱悦 . 江苏非物质文化遗产研学旅行产品开发研究 [D]. 南京：东南大学，2017.

[160] 宋晗 . 博物馆观众体系研究 [D]. 郑州：河南大学，2018.

[161] 池永梅 . 欧洲博物馆的起源 [D]. 厦门：厦门大学，2018.

[162] 梅雨晴 . 我国首批研学旅游目的地发展潜力评价 [D]. 湘潭：湘潭大学，2018.

[163] 曾嵘.长沙博物馆儿童教育活动的调查与分析 [D].长沙：湖南大学，2018.

[164] 高埙.浅谈讲解词的撰写与应用 [C]// 北京市文物局，首都博物馆联盟，北京博物馆学会.百年传承 创新发展：北京地区博物馆第六次学术会议论文集.北京市文物局、首都博物馆联盟、北京博物馆学会：北京博物馆学会，2012.

[165] 黄怡.博物馆展览讲解词的编写艺术——以广西壮族自治区博物馆展览讲解词为例 [C]// 广西博物馆协会，广西壮族自治区博物馆.博物馆致力一个可持续发展的社会——广西博物馆协会第二届学术研讨会暨广西壮族自治区博物馆第八届学术研讨会论文集.广西博物馆协会、广西壮族自治区博物馆：广西博物馆协会，2015.

[166] 蔡钧，杨璐.抗战博物馆因偏僻无人问津"勿忘历史"被遗忘 [N].昆明日报，2010-08-26.

[167] 精英主导的纽约大都会博物馆 [N].东方早报，2011-10-26.

[168] 茂陵：大汉雄风——昂扬精神弘阔气象 [N].陕西日报，2015-07-16.

[169] 杨静，李青.石峁轰动了世界，保护也迫在眉睫 [N].陕西日报，2015-08-31.

[170] 李韵，郭红松，马列.故宫"文物医院"抢救"清明上河图"等多件国宝 [N].光明日报，2016-08-15.

[171] 贾珺.四合院的渊源及历史变迁：一方四合 静涵天地 [N].人民日报，2017-10-18.

[172] 湖北鄂州瓦窑咀发现大型手工业作坊遗址 [N].中国文物报，2017-12-15.

[173] 赵晓霞.国家考古遗址公园 36 处评定 67 处立项 [N].人民日报海外版，2018-10-11.

[174] 习近平谈世界遗产 [N].人民日报海外版，2019-06-06（9）.

[175] 苏小燕.通过文旅融合"让文化遗产活起来"[N].光明日报，2019-11-14（6）.

[176] 盛洁桦.博物馆旅游体验：一种现代的文化"朝圣"[N].中国文物报，2020-02-11（7）.

[177] 林欣芸.以新发展理念推动博物馆旅游志愿服务发展 [N].中国旅游报，2020-01-27（3）.

[178] 吕冠兰.邮票上的故宫 [N].中国文物报，2020-02-18（6）.

[179] 泉州现存的五百多件宗教石刻 堪称"宗教博物馆"[EB/OL].人民网，2014-08-19.

[180] 高秋福.罗马非天主教徒灵魂安息地 [EB/OL].大公网，2016-03-22.

[181] 渭城区委农工部.农业园区聚集长廊，西汉帝陵绿化长廊——渭城区五陵塬都市农业长廊简介 [EB/OL].陕西渭城区人民政府网，2014-09-17.

[182] 世界历史上陪葬墓最多的古代帝王陵·昭陵 [EB/OL].新华网，2015-08-17.

[183] 博物馆网站建设的内容构建 [EB/OL].时间财富网，2018-04-10.

[184] 博物馆 App 建设的现状与思考 [EB/OL].搜狐网，2018-05-03.

[185] 博物馆"触电"短视频，让历史文物"活"起来 [EB/OL].中国新闻网，2018-05-18.

[186] 网络营销效果评价与分析 [EB/OL]. 百度文库，2018-08-09.

[187] 沈旸 . "军事工程"类遗址的真实性与完整性构建——以营口西炮台遗址为例 [EB/OL]. 中国社会科学网，2018-10-30.

[188] 宋朝丽 . "博物馆文创"究竟指什么？不仅销售产品，还应让人感受文化魅力 [EB/OL]. 腾讯网，2019-03-18.

[189] 中国旅游研究院 .2019 年上半年全国旅游经济运行情况 [EB/OL]. 中国旅游研究院网站 ,2019-08-08.

[190] 2019 年我国上半年文化和旅游消费活跃 [EB/OL]. 搜狐网，2019-08-12.

[191]《"一带一路"旅游大数据专题报告》课题组 ."一带一路"旅游大数据专题报告 [EB/OL]. 中国旅游研究院网站，2018-09-28.

[192] 南京市旅游委 . 充满智慧的文创产品，让文物"活"起来！ [EB/OL]. 搜狐网，2019-09-11.

[193] 2019 年中国在线旅游（OTA）销售规模、市场发展规模、竞争格局及行业发展趋势分析预测 [EB/OL]. 中国产业信息网，2019-05-07.

[194] 黄松 . 博物馆开启直播"带货"模式 [EB/OL]. 新闻 100 度网站，2020-03-19.

[195] 陕西古建筑茂陵：大汉雄风，两千年的守望！ [EB/OL]. 海南电视新闻网，2020-04-08.

[196] 全媒派 . 万元悬赏文博达人——腾讯新闻"博物馆短视频达人季"[EB/OL]. 腾讯网，2020-04-30.

[197] 单霁翔 . 博物馆公共服务空间的多元化设计研究 [EB/OL]. 百度文库，2013-01-03.

[198] 文博讲解员的讲解艺术 [EB/OL]. 中国论文网 .

[199] 讲解词的撰写 [EB/OL]. 中国论文网 .

[200] 秦始皇陵 [EB/OL]. 中国旅游网 .

[201] 成吉思汗陵旅游景区 [EB/OL]. 成吉思汗旅游景区网站 .

[202] 京津冀会展教育联盟 . 我为学生献一讲 [EB/OL]. 超星网 .

工具资料：

[203]《博物馆建筑设计规范》（JGJ66-2015）

[204]《馆藏文物登录规范》（WWT 0017—2013）

[205]《第三次全国文物普查文化遗产分类与评定标准》

附 录

附录1：中国世界遗产名录一览表

附录2：中国非物质文化遗产文学名录一览表

附录3：国家级非物质文化遗产名单之传统体育、游艺与杂技项目一览表

附录4：2018—2020年度"中国民间文化艺术之乡"名录一览表

附录5：中国重要农业文化遗产名录一览表

附录6：中国十二个重点红色旅游景区一览表

附录7：全国重点爱国主义教育基地一览表

附录8：中国国家一级博物馆一览表

附录 9：中国十大植物、动物、生物、鸟类、恐龙、地质博物馆一览表

附录 10：首届中国博物馆教育项目示范案例一览表

附录 11：2016—2019 文博类研学旅游示范基地一览表

附录 12：国家考古遗址公园一览表

附录 13：国家考古遗址公园立项一览表

附录 14：免费问卷调查工具一览表

附录 15：旅游行业免费数据获取渠道一览表

附录 16：抖音短视频免费数据平台一览表